全国商业职业教育教学指导委员会组编

国家精品课程教材

21世纪高职高专教学改革创新教材 · 市场营销类

公共关系实务

殷智红 主编

Gonggong Guanxi Shiwu

东北财经大学出版社
Dongbei University of Finance & Economics Press

大连

图书在版编目（CIP）数据

公共关系实务 / 殷智红主编. —大连：东北财经大学出版社，2017.3
（21世纪高职高专教学改革创新教材·市场营销类）
ISBN 978-7-5654-2669-8

Ⅰ．公… Ⅱ．殷… Ⅲ．公共关系学-高等职业教育-教材 Ⅳ．C912.31

中国版本图书馆CIP数据核字（2017）第009823号

东北财经大学出版社出版
（大连市黑石礁尖山街217号 邮政编码 116025）
网 址：http：//www.dufep.cn
读者信箱：dufep@dufe.edu.cn
大连图腾彩色印刷有限公司印刷 东北财经大学出版社发行
幅面尺寸：185mm×260mm 字数：370千字 印张：17 插页：1
2017年3月第1版 2017年3月第1次印刷
责任编辑：张旭风 时 博 责任校对：思 齐
封面设计：冀贵收 版式设计：钟福建
定价：30.00元

教学支持 售后服务 联系电话：（0411）84710309
版权所有 侵权必究 举报电话：（0411）84710523
如有印装质量问题，请联系营销部：（0411）84710711

"21世纪高职高专教学改革创新教材·市场营销类"
编写委员会

☆ **编委会主任**

王晋卿

☆ **编委会副主任**

马广水　杨群祥　杜明汉　李宇红

☆ **编委会成员**（以姓氏拼音为序）

韩　英　胡德华　李红霞　陆　霞
权小研　孙金霞　石　琼　王　方
王丽丽　王婉芳　汪　锋　汪贤武
徐汉文　徐盈群　殷智红

总　序

自2014年全国职业教育工作会议召开以来，国务院颁布了《国务院关于加快发展现代职业教育的决定》，对推进职业教育的改革做出了具体部署和安排。各院校积极落实相关任务，不断深化改革，推进内涵建设，把坚持以"质量为核心"的内涵式发展贯穿在办学过程中。坚持"立德树人"，注重提高理想信念教育、中华优秀传统文化教育和职业道德教育的实效性。重视培养学生诚实守信、积极进取、精益求精、爱岗敬业的职业素养和人文素养。坚持"知行合一"，注意在实践中培养"既善动脑、又能动手"的职业人才。不断创新培养模式，深化学习方式和教学模式的改革，加大实习实训的比重，强化实习实训环节评价制度的建设，培养学生的职业适应能力、综合职业能力和持续发展能力。广大职业院校在职业教育改革发展中做出了积极的贡献，特别是国家级示范校、骨干校及省级示范校在专业和课程建设方面积累了宝贵的经验。

东北财经大学出版社组织出版的"21世纪高职高专教学改革创新教材·市场营销类"系列教材，是依照《国家中长期教育改革和发展规划纲要》（2010—2020年）、《教育部关于推进中等和高等职业教育协调发展的指导意见》和《教育部关于"十二五"职业教育教材建设的若干意见》等文件精神，邀请十余所国家级和省级示范校的具有多年市场营销教学工作经验的老师共同编写而成的。本系列教材有针对性地吸收了高职国家级示范校、骨干校专业和课程建设的优秀成果，主要有以下几个特点：

1.教材体系构建完备

本系列的教材体系遵循职业教育课程构建的基本原则和模式进行设计。公共基础课程按照国家统一的安排和要求，专业课程按照市场营销专业毕业生的就业岗位和职业生涯的发展规划去确立学习领域。其学习领域主要包括市场调研、市场分析、营销决策、营销政策制定、市场营销计划与控制、产品管理、价格管理、渠道管理、促销管理、谈判、谈判管理、销售管理、推销员管理、经销商管理、客户管理、协调公司内外关系等内容。依据学习领域，形成包括《市场营销基础》《市场调查与分析》《消费心理与行为分析》《营销策划》《现代推销技术》《商务谈判》《客户关系管理》《公共关系实务》等为专业核心课的市场营销专业教材体系。该教材体系主要是培养营销人员依据营销环境及时把握顾客需求的心理预期、提供恰当的营销服务、充分体现现代营销服务观念、使顾客获得满意甚至惊喜的消费体验的意识与素质。

2.突出"教学做"一体化

本系列教材按照高等职业教育"教学做"一体化的教学要求,把"教什么,怎么教""学什么,怎么学""做什么,怎么做"等问题有机地融入到教材内容中,实践了在"做中学"、在"做中教"以及"教学做"一体化,提高了教学的针对性和有效性。如采用任务驱动型编写模式,每个项目下含有若干个任务,每个任务按照"教学做"一体化的思路设计,且每个任务都是一个独立的学习单元,按照"任务目标""任务导入""典型业务实例""拓展空间""营销训练"等形式加以呈现,并在其中设计了"教学互动""案例解析"等情景体验交流互动的内容,在训练中重点培养学生与人合作的团队精神、面对市场的分析和解决问题的能力等。在每个项目后,考虑到学生考取职业资格证的需要,还设计了相应的"思考与练习"内容。

3.情景设计和案例分析典型化

市场营销专业的技能型人才的职业活动都是紧紧围绕着顾客的需要展开的,而顾客的需要是与自身需要、政治环境、社会环境、经济环境和竞争环境紧密结合的。市场营销人员采取什么样的营销活动,取决于客户的不同属性和环境或情景的变化,即市场营销专业的技能型人才的职业活动具有典型的环境或情景导向的特点。同时,市场营销是包含大量知识和隐性能力的职业。对于市场营销专业人才职业能力的培养,需要大量融入情景教学、体验式教学和案例教学。因此,本系列教材选取的情景设计和案例都是市场营销活动中最典型的实例;这一方面可以增加学生的感受,另一方面可以强化学生的体验认知。

4.营销训练注重实用性,评价模式多元化

本系列教材中的"营销训练"尽可能结合市场营销工作岗位的典型工作任务进行训练。每个"营销训练"项目力图给出一定的背景与情景资料,提出明确的训练目标,给出基本工作流程,设计出训练成果的考核评价方案,实用性较强。

从评价指标体系来看,本系列教材从知识运用、流程执行、任务完成和成果展示四个方面来设计评价内容;从评价主体来看,有小组自评、小组互评、教师评价等,把知识和技能、过程和结果、素质和能力有机地融为一体进行评价,可操作性强,符合职业教育特点。

本系列教材特色鲜明,内容覆盖面广,文字通俗易懂,侧重理论联系实际。在深入介绍市场营销专业知识的同时,延伸到与之相关的其他领域的知识。通过教学互动、案例解析的训练,提高学生的人际交流和公众交流能力;通过拓展空间和营销训练,培养学生的信息收集处理能力、识别和分析问题能力、独立解决问题能力以及应变能力。

东北财经大学出版社是国家一级出版社、全国百佳图书出版单位,在全国高职高专财经类专业教材出版方面做了很多创新和改革,受到了广大职业院校的好评。本次同全国商业职业教育教学指导委员会合作出版的"21世纪高职高专教学改革创新教材·市场营销类"系列教材,依据了相关市场营销专业标准,按照市场营销岗位的职业要求构建课程体系,针对高等职业教育教学改革的思路,精心设计了教材的编写和呈现形式,适应了"教学做"一体化教学改革的要求。本系列教材整合了全国商贸类市场营销专业的大量优秀教学资源，凝结着几十位优秀教师的心血，希望成为高等职业教育市场营销专业一套真正的、理实一体的立体化创新型教材，从而为全国市场营销专业的教学发展和改革带来新的生机和活力。

"21世纪高职高专教学改革创新教材·市场营销类"编写委员会

前　言

　　随着我国社会经济的稳定发展，经济市场化、信息全球化影响着我们的社会生活、企业的经营与管理，公共关系在当今的社会生活与经济发展中发挥着越来越重要的作用。我国公共关系的发展是与市场对外开放的进程同步的。公共关系的发展不仅推动了社会的稳定、繁荣和发展，也为企业在公众面前树立了良好形象，并带来无限商机。

　　在当今全球经济一体化的大背景下，企业一方面要了解外部环境，一方面要向外部传播自己，这使企业形象管理的问题日益突出，企业需要增强公关意识和加强公关管理，完善和规范企业的行为。企业需适应体制改革的需要，体制改革促进了横向联系的发展，使企业的社会关系日益复杂，给企业的社会关系状态和行为方式带来了新的变化，需要应用公共关系加强企业的社会沟通和社会协调。市场经济带来了大范围的分工协作关系和激烈的市场竞争关系，企业需要运用公共关系来拓展合作关系，加强竞争能力，提高组织及其产品的知名度、美誉度，促进经济效益和社会效益，以适应市场经济发展的需要。现代信息传播技术和沟通方法的发展，促进了社会交往观念和交往行为的变化，特别是大众传播的发展使公众舆论的作用日益增强，从而使企业形象管理问题日益突出，需要运用公关手段来了解舆论、引导舆论，改善组织的生存、发展环境，以适应现代信息社会的需要。

　　本书是一本公共关系理论加项目实践的教材，突出教、学、做合一，强调在做中学。本书依据对公共关系各环节中典型工作任务的分析描述，以公共关系实践活动程序及各环节操作规程为基础，打破一贯到底的单一叙述方式，采用项目教学式的编写体例，以项目引领、任务驱动、行动贯穿的模式编写，基于任务过程的逐渐深入，将设计开发知识模块和任务实践活动有机融合。本书共五个项目，即公共关系认知、公共关系调查研究、公共关系活动策划、公共关系活动实施、公共关系活动效果评估。其中每一个项目包含多个任务，每一个任务又包含若干知识要点和实践活动，按照公关关系工作流程：公关关系认知、调查研究、活动策划、活动实施、评价与衡量，将公关礼仪、危机公关、公关专题活动等内容与之相结合，理论知识点直接指导和帮助学生完成实践活动。任务之间、实践活动之间和知识点之间互相关联。

　　本书的特点是：

1.将公共关系理论和实践有机地结合起来，加强对学生应用能力的培养。

2.实践性强。每项任务都配有训练活动。

3.可操作性强。学生通过对本书的学习与训练，可以切实可行地完成公共关系各项活动任务。

本教材由殷智红、覃永贞、牟蘋、刘军、张苏雁共同编写。殷智红担当主编，负责全书结构框架设计、内容统纂定稿以及项目一的编写工作；刘军负责项目二的编写工作；张苏雁负责项目三的编写工作；牟蘋负责项目四的编写工作；覃永贞负责项目五的编写工作。

本教材定位于应用型教材，区别于传统的以理论教学为主的研究型教材，注重加强对学生应用与实际操作能力的培养。

由于编写者水平有限，书中疏漏和不足在所难免，敬请广大读者批评指正。

编　者

2016年11月

目　录

项目一

公共关系认知

项目概述

本项目主要介绍公共关系相关的基本概念、知识，是学习本门课程的知识基础，在此基础上理解后续的理论知识、掌握公共关系技能、训练公共关系能力、提高公共关系素养。

本项目包括三部分：公共关系基本知识、公共关系要素与职能、公共关系从业人员素质和组织机构。其中，公共关系基本知识包括公共关系含义与特征、公共关系工作程序；公共关系要素与职能包括公共关系社会组织、公众、传播媒介三要素和其职能；在公共关系从业人员素质和组织机构中，从业人员素质包括公关意识、知识结构、能力结构，组织机构包括公共关系部、公共关系公司、公共关系社团。

项目结构

```
                                        ┌─────────────────┐      ┌──────────────────┐
                                        │  公共关系基本知识  │──────│  公共关系含义与特征  │
                                        └─────────────────┘      ├──────────────────┤
                                                                 │  公共关系工作程序   │
                                                                 └──────────────────┘
                                                                 ┌──────────────────┐
                                                                 │     社会组织      │
               ┌──────────┐             ┌─────────────────┐      ├──────────────────┤
               │  公共关系  │            │  公共关系要素与职能 │──────│      公众        │
               │  认知     │────────────┤                 │      ├──────────────────┤
               └──────────┘             └─────────────────┘      │     传播媒介      │
                                                                 ├──────────────────┤
                                                                 │    公共关系职能    │
                                                                 └──────────────────┘
                                        ┌─────────────────┐      ┌──────────────────┐
                                        │  公共关系从业人员  │──────│    从业人员素质    │
                                        │  素质与组织机构   │      ├──────────────────┤
                                        └─────────────────┘      │     组织机构      │
                                                                 └──────────────────┘
```

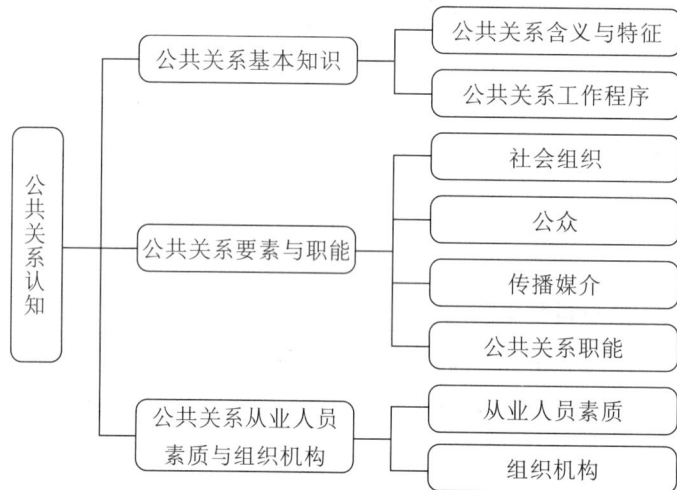

▶ 任务一　公共关系基本知识

【任务目标】

知识目标

1.了解公共关系内涵；

2.了解公共关系目标；

3.熟悉公共关系原则；

4.理解公共关系特征。

能力目标

1.掌握公共关系事件分析技能；

2.掌握公共关系工作程序。

素养目标

1.具有公共关系意识；

2.具有良好的职业价值观。

【任务导入】

IBC公益计划——2013"人·沙·敦煌"沙裸艺术行动

项目简介：

公关行业作为一个创意产业，在通过创意帮助各企业践行CSR、提升品牌美誉度的同时，对解决社会问题同样有着义不容辞的责任。带着这种责任感，2013年5月，中国国际公共关系协会与森博公关集团联合主办，发起了"IBC公益计划"。

IBC 即 Idea Beautify China，创意美丽中国。

IBC 计划旨在用极具创意的艺术活动，呼吁公众关注自然环境保护、文化生态保护、社会留守儿童等公共话题。

IBC 不仅是一次活动，更是一种呼吁大家利用自身优势向善的理念。

项目背景：

2013 年，IBC 公益计划聚焦文化生态保护问题，重点关注"敦煌文化生态保护"，将敦煌作为"创意美丽中国"大型公益活动的第一站。

敦煌壁画，距今已有 2 000 多年历史，是中华文明的瑰宝；今天，随着环境的破坏，正面临着消失的危险！

在敦煌莫高窟，壁画霉变、腐蚀、脱落的情况十分普遍，例如 156 窟原有墨书《莫高窟记》，在 20 世纪 60 年代仍依稀可见，但现在已经看不到了。敦煌研究院早前的调查结果称，敦煌莫高窟 4.5 万平方米的壁画中，有 20% 受到不同程度的损坏。

而最新的统计显示，在莫高窟目前存有壁画、彩塑的 492 个洞窟中，一半以上的壁画和彩塑出现了起甲、空鼓、变色、酥碱、脱落等病害。

千年彩绘的褪色、剥落，窟墙的腐蚀、风化，正对莫高窟构成前所未有的威胁。有考古学者曾感叹说，莫高窟的衰颓与毁坏速度惊人，正以"比古代快 100 倍的速度走向死亡"。

全球 10 处将消失的美景中，国内敦煌莫高窟唯一上榜。

我们该如何通过 IBC 公益计划，呼吁人们关注敦煌莫高窟的消亡，从而发动全社会的力量，保护敦煌莫高窟的文化瑰宝呢？

项目调研：

敦煌研究院研究人员的一项模拟试验表明，相对湿度反复上下起伏，是造成洞窟常见病——酥碱的主要原因。"二氧化碳长时间滞留窟内以及窟内相对湿度增加，空气温度上升，都有可能侵蚀壁画，加速已有病害的发展。"敦煌研究院的负责人表示，"虽然旅客过多对壁画的损害短时间内看不出来，但会加速对壁画的损害这一点是非常肯定的。"

小结：二氧化碳和空气湿度，是莫高窟壁画消亡的两大祸首。而日益增多的游客量，成为莫高窟的致命杀手。

对于风沙的侵害，或许难以在短时间内得到有效改善；但对于人为的破坏，却可以通过公益活动，唤醒人们的保护意识，从而起到有效的保护作用。

因此，我们的 IBC 计划，将针对敦煌莫高窟的游客而展开。

项目策划：

根据专家研究，在人流量不断增大的情况下，戴口罩是目前现实环境中保护莫高窟的最有效措施。

因此，我们需要一个呼吁游客戴上口罩进行参观的活动。

除此之外，如果把敦煌的这些文化遗产看成一个人的话，水草树木就是她们抵御寒冷、抵御风沙的衣服。在历史演绎的过程中，敦煌文化的防护——她们的衣服，在一件一件被剥掉。失去"衣物"的抵挡，在风沙漫天的环境中，面对沙尘、寒风的侵袭，她们不停地颤抖、战栗着……满身病痛的敦煌文化，正在发出生命消亡前的最后嘶鸣：快来救救我吧……

然而，敦煌文化所遭遇的这种痛苦，离普通人的生活又太遥远，绝大多数人都难以感知到！

如何运用最具冲击力的创意表现形式，引发社会的高度关注？

发起一场"口罩会议"：将"口罩"的元素在活动的启动会上进行无限放大，举办一场人人都戴着口罩的发布会！

"人·沙·敦煌"沙裸艺术行动：失去"衣物"的敦煌莫高窟，就像是被剥光了衣服的人被遗弃在寒风凛冽的沙漠中一样。我们通过在人体上彩绘莫高窟的相关元素，并将其置身于敦煌的沙漠中，以种种痛苦、抗争的肢体语言，暗喻莫高窟壁画的悲惨境遇。

项目执行：

1. 名家助阵

邀请明星公益大使闫妮全程参与、支持活动；

中国国际公共关系协会常务副会长兼秘书长赵大力代表中国国际公共关系协会加盟IBC计划；

众多志愿者加入IBC公益计划：中国摄影家协会副主席、著名军旅摄影家张桐胜；森博公关志愿者赵刚与名模赵媖樨拍摄沙裸艺术。

2. 层层推进

（1）北京"口罩会议"——启动2013年"人·沙·敦煌"沙裸艺术行动

最大限度地减少二氧化碳的呼出量，将是游客观光敦煌莫高窟时可采取的直接保护措施。通过一场佩戴口罩的启动会，全国招募公益志愿者，表明公益主张，呼吁社会各界参与活动。国内著名影视明星闫妮，作为公益行动大使，出席现场活动发出倡导。

（2）敦煌2013年"人·沙·敦煌"沙裸艺术行动

组织一支包括新闻媒体记者、专业摄影师、公益志愿模特、彩绘师、化妆师在内的拍摄团队。拍摄期间，整合强势媒体资源，覆盖五大门户网站，进行多角度的报道；公益大使闫妮参与其中。

——敦煌之美：以此主题，摄影师记录下敦煌之行的秀美风光；

——敦煌之痛：以此主题，摄影师的镜头中，彩绘模特将用身体语言，哀怨、痛苦、无助、惨遭踩躏的表情，展示莫高窟惨烈的生态环境。

（3）北京"留住敦煌"——敦煌沙裸艺术影展

以一场现场感十足的敦煌沙裸摄影展，重温现场，扩大影响力，传递公益主张，为本次"人·沙·敦煌"沙裸艺术行动画上完美的句号。

项目评估：

——IBC公益计划启动仪式召开首周，实现平面、网络、电视、视频、微博、微信媒体全方位连续报道；搜索覆盖IBC公益计划、敦煌沙裸艺术、壁画保护等多个关键词信息；覆盖行业首个创意公益、外媒关注、登上纽约时代广场等多角度内容；引发各大主流媒体高度关注，具有极强的话题性……

——百度指数：近一周内，IBC用户关注度提高34%，媒体关注度提高300%。

——合作媒体：IBC公益计划相关新闻在重点合作媒体的公益频道"首页焦点图""明星公益""企业公益""志愿者""推荐活动""公益资讯"等多个平台实现落地；落地形式涵盖网站头条、首页焦点图、首页文字链新闻等位置，并获得大幅转载；同时，中国公关网、17PR、我爱公关网的微博、微信等平台，均已同步报道本次活动及后续进展。

——"口罩行动引爆华尔街"：同时，此次IBC公益计划还成功登陆美国纽约时代广场的大屏幕，引发近30家外媒竞相报道，其保护世界文化遗产的理念得到了世界范围内的极大认同。

资料来源：佚名．IBC公益计划——2013"人·沙·敦煌"沙裸艺术行动［EB/OL］．［2013-07-15］．http：//www.cenbo.cc/news_con.php？action=2&aid=69.

讨论并回答：

1.何为公共关系？

2.公共关系的特征是什么？

3.公共关系的工作流程是什么？

✔ 学一学

一、公共关系含义与特征

自公共关系形成一门学科以来，人们对公共关系的定义就有成百上千种。公共关系到底有几层含义，目前还没有一个世界公认的看法，对其含义的理解和定义的表达是多层次的。公共关系有其独特的性质，了解和把握公共关系的基本含义，是我们学习和应用公共关系的基础。

（一）公共关系的含义

"公共关系"一词是舶来品，其英文为 Public Relations，缩写符号为 PR，简称是公关。"Public Relations"也可译为"公众关系"，但这种"公众关系"既可理解为"与公众的关系"，也可以理解为"公众间的关系"。对于一个社会组织来说，前者具有单向性，后者则具有无关性，因此，译为"公共关系"更容易被人们准确理解，其理由是：①公共关系的"公众"不仅由人群构成，还包括政府、社区、媒介等机构。政府、社区、媒介等机构，在中国人的心目中是公共事业单位，因此译为"公共关系"，更容易被人们接受。②港台等地的华人著述多是这样的译法，已成为主流译法。③"公共"一词与"私人"一词相对应，准确地表达了"公共关系"与"私人关系"的不同本质。

公共关系的定义五花八门，可以说有多少公共关系著作，就有多少种公共关系的定义。通过对几种公共关系定义的列举可以看出，尽管公共关系作为一种职业活动已有近百年的历史，作为一门科学，也有近80年的历史，但时至今日，人们很难找出一个能够被所有人认同的科学定义。这至少说明，公共关系作为一门新兴科学，尚处在发展的"幼年"时代。但在不同的学者对公共关系的不同界定中，我们也不难发现其中的一些趋同之处。这些趋同之处主要表现在以下方面：

第一，公共关系是一个组织与其公众之间的关系。这种关系是一个组织在与公众的相互作用和相互影响中形成的。

第二，公共关系是一种特殊的思想和活动。作为一种思想，它渗透在一个组织的全部活动之中；作为一种活动，它又具有区别于组织的其他活动的特殊性和特殊要求。

第三，公共关系是现代组织管理的独立职能。它的主要任务就是，协调组织与公众的相互关系，使组织适应公众的要求，使公众有利于组织的成长与发展。

第四，信息沟通与传播是公共关系的特殊手段。公共关系用以协调组织与公众的主要手段，就是信息沟通与传播。信息沟通与传播主要以现代大众传播媒介为物质工具。

概括以上四点内容，我们可以给出一个简洁的定义：所谓公共关系，就是一个组织运用有效的传播手段，使自身适应公众的需要，并使公众也适应组织发展需要的一种思想、政策和管理职能。

公共关系到底有几层含义，目前还未达成一个世界公认的看法，对其含义的理解和定义的表述是多层次的。人们普遍认为它既可以是一种状态，又可以是一种活动，还可以是一种学说，更可以是一种观念和职业。

（1）公共关系状态。它是指一个组织所处的社会关系和社会舆论的状态，即这个组织在公众心目中的现实形象。任何组织，都处在一定的公共关系状态之中，这是一种客观存在的形态。

（2）公共关系活动。它是指一个组织为创造良好的社会环境、争取公众舆论支持而采取的政策、行动和开展的活动，主要包括协调、传播、沟通等手段，即以创造良好的公共关系状态为目的的一种信息沟通活动。这种活动是主观见诸于客观的一种社会实践。组织的公共关系活动是一个组织长期进行社会交往、沟通信息、广结良缘、树立自身良好形象的过程，它表现为日常公共关系活动和专项公共关系活动两大类。

日常公共关系活动是指为改善公共关系状态，人人都可以做到的那些日常接待工作，如热情服务、礼貌待客以及大量的例行性业务工作和临时性琐碎的工作等等。

专项公共关系活动是指有计划、有系统地运用有关技术、手段去达到公共关系目的的专门性活动，如新闻发布会、产品展示会、社会赞助、广告制作与宣传、市场调查、危机公关等。

（3）公共关系观念。它是人们在公共关系实践中形成的影响人们思想和行为倾向的深层的思想意识，是人们对公共关系活动的一种自觉的认识和理解。它影响、指导着个人或组织决策与行为的价值取向，从而反作用于人们的公共关系活动，并间接影响实际的公共关系状态。公共关系观念主要有：形象观念、公众观念、传播观念、协调观念、互惠观念。此外，公共关系观念还包括团队观念、创新观念、服务观念、社会观念等等。

（4）公共关系学。它是指以公共关系的客观状态和活动规律为研究对象的一门综合性的应用学科，是研究组织与公众之间传播与沟通的行为、规律和方法的一门学科。公共关系史、公共关系原理和公共关系实务，共同构成公共关系学的理论体系。

就学科特点而言，公共关系学不仅是一门应用性很强的边缘性学科，在理论上还是个综合性、交叉性的学科，涉及的学科有社会学、哲学、政治学、经济学、传播学、管理学、营销学、心理学、伦理学等，是以传播学和管理学为基础建立起来的新兴学科。

（5）公共关系职业。它是指专门提供公共关系方面的服务而获取报酬的职业。其任务是协调社会组织同公众的关系，塑造组织良好的社会形象，以促进组织不断发展和完善。

公共关系职业产生于1904年，人们通常把美国的新闻记者艾维·李尊为"现代公共关系之父"。事实上，这里的"公共关系"主要是指公共关系职业。正是由于艾维·李在1904年创办了一家公共关系咨询事务所，公开对外营业，才使社会上出现了公共关系这一职业。

（二）公共关系的目标

1.公共关系的基本目标

公共关系的基本目标是为社会组织在公众心目中树立良好的组织形象。

（1）组织形象的含义

组织形象是公众对一个社会组织的总体评价，是社会组织的表现与特征在公众心目中的反映。

组织形象具有多维性。如一个企业，它的组织形象就是由产品形象、员工形象、机构形象、管理形象、企业文化形象综合反映出来的。产品形象由产品的质量、价格、性能、造型、包装、售后服务等一系列内容共同构成，是整个组织形象的基础，其中一个环节出了问题，就将极大地破坏组织在公众心目中的地位；员工形象由员工的素质、能力、文化修养、道德水平、礼仪行为等构成；机构形象主要指组织的机构设置、人事安排、工作程序、办公环境等有关组织体系的形象问题；管理形象包括经营决策管理、生产管理、销售管理、人事管理等；企业文化形象主要指企业对社会的责任感，企业内部的协同意识、合作精神，企业领导人的创新意识、远见卓识，员工对组织的责任心、自豪感、奉献意识和进取精神以及企业理念的提炼和标志的设计等等。

组织形象的感受者是公众。

组织形象源于社会组织的表现与特征。组织形象的形成需要很长的时间，其中90%靠自己做得好，10%靠宣传。如果组织没有良好的表现与鲜明的特征，10%的宣传也会变成负面宣传。

（2）如何塑造良好的组织形象

组织形象的塑造是一项庞大而复杂、长期而艰苦的系统工程。所有的公共关系工作都是直接或间接地围绕塑造良好的组织形象而展开的。要想塑造良好的组织形象，首先要重视打造良好的组织身份，形成良好的表现与鲜明的特征；其次要重视组织形象的设计，形成鲜明的形象风格；最后要重视公共关系传播与沟通，有效地影响公众的感受。

2.确立公共关系目标的重要性

公共关系目标既是对调查中发现的各种问题的圆满解决，又是完成公关任务、实现理想构想的体现。公关目标是公关人员确定的努力方向，也是形象定位的过程，是公共关系全部活动的核心。整个公关工作的过程就可以理解为制定公关目标—实践公关目标—评价公关目标的过程。确立公关目标的重要性还表现在以下几个方面：

（1）公共关系目标是公共关系策划的依据。

（2）公共关系目标是指导、协调公共关系工作的依据。

（3）公共关系目标为评价公共关系活动效果提供了标准。

（4）公共关系目标是提高工作效率、实现公共关系活动价值的保障。

3.公共关系目标的分类

从不同的角度可以进行不同的目标分类。

（1）从目的上分类

①联络感情目标。

②改变态度目标。

③引起行为目标。

（2）从时间上分类

①长期目标。它的时间通常在5年以上，是组织长期奋斗的理想目标，一般要求反映出一个组织未来的理想状态，借此统一员工的行动。

②中期目标。这是发挥具体指导作用的目标，时间一般为2~5年。由此确定公共关系需要完成的任务，使得在这段较长的时间里，公关工作有一个明确的目标，各项工作可以积极地积累成果。

③短期目标。它也可以称为年度目标，以1年为限。这是公关部年度工作计划的核心。

④项目目标。它为专门的公关活动而制定，其时间段是没有统一限制的，视专题活动自身起止时间而定。

（3）从规模上分类

①宏观目标。

②中观目标。

③微观目标。

（4）从组织的要素上分类

①CIS的目标。

②组织文化的目标。

③CS的目标。

④名牌战略的目标。

这些要求相辅相成，构成组织的整体形象。

（5）从效果上分类

①最优目标。

②满意目标。

4.确立公共关系目标的要求

（1）确定性

目标的确定性是指目标的含义必须十分清楚、单一，可直接操作，有明确的内容与要求。具体要求如下：

①工作对象应是特指的，如对什么人、解决什么问题、选择什么手段，应该十分

明确。

②目标应该是结果式而非过程式的，是可予以明确评估的，否则将不具备约束力。

③目标是可以确定其责任范围的。

④要明确实现目标的约束条件。

（2）具体性

目标要作为实施的准则和评价的标准，就必须是清晰的，而不是模糊的；必须是具体的，而不是抽象的。它必须做到：

①定性。我们要塑造一个什么性质的形象，我们以什么特色投入竞争，要在审时度势的基础上加以确定。

②定量。要引起、促成形象的质变，必须通过量的积累。怎样才算树立了良好的形象；知晓度、美誉度到底要提到多高；要争取公众的理解与支持，到底有多少人对组织理解、支持；目标比上年有哪些变化。这些问题都应该用数字说明。

③定时。任何一个层次的形象目标都应该具有一定的时间限制，都应该有明确的时间表。无期限的目标往往会流于形式，既不能督促执行，又不能适时评估。

④定空间。各项目标、各层次活动将在什么范围内开展，在什么范围内发挥影响力，在什么地方举行，要租用什么样的场地，传播信息的覆盖面有多大，等等。

（3）可行性

一个可行性的目标必须是：

①目标是可以测量的。

②目标要具有现实性。目标在具体明确后还有一个与现实情况是否和谐的问题。一个可行的目标必须具有现实性，应从实际条件出发。

③目标要有激励性、挑战性。

（4）可控性

为了保证目标的最终成功，首先，制定目标时要保持一定的弹性，留有充分的余地，以备出现问题时能灵活处理；其次，有一定的应变措施和保障，如备用的方案、可替换的同质目标等。

（三）公共关系原则

公共关系是一门学科，任何组织在策划和实施公共关系活动时，都必须遵循共同的原则。

1.真实性原则

（1）坚持真实性原则的意义

真实性原则是指组织在开展公共关系活动时，必须建立在组织良好行为和掌握事实的基础之上，向公众如实传递有关组织的信息，同时向组织决策者如实传递有关公众的信息。

公共关系是建立信誉、塑造形象的艺术，但它又不是一种纯粹的艺术或宣传的技术，而是以事实为依据的科学。公共关系不能"制造"，只能"塑造"良好的形象，这种塑造所用的材料就是事实。所以说，真实是公共关系的基本原则，也是对公共关系人员根本的道德要求，是公共关系的生命。隐瞒、歪曲、推诿是公共关系的大敌，坦诚、亲切、负责的态度是公共关系成功的要诀。

信息是组织决策的依据，是组织经营等活动有秩序进行的手段，是搞好组织管理的基础。正因为信息如此重要，所以失真的信息给组织带来的后果是不堪设想的。失真的信息会造成对组织真实形象的错误估量，会使组织目标决策走向歧途。

公共关系为组织树立信誉的大部分工作是信息传递工作。公共关系传递信息的首要原则是真实可信，绝对不能有任何虚假，如果公共关系传递的信息的真实性受到怀疑，那么公共关系工作就很难取得预期的效果，甚至会一败涂地。公共关系传递信息是双向的，即把组织外部信息向组织内部输入和把组织内部信息向外部输出。

如实地输入外部信息并不是一件容易的事。这里有思想方法问题，也有职业道德问题。信息不是外部现象的罗列。对组织有用的信息应是在实事求是地进行调查研究的基础上，对来自各方面的意见加以整理分析得到的，这样的信息才是比较准确地反映实际情况的信息。因此在搜集和处理信息的过程中有个思想方法问题。反馈信息时，一定要有高度的责任感和事业心，公正而不主观。

公共关系如实地输入信息很重要，如实地输出信息更重要。真实与信誉相通，真实是取信于民的资本。真实性受到怀疑，组织的声誉将会受到严重的损害。中国有句话："假作真时真亦假"，说的就是这样的哲理。近年来在经济生活中，一些企业对外宣传不实事求是，传递掺假失实消息，屡有所闻，甚至还有做虚假广告的。

（2）违反真实性原则的危害

宣传的真实性，是公共关系的生命。在公共关系发展史上，巴纳姆愚弄公众的报刊活动是一种很不光彩的活动。巴纳姆是作为反面典型而载入公共关系史册的。艾维·李是第一个提出说真话的人，他认为一个组织要获得好的声誉，必须把真实情况告诉公众，即使真情暴露，对组织不利，也不能掩饰，而应调整组织的行为，公共关系是同说真话联系在一起的。自艾维·李提出说真话起，公共关系才真正成为一种科学和艺术。

（3）如何坚持真实性原则

坚持对外宣传的实事求是原则，要求在宣传中既做到真实、客观，又要全面、公正。不全面的宣传，也是一种不真实，全面就是既报喜也报忧。

真实性的宣传，还有个特别重要的问题，那就是当企业有过失时，要敢于承认缺点和不足，这是一个企业自信心的表现，也是取得公众谅解的基础。但在现实经济活动中，有些企业不愿老实承认错误，而是企图把过失掩盖起来，或找借口推托，或是隐瞒真相以图蒙混，这种方法实际上是最愚蠢的。千金买名，万金买誉，利润可创，信誉难得。企业要自尊自爱，遵循真实性的原则去赢得良好的声誉。企业公共关系一定要明白这个道理并刻意追求。在优质产品和优良服务的基础上，辅以实事求是的公共关系，让人感到名实相符，企业的信誉就会很快树立起来。

2.平等互惠原则

（1）平等互惠原则的意义

社会组织在开展公共关系活动中，要注意信守平等互惠原则。平等互惠原则是指公关活动要兼顾组织与公众的双方利益，在平等的地位上使双方互利互惠。

公共关系活动必须遵守平等互惠的原则，不能单纯追求组织单方面的利益。只有在公众也同样受惠的前提下，才可能得到公众的支持和合作。事实上，任何一种良好的社会关系要得到维护和发展，都必须对双方有利。公共关系强调主体和客体的平等权利和义务，尊重双方的共同利益和各自独立的利益，谋求本组织利益与相关公众利益的平衡协调，并促成组织运作与环境达成自动平衡。公共关系必须信守组织与自己的公众对象共同发展、平等相处、互利互惠、共存共荣的坚定信念。公共关系必须以公众为本，一个失去了公众的组织也就丧失了生存的环境。为了满足公众的合理需求，有时可能要求组织对眼前利益做出必要的"牺牲"。从长远来说，这是对组织生存环境的维护，属于组织的公共关系投资，是形象建设的要求。所以，组织在与公众交往沟通的过程中，应从公众利益出发，真诚地对待公众，设身处地地为公众着想，以公正平等的态度为人处世。

对工商企业来说，平等互惠是与物质利益紧密联系在一起的。现代公共关系是建立在商品经济基础上的。在商品经济中，商品生产者的主要目的之一是获取利润，为此就要生产、经营对他人有用的商品。商品生产者不能随心所欲地"赚钱"，要受等价交换原则的支配。建立在商品经济基础上的公共关系既有合作又有竞争；既有互助的道德人情的联系，又有讨价还价的交换关系，不讲互利是建立不起科学的公共关系的。在我国，企业与公众的关系，特别是企业与企业之间的关系是种互助合作的关系，但另一方面，企业又是相对独立的生产者和经营者，有相对独立的经济利益，企业之间存在着竞争的关系。企业与公众之间，特别是企业与企业之间的关系，也是要通过物质利益来维系的。不讲互利是建立不起社会主义的公共关系的。

平等互利，就是既讲"利己"，又讲"利他"。公共关系并不是一味地讲"利他"，也要讲"利己"（局部利益），但"利己"不是利己主义。公共关系是在不违反法律和道德的前提下，让别人先得益，最后对自己也有利。

（2）公众利益放在首位

平等互惠原则不能片面地理解为简单对等的原则，平等互惠原则的基点，就是要把公众利益作为首要因素来考虑，把能否满足公众利益作为衡量公关效果的重要尺度。任何组织都要对公众与社会负责。对公众负责，即对由组织行为引起的特殊社会群体负责；对社会负责，就是要为解决人们共同面临的社会问题而分担责任。这就要求组织把自身的运行建立在满足公众利益的前提下，关心由组织行为引起的问题以及由此涉及的公众利益。满足公众利益和要求，关心社会问题，有时会牺牲组织的眼前利益，但从长远看，这是对组织生存环境的维护，是一种重要的战略性的公关投资。

3.整体一致原则

（1）整体一致原则的意义

整体一致原则是指社会组织在开展公共关系活动时，要站在"社会"的高度，把由活动可能产生的对社会经济效益、社会生态效益及社会精神文明建设等几方面的影响综合起来统一考虑，使诸方面均符合公众的长期利益和根本利益。这种力求使诸因素效益一致的思想和做法，我们称其为整体一致原则。

一个组织所从事的活动，对社会生产的影响是多方面的。以一个企业为例，企业在为社会提供产品和服务的同时，对社会的政治、文化、教育、道德和生态等方面也会产生积极或消极的影响，所以企业对生产经营活动要进行全面的权衡。不仅要从企业本身而且要从社会角度来评价其经济效益。如有的商业企业为了获取高额利润，竟然经销假冒伪劣商品，严重损害了消费者利益，虽然企业经济效益可观，但其社会效益是十分低下的。再如有的生产企业只顾生产，而对废气、废水、废渣的排放不认真处理，以致影响了附近居民的生活，甚至影响了厂区附近农作物的生长，污水污染了河流，造成了极大的社会危害。这些做法只考虑本企业的经济效益而对社会效益和生态效益造成了严重的不良后果，违反了公共关系的整体一致原则，使社会蒙受损失，最终企业也必将吞下自己酿成的苦果。

在社会文明不断发展的当今社会，越来越多的社会组织认识到坚持社会整体效益的重要性，主动贯彻整体一致思想，严格按整体一致原则办事，在社会上产生了积极影响。

（2）整体一致原则包含的内容

①社会效益

一个社会组织要想生存和发展，必须很好地为社会提供服务，并得到社会的信赖和支持。一个企业要生存和发展，为了确保其获得合理的利润，就必须为社会提供产品与服务。没有为社会提供产品和服务，企业就不应该也不可能取得利润。没有取得利润，企业就不能继续为社会提供产品和服务，甚至连自身的生存也会受到威胁。所以，任何一个企业都需要追求利润，讲求经济效益。既要讲自身的经济效益，更要讲社会效益。为此企业必须做到出色地完成任务，包括既完成企业的生产、经营任务，同时为国家提供资金积累。完成这两项任务就是为整体效益做贡献。就商业企业来说，为顾客提供品种齐全、质量优良的商品，这在多数企业都能做到，但在对顾客的服务方面，各企业之间的层次不尽一致，有些商店服务项目多，急顾客之所急，除了传统的送货上门、登门维修以外，不断增加新的便民利民服务项目，深受顾客好评；而有些商店服务上没有创新，甚至连起码的柜台服务和售后服务都做不好，消费者投诉率居高不下。这就反映了不同企业在坚持整体一致原则方面存在着很大的差距。

企业提供的税利是国家积累的主要来源，是扩大社会再生产的物质条件。企业要在努力提高经济效益的前提下，为国家多提供税利。但有些企业钻国家政策的空子，采取非法手段偷税漏税，通过向消费者转嫁负担和损害社会利益来增加企业的利润。这种盲目地追求企业短期经济利益，置社会整体利益于不顾的行为，同企业的社会主义性质是很不相称的。

从企业经济效益和社会效益的角度来考虑，企业的各种经济活动必须自觉地置于社会利益的控制和监督之下。在通常情况下，企业经济效益与社会效益是一致的。但社会效益又不是简单地等于各企业的经济效益之和，有利于提高企业经济效益的行为并不总是能提高整个社会的效益。当企业经济效益与社会效益发生矛盾时，应当服从大局，这是社会主义企业讲求经济效益的性质和特点决定的。

②社会生态效益

企业的生存、发展与环境有着不可分割的关系，企业的良性运行离不开周围的良好环境。但企业在经营中如果不注意，就可能对周围的生态环境产生不良影响。如有的企业在生产过程中产生强烈的噪音影响附近居民生活，有的商业企业为了招徕顾客把音箱放到店门口，每天不停地大声播放音乐或叫卖呼喊，这些都属于环境污染。至于某些生产企业排放的废气或粉尘，使周围居民深受其害的事例更是时有发生，这既污染了环境，也破坏了生态平衡。所以企业在经营过程中，既要追求经济效益，又要充分考虑社会生态效益。

③社会精神文明建设

企业不仅是一个经济实体，而且还是个社会成员。它不仅为社会提供物质产品和服务，而且还以它的经营作风、产品设计装潢、职工的精神面貌等对社会精神文明产生促进或者削弱甚至破坏的作用，所以企业的整体效益还要包括促进精神文明建设的内容。具体地说，企业生产什么产品、不生产什么产品，不仅要看能否给企业带来利润，而且要看是否有利于人民身心健康。

4.全员公关原则

（1）全员公关原则的意义

全员公关原则是指一个组织公关工作的开展，不仅要依靠专职公关机构和公关人员的不懈努力，而且有赖于组织各部门和全体员工的配合，要求组织的全体成员都注意树立公共关系观念，都要关注并参与公共关系工作，都要为公共关系工作做出贡献。

①只有全员公关，才能建立和维持组织良好的公关状态

组织形象是通过组织所有人员的集体行为表现出来的，是组织内个人形象的总和。每一个成员与外界发生联系时，其个人形象直接体现组织的整体形象和风貌。因此组织的每位员工在对外交往时都必须注意自己的形象，从而维护甚至扩展组织的形象。

②对组织负责和对公众负责是每个员工的神圣职责

公共关系必须以公众利益为基准点，每个组织的成员在对本组织负责的同时，要对公众和社会负责。这一点对组织的全体成员，上至领导下至员工，概莫能外。决不能认为组织公共关系状态如何只是公关人员的事。没有组织各位员工的共同努力，公关宣传只是空中楼阁。因此，强烈的公关意识必须渗透到每位员工的思想之中。

③全员公关原则的确立，也是由我国组织的社会主义性质决定的

全员公关既是员工的责任和义务，也是员工应有的权利。公共关系作为一种管理职能，其责任是管理组织的无形资产——知名度和美誉度。全员公关是社会主义组织民主管理方式在公关这一特殊管理上的体现。

（2）贯彻全员公关原则的具体要求

①全员公关必须体现在组织最高领导层的行为上

在公关界中流传着一句话："公共关系的动力来自上层。"公关要获得真正动力和效果，必须得到最高领导层的支持。因为公关活动作为一种管理活动，渗透于组织工作的各个环节，必须从全局和战略角度加以协调管理。没有领导层的关心和支持，公关活动就难以成功。

组织最高领导层必须采取有力措施和行动支持公关工作，包括由最高领导层成员亲自指挥公关工作，经常督促、检查公关机构和人员的工作情况，从制定组织政策、方针、计划及其贯彻实施充分考虑公关因素，把组织目标与公关工作联系起来。

②全员公关必须依靠全体组织成员的配合

建立组织形象，依靠全体员工的工作和努力。全体员工的工作都必须与公关工作相结合，团结协作，自觉代表组织向外界传播、宣传组织形象，并注意收集有关本组织的信息，提供给公关部门，以自己的实际行动关心、支持、配合公关工作。实践证明公关工作得到广大员工的支持就获得了最可靠的保证，失去广大员工的支持就失去了生命力。

③全员公关要求组织的公关工作具有整体协调性

要使组织全体成员形成合力推动公关工作，就必须使公关工作本身具有整体协调性。要用系统的观点来安排组织的公关活动，把公关作为一个系统，尽可能地提高公关系统的功能，既要改善单个要素，更要改善整个公关系统的结构，以产生整体效应。

公关整体协调性要求公关机构内部人、财、物的最佳组合，公关机构与其他人员的严密配合，协同一致。

④全员公关要求在组织内部形成浓厚的公共关系观念

要使组织的全体成员懂得组织形象是组织的无形资产，良好的组织形象能使一个组织的资产增值，恶劣的组织形象会导致一个组织有形资产的贬值。在组织内部培植浓厚的公共关系观念是全员公关的基础。

（四）公共关系的特征

公共关系是社会关系的一种表现形态，科学形态的公共关系与其他任何关系都不同，有其独特的性质，了解这些特征有助于我们加深对公共关系概念的理解。

（1）情感性

公共关系是一种创造美好形象的艺术，它强调的是成功的人和环境、和谐的人事气氛、最佳的社会舆论，以赢得社会各界的了解、信任、好感与合作。我国古代讲究事业的成功有赖于"天时、地利、人和"，把"人和"作为事业成功的重要条件。公共关系就是要追求"人和"的境界，为组织的生存、发展或个人的活动创造最佳的软环境。

（2）双向性

公共关系是以真实为基础的双向沟通，而不是单向的公众传达或对公众舆论进行调查、监控，它是主体与公众之间的双向信息系统。组织一方面要了解人情民意以调整决策，改善自身；另一方面又要对外传播，使公众认识和了解自己，达成有效的双向意见沟通。

（3）广泛性

公共关系的广泛性包含两层意思：一层意思是公共关系存在于主体的任何行为和过程中，即公共关系无处不在，无时不在，贯穿于主体的整个生存和发展过程中；另一层意思指的是其公众的广泛性，因为公共关系的对象可以是任何个人、群体和组织，既可以是已经与主体发生关系的任何公众，也可以是将要或有可能发生关系的任何暂时无关的人们。

（4）整体性

公共关系的宗旨是使公众全面地了解自己，从而建立起自己的声誉和知名度。它侧重于一个组织机构或个人在社会中的竞争地位和整体形象，以使人们对自己产生整体性的认识。它并不是要单纯地传递信息，宣传自己的地位和社会威望，而是要使人们对自己各方面都有所了解。

（5）长期性

公共关系的实践告诉我们：不能把公共关系人员当作"救火队"，而应把他们当作"常备军"。公共关系的管理职能应该是经常性与计划性的，这就是说，公共关系不是水龙头，想开就开，想关就关，它是一份长期性的工作。

二、公共关系工作程序

公共关系是有计划、有系统的活动，公共关系活动有着自身所固有的规律性，这种规律性体现为公共关系工作具有一定的程序。公共关系工作程序就是组织为了达到建立与公众的和谐信任关系、树立组织良好的社会形象的公共关系目标而进行的有计划、有系统的一般工作的步骤。这些步骤通常包括调查、策划、实施、评估四个环节，一般称为"四步工作法"。

1.公共关系调查

公共关系调查是指社会组织通过运用科学方法，搜集公众对组织主体的评价资料，进而对主体公共关系状态进行客观分析的一种公共关系实务活动。公关调查作为公关工作程序的基础步骤和首要环节，对组织的整个公关活动具有重要意义。

2.公共关系策划

在完成了调查研究以后，公关活动就进入了制订计划阶段。这是公共关系工作中最富有创意的部分。公共关系策划可以分成战略策划和战术策划两个部分。战略策划指对组织整体形象的规划和设计，因为这个整体形象将会在相当长一段时间内连续使用，关系到组织的长远利益。而战术策划则是指对具体公共关系活动的策划与安排，是实现组织战略目标的一个个具体战役。制订公关计划，最根本的任务就是组织形象的战略策划。在每一次具体公关活动中，公关部门究竟要完成什么任务，首先取决于在计划阶段的形象设计。只有在此基础上，组织才能进一步策划具体的公关活动。换言之，离开了组织形象的战略策划，具体的公关活动就失去了灵魂，变成了一种效益低下的盲目投资，有时甚至会产生负面的效果。

3.公共关系实施

计划制订好之后，就进入到了实施阶段。公共关系活动的性质非常复杂，但以传播性活动为主。公关传播的方法很多，要获得理想的传播效果，首先需要正确选择传播渠道。本节主要介绍一些选择传播渠道的技巧、提高传播效果的经验和传播过程中存在的主要障碍及其克服的方法。

4.公共关系评估

公共关系作为现代社会的一项管理方法，应当设计周密，有头有尾。因此，公共关系工作程序的第四步就是对公共关系活动效果的总结评估。所谓总结评估，就是有关专家或机构依据科学的标准和方法，对公共关系的整体策划、准备过程、实施过程以及实施效果进行测量、检查、评估和判断的一种活动。

✓ 做一做

武汉某汽车改装厂的公关部根据当地税务部门对车厂成本、利润十分重视的实际情况，每到年终企业结算时，主动请税务部门对本企业提出意见和要求，这样便取得了税务部门的信任和支持。当该厂批量生产农用车而又苦于资金短缺时，税务部门主动出面为其筹集资金45万元。企业领导感慨万千：经济体制改革要尽量减少社会摩擦，争取各方面支持，才能顺利进行。

问题：

1.该汽车改装厂在处理公共关系时面对的问题是什么？

2.该汽车改装厂公关的目的是什么？

3.该汽车改装厂在处理公共关系时，其特点是什么？

✓ 拓展空间

政府公关走向前台

今天的浦东概念，实际上包含三个层次：地理概念，浦东处在长江和太平洋沿岸"T"字形交叉口，条件优越；经济概念，浦东代表高速增长、运转规范的经济区域；政治概念，浦东是上海现代化建设的缩影，是中国改革开放和良好形象的标志。

良好的政府公关，为浦东带来了直接的财富效应。在全球经济一片低迷的情况下，浦东的综合经济、外商投资和商品进出口额保持高速增长，并以崭新的城市面貌成功地接受了APEC2001年会的考验。

作为一个新生事物，政府公关从幕后走向台前，其实在浦东也经历了一个认识过程。从1995年开始，浦东新区政府就每年邀请境外记者前来浦东采访报道，让在浦东投资的中国公司现身说法。现在，这已成为浦东的常设项目。2001年，浦东新区政府光接待境外记者就达260多人次。

同时，他们聘请专业公关公司帮助打理，进行浦东形象包装。每年，浦东都编辑一本《浦东概览》，还出版了浦东发展白皮书。英国《金融时报》花了16个版面对浦东进行全方位报道，在全球都引起反响。很多留学生激动地打电话说，国际著名媒体拿出如此多的版面来报道中国，前所未有。

（1）政府公关的目的是什么？

（2）"今天的浦东是上海现代化建设的缩影，是中国改革开放和良好形象的标志。"这样的形象定位是如何形成的？

✓ 效果评价

本任务的效果评价参考表见表1-1。

表1-1   公共关系基本知识评价参考表

环节	评分标准	分值（分）
对公共关系含义的理解	能结合案例正确解释公共关系的含义	30
对公共关系目标的确定	能结合案例确定公共关系的目标	30
对公共关系特征的理解	能结合案例指出公共关系的特征	20
对公共关系问题的确定	能结合案例指出相应企业存在的公共关系具体问题	20

任务二　公共关系要素与职能

【任务目标】

知识目标

1.了解公共关系三要素；

2.熟悉公共关系职能。

能力目标

1.会根据社会组织的特点，区分不同的社会组织；

2.会根据公众的特点，区分不同的公众；

3.会根据不同的公众，初步制定公关公众策略。

素养目标

1.具有公共关系意识；

2.具有良好的职业价值观。

【任务导入】

聪明之举：以顾客利益至上，化解危机

雀巢公司是一家大型跨国公司。它所生产的食品，尤其是速溶咖啡，在世界各地拥有稳定的市场。然而，饮誉国际的"雀巢"咖啡，也曾险些信誉扫地，"一命呜呼"。世界上曾出现了一种舆论，说雀巢食品的竞销，导致了发展中国家母乳哺育率下降，从而导致了婴儿死亡率上升。由于当时"雀巢"决策者拒绝考虑舆论，继续我行我素，加上竞争对手的"煽风点火"，以致一度竟形成了一场世界性的抵制雀巢奶粉、巧克力及其他食品的运动，雀巢产品几乎在欧美市场无立足之地，雀巢公司面临着严重的危机。在严酷的事实面前，"雀巢"的决策者不得不重金礼聘世界著名公关专家帕根来商量对策，请帕根帮助公司渡过这一危机。

帕根接此重任后，立即开始调查研究。结果发现，这场抵制雀巢产品运动的根源，在于该公司以大企业、老牌子自居，拒绝听取公众的意见。同时，雀巢公司的推销行为，对公众是保密的。这使得公司与公众之间的信息传播，严重受阻。这一切，都犯了

6 6 6 6 6

公众关系的大忌，难怪误解、谣传遍起。帕根根据调查所得材料，制订了周密详细的公共关系计划。他把重点放在抵制最强烈的美国，让雀巢公司虚心听取社会各界的舆论批评，开展大规模的游说活动，组织有权威的听证委员会，审查雀巢公司的销售行为等，使舆论逐步改变态度；建议接任雀巢公司总经理之职的毛奇，开辟发展中国家的市场，将其作为雀巢产品的最佳市场。在开拓市场的过程中，他吸取了以往的教训，不是把发展中国家单纯看作雀巢的市场，而是从建立互利的伙伴关系着手。比如，雀巢公司每年用60亿瑞士法郎，从发展中国家购买原料，每年拨出8 000万瑞士法郎，来帮助这些国家提高农产品质量。此外，雀巢公司还聘请1 000多名专家，在发展中国家举办各种职业培训班。这一系列活动，使雀巢公司在发展中国家树立起良好的形象，因而销路大增，营业额雄居世界食品工业之首。事后，帕根指出："任何企业（即使如雀巢这样的大型老牌企业）都不能没有一个强有力的公共关系部门。如果雀巢公司一开始就重视公共关系，是不至于闹出这场大风波的。"

资料来源：佚名. 企业营销智囊库丛书：100个成功的公关策划［EB/OL］.［2015-02-07］. http://max.book118.com/html/2015/0207/12208471.shtm.

讨论并回答：

请分析本案例中公共关系的基本要素：主体、客体、中介。

学一学

一、公共关系基本要素

公共关系三要素是指：社会组织、传播沟通、公众。其中，社会组织是公共关系活动的发起者，是公共关系活动的主体，没有社会组织就没有公共关系；传播沟通是公共关系活动的手段和媒体，没有传播也就没有公共关系；公众是公共关系的对象，公共关系是针对对象来开展的，没有对象也就没有公共关系。在三要素中，社会组织具有主导性，传播沟通具有效能性，公众具有权威性。协调三要素之间的关系，是公共关系活动的基本规律。

（一）公共关系主体——社会组织

公共关系的主体是社会组织，尽管有些个人，如在竞选中的候选人、国家公务员、社会名流等，为了某种特殊利益也举办公关活动，但他们在开展公共关系活动时，不是以自然人的身份，而是以法人的身份出现。全面研究组织是社会学的课题，而公共关系学主要是从公共关系活动的角度，对组织相关的性质进行一些必要的分析。

1.社会组织的概念

社会组织是执行一定的社会职能、完成特定的社会目标、构成一个独立单位的社会群体。其特征是：

（1）具有一定数量的较为固定的成员。

（2）具有特定的目标。

（3）具有实现目标的结构和手段。

（4）具有特定的功能。

2.社会组织的特点

社会组织简称组织，是指由一定的社会成员，按照一定的规范、围绕一定的目标聚合而成的社会团体。它是一个与"个体"相区别的概念，是人们有意识地为实现某个特定的目标，依照一定的结构形成的有机整体。社会组织一般具有以下特点：

（1）群众性。社会组织是多数人的集合体，是一个团体、群体，而不是哪一个人。也就是说，组织的成员是复数而不是单数。

（2）导向性。社会组织这个多数人的集合体是靠公共目标来维系的，所有的组织成员、组织的所有活动都必须指向这一共同目标，其行为有较强的目标导向性。建立社会组织的目的就是为了达成某个特定目标，其成员根据目标属性和特定的功能，相互凝聚，结合成群。

（3）系统性。社会组织不是杂乱无章的"乌合之众"，而是以一定的规章制度、责任分工相互约束的整体，只有以系统的方式组织和构建起来，社会组织才能形成合力，完成共同目标。

（4）协作性。社会组织都有与实现其特定目标相适应的结构形式，通对这种结构纽带，分散的、没有联系的人、财、物、时间、信息与环境等诸多因素，在一定的范围内联系起来。它要求社会组织成员之间相互协作、相互制约。

（5）变动性。社会组织是社会发展的产物，它的存在受到环境的制约，因此，无论是组织的形成还是目标，都不是一成不变的。环境的变化必然带来组织的相应改变，组织的存在意义在于完成社会分工任务，而这只有通过组织自身的动态运作才能实现。

（6）稳定性。尽管社会组织的成员及其领导者都是可变的，有在数量和规模上不断扩展的趋势，但作为一种活动结构，即将组织成员组合在一起的基本框架总是稳定的，不会轻易发生变化。

3.社会组织的分类

人们组合成为组织必定是为了完成某个共同目标，但目标的存在方式又各不相同，这就决定了社会组织必然具有多种类型。

（1）营利性组织

这些组织以营利为目的，追求经济利益的最大化，如工商企业、旅游服务公司、保险公司、金融机构等。

（2）服务性组织

这类组织不以营利为目标，而以为对象服务为目标，包括学校、医院、慈善机构、社会公共事业机构等。如学校的首要公众是学生，其目的是教书育人；慈善基金会的宗旨就是更好地为社会弱势群体或那些需要帮助的特定公众提供服务。

（3）公共性组织

它通常是指为整个社会和一般公众服务的组织，如政府、军队、消防部门、治安机关等。这类组织的目标是保证社会安定，不受内部不良因素的影响和外来干涉。

（4）互利性组织

这是一种以组织内部成员间互获利益为目标的组织，这类组织追求的是组织内部成员之间的互惠互利，如政党、工会组织、职业团体（学会、协会、研究会等）、宗教团体。

（二）公共关系客体——公众

1.公众的含义

公众作为公共关系的基本构成要素，是公共关系学中一个相当重要的概念。它最初由英文 Public 一词翻译而来，有泛指公众、民众的含义，也有特指某一方面公众、群众的含义。在公共关系学中，一般把公众理解为因面临共同的问题与特定的公共关系主体而相互联系及相互作用的个人、群体或组织的总和。

在日常生活中，人们往往会把公众与"群众""人民""人民大众""人民群众"等词相互代替或混用。的确，从一般意义上讲，这些词的含义都基本相似，都可以指社会上的大多数人。但是作为公共关系学中的一个基本概念，公众与它们在内涵和外延上存在着一定的差异。人民是一个政治概念，量的方面泛指居民中的大多数，质的方面指一切推动社会历史前进的人，既包括劳动群众，也包括具有剥削性但又促进社会历史发展的其他阶级、阶层或集团。群众包含于人民之中，通常指从事物质资料和精神资料生产的劳动者。人群是社会学用语，量上指居民中的某一部分，质上是一个松散结构，不一定需要合群的整体意识，也不一定要因共同的问题而与特定组织发生联系，凡是人聚在一起均可称为群。

2.公众的特征

在辨析了"公众"与"人民""群众""人群"的区别之后，我们将"公众"概念蕴含的特殊规定和意义归纳为公众具有的特征，主要包括以下内容：

（1）共同性

众多的个人、群体为什么能成为一个特定组织的公众？主要原因就在于他们都面临着某个共同的问题，比如共同的兴趣、共同的需求、共同的目的、共同的背景、共同的意向、共同的问题，使他们极易形成相似的态度、看法，并采取较一致的行为，这就构成了组织面临的一类公众。比如，几个素不相识的患者，当他们都去某家医院就诊时，就会因为面临着获得及时治疗、早日康复这一共同问题而成为这家医院的公众。再比如，一个学校和一个石油钻井队也许没有任何关系，但当它们都购买了一家电扇厂生产的电扇时，它们就因共同的利益、共同的需求，成为这家企业的公众，它们和企业因为产品的质量和价格等问题发生了联系，并且在这些问题上，学校和钻井队具有较相似的态度和行为，这就是公众的共同性。

（2）多维性

首先，公众的多维性体现在它具有多层次的立体结构上。公众由个人、群体和社会组织三个部分构成，因此具体的公众形式可以是个人，可以是群体，也可以是某些社会团体，或者是某些社会单位、部门。比如一个小饭馆，它的公众既包括来这里就餐的个人，也包括就餐的一群人，还包括工商、税务、消费者协会等这样一些部门和团体。这种公众的多层次和多元化，就决定了公共关系是一种多维的社会关系。

其次，多维性还表现在不同的公众具有不同的需求和目的上。虽然作为特定组织的公众，他们都面临着一个共同的问题，但在解决这一问题的过程中，他们所表现出来的利益追求和价值取向存在一定的差异。比如，一家冶矿厂因排放不合标准的废气造成了环境污染，致使当地农民的小麦产量减少了三成。由此形成的公众在解决这一问题上所表现出的利益追求是不同的：环境保护部门要求冶矿厂采取措施，达到国家制定的废气排放标准，保护生态平衡；冶矿厂的股东要求在解决问题时尽量节省投资；而附近收成减少的农民要求冶矿厂赔偿损失，并且赔款越多越好。

再次，公众的多维性还表现在公众与公共关系主体之间的利益关系上。有的利益一致或基本相同，就易形成和谐关系，如上面所说的冶矿厂和其股东，他们的目的是追求利润最大化，因而根本利益一致。有的利益互为补充，因而关系紧密，如上述环保部门与冶矿厂之间的关系，因为环保部门的措施是为了给一切社会成员当然也包括冶矿厂本身提供一个良好的能满足其生存发展的自然环境。有的利益彼此背离，因而相互关系紧张和排斥，如冶矿厂和因其排放的废气而造成小麦减产的农民之间的关系。冶矿厂正是图省事省钱才不愿在处理废气上投资，而减产的农民则要求冶矿厂在赔偿造成的损失后还要保证以后不会造成同样的污染，否则就可能采取过激的行为，因此在这一问题上，冶矿厂和农民之间的利益相互冲突，必然造成彼此关系的紧张。

最后，公众的多维性还表现为它有多种类型，有的公众与组织发生直接关系，如员工；有的公众与组织发生间接关系，如员工家属。即使是同一类公众，也可以有不同的存在形式。比如消费者公众，可以是松散的个体，也可以是特殊的利益团体（如消费者协会），还可以是一个严密的组织（如使用产品的某家公司乃至政府）等。了解公众形式的多维性，才能按照每一公众的特殊性进行分析，制定相应的公共关系措施。

（3）可变性

公众不是封闭僵化、一成不变的对象，而是一个开放的系统，处于不断发展变化的过程之中。首先，公众的形成取决于共同问题的出现，一旦这个问题解决了，那么作为公共关系意义上特定问题的公众就不存在了。仍以前述冶矿厂为例，如果冶矿厂赔偿了农民的损失，并采取积极的措施解决废气污染问题，保证以后排放的废气都符合国家的有关标准，这样，污染问题得到了解决，农民也就不再是冶矿厂污染问题的特定公众了。其次，随着主体条件、客体环境的变化，组织面临的公众在性质、形式、数量、范围等方面都会发生相应的变化。比如，某生产企业原材料的供应者今天是钢铁公司，明天就可能变为木材加工厂；某商场昨天的顾客是1 000人次，今天的顾客则是1 500人次；组织内部的人事变动会造成新员工进来、老员工离开，员工公众发生变化；生产同类产品的两个企业本是竞争对手，但签订了合作协议之后，则变成了协作关系，公共关系在性质上发生了变化。以上种种情况都说明了公众处在不断的发展变化中。

（4）互动性

公众具有互动性，主要表现为公众和公共关系主体之间构成某种互动关系。公众的意见和行动对一定社会组织的生存发展具有影响力和制约力；反过来，社会组织所制定的政策、所采取的行动，对公众也具有影响力和制约力。也就是说，公众与一定社会组织发生的利益关系是双向的，组织可以从公众那里获益，公众也可以从组织那里获益。正是以此为基础，才形成了组织与公众之间的公共关系。

譬如，在一家商场和它们的顾客公众之间，顾客公众对商场服务态度的评价、对商场商品质量优劣的评价，以及是否愿意光顾这家商场，都会对这家商场的生存发展产生影响；而商场采取的一些措施，如维持低廉的价格、经常打折销售、保证微笑服务，又会对公众的行为产生影响。商场希望销售量增加，实现利润最大化，而公众则希望心情愉快地从商场那里买到物美价廉的商品。因此，围绕双方利益的相互满足，商场要得到公众的接受和认可，开展公共关系活动就变得很有必要。

3.公众的分类

公众是组织赖以生存的基础，是公共关系活动唯一的对象。在现实生活中，公众不是一个简单的整体，而是一个极其复杂的网络系统。每个组织在开展公共关系活动之前，都必须根据不同的需要，从不同角度、按不同方法对复杂而且广泛的公众进行分类，这样才能做到有的放矢地确定公关目标，制订公关计划。因此一般来讲，对公众进行必要的分类，把握其内在规律性，是公关人员必须掌握的基本功。这里介绍几种常见的分类方法及其特点。

（1）把公众的发展作为一个过程来分类

公众的发展一般有这样一个过程：当组织做出某种行为时，其行为会引起公众态度、行为发生变化。公众与组织的关系可能由疏变密，公众对组织的影响力也由弱变强。美国公共关系学研究人员格罗尼格和亨特按照公众的一般发展过程，将其分为非公众、潜在公众、知晓公众和行动公众四类。

①非公众

在组织所处的环境中，一部分个人、群体和社会团体在一定的时空条件下，不受这个组织的行为影响，他们也对这个组织不产生影响力。他们在组织的视野中，就成了非公众。例如一般条件下，棉布店可以被看作是轴承厂的非公众，丝绸店可以被看作飞机制造厂的非公众，婴幼儿可以被看成成人用品商店的非公众。一个组织只有正确找出非公众，将其排除在公共关系的工作范围之外，才能减少公共关系工作的盲目性，增强针对性，减少人力、物力和财力的浪费。但要注意，非公众也有可能发展成为潜在公众。

②潜在公众

在组织所处的环境中，当一个组织的行为与一定的个人、群体和社会团体发生了利益关系，使他们已面临着由这个组织的行为引起的共同问题，但他们本身暂时未意识到这种问题的存在时，他们就成了潜在公众。例如，某电视机厂由于质量管理不严，在一段时间内生产了5 000台显像管存在缺陷的彩电，等到发现问题时，5 000台彩电已全部卖给了消费者。这批貌似完好无缺的彩电在几个月之后将出现图像模糊的现象。在这里，5 000名买主都即将面临一个共同的问题——电视机数月之后将出现图像模糊，但他们尚未意识到这个问题的存在。于是这5 000名买主便成了该电视机厂公共关系部的潜在公众。

潜在公众在一定时间内，至少在意识到他们面临的问题之前，不会采取行动，不会对组织构成威胁，他们对组织的影响力只是潜在的。但是，这种状况不会始终存在下去，问题迟早会暴露，一旦问题暴露就会损害这家电视机厂的形象。较明智的公关部经理往往不抱侥幸心理，在潜在公众形成的时候就着手进行工作。如果所举例子中的电视机厂及时向5 000名买主发出道歉和换货公告，让他们即刻前来，对问题电视的显像管进行维修或更换，并负责赔偿因换货而造成的时间浪费和其他损失，那么，这家电视机厂的经济效益虽然在短期内会有所损失，但它在公众心目中树立起了知错就改的良好形象，信誉度也大大提高，因而赢得了一笔"无形的财富"，而且日后一定会转化为有形的财富。

③知晓公众

当公众面临着由一个组织的行为引起的共同问题，而他们本身已经意识到这种问题的存在时，他们就成了知晓公众。知晓公众一般由潜在公众发展而来。知晓公众一旦形成，他们就急切地想了解问题的真相、原因和解决的办法。仍以前述电视机厂为例，如果该厂的公关部在潜在公众形成的时候抱有侥幸心理，未开展积极的公关工作，那么现在就应该以积极的态度、正确的方法对知晓公众开展公共关系活动，妥善解决问题，否则后果将更为严重。

④行动公众

当公众不仅意识到由组织行为引起的问题，而且准备采取或已经采取行动以求问题的解决时，他们在组织的视野中就成了行动公众。行动公众是由知晓公众发展而来的，他们的形成可以对组织的生存发展构成直接威胁。再以上述电视机厂为例，如果该厂公关部对已经形成的知晓公众仍无动于衷，甚至还千方百计地隐瞒事实的真相，那么心有怨气的买主就会使该厂公关部的电话响个不停，甚至聚集在厂大门前指责或咒骂其不讲信誉，同时向工商管理部门和新闻媒介反映。倘若记者把这事写成新闻，在电视和报纸上报道了事件的真相，并附上几个公众围攻电视机厂的图像或照片，那么，这家电视机厂的领导和公关部就非常被动、难堪。一时间，该厂信誉扫地、声名狼藉，经济效益和社会效益都会受损。

总之，从非公众到行动公众是由组织行为引起的公众态度、行为连续发展的过程，这个发展过程可以用图1-1表示。

图1-1 公众态度和行为的发展过程

（2）根据公众与组织的关系来分类

根据公众与组织的关系可以将公众分为内部公众与外部公众。

①内部公众

内部公众一般与组织有着归属关系，是组织的构成部门，主要包括组织内部各个部门的员工，在实行股份制的企业中，还包括全体股东。

②外部公众

外部公众是指在组织内部公众之外的社会群体、组织和个人。它的范围广泛，而且因组织类型不同而不同，所以难以一一列出。对于一般组织来讲，常见的外部公众主要包括顾客、新闻媒介、社区公众和政府。

（3）根据公众对组织的不同态度来分类

一个组织面临的公众，由于他们所处的地位、环境，扮演的社会角色，主观认识水平，以及利益追求等条件的不同，形成对组织的不同态度。在公共关系中，根据公众对组织的不同态度，公众可以分为顺意公众、逆意公众和中间公众。

①顺意公众

顺意公众与组织关系良好，对组织奉行的政策、采取的行为持赞赏、支持、合作的态度，在较大程度上与组织保持一致，是组织生存和发展的积极社会环境因素。

②逆意公众

逆意公众对组织奉行的政策、采取的行为持反感、反对、不合作态度。逆意公众的形成通常有两个原因：一是组织的政策、行为不当危害了公众利益，或者组织和公众之间价值取向有差异，致使组织和公众在利益上存在冲突；二是由于沟通不畅而对组织的政策行为产生了误解。

③中间公众

中间公众是对组织奉行的政策、采取的行为持中立态度或尚未表态、态度还不明朗的公众。

将公众分为顺意公众、逆意公众、中间公众的分类法在政界尤为重要。例如，在抗日战争时期，中国共产党制定的抗日民族统一战线的策略方针是：发展进步势力，争取中间势力，孤立顽固势力。从公共关系学的角度进行分析，这里的"进步势力"是中国共产党的顺意公众，"中间势力"是中间公众，"顽固势力"是逆意公众。再比如，在美国的总统选举中，投民主党候选人票的是共和党的逆意公众，投共和党候选人票的则是民主党的逆意公众，投弃权票的则是中间公众。

对于组织的公共关系工作来讲，首先是要保持顺意公众的队伍，经常与他们沟通联系，不使他们的态度发生逆转，不让他们被竞争对手争取过去。其次要努力争取中间公众。中间公众的态度具有极强的可塑性，组织多花精力与其交流沟通，就有可能赢得他们对组织的了解和好感，即便一时间不能把中间公众变为顺意公众，至少可以防止他们向反对方面转化。最后是要尽力减少逆意公众。在公共关系中，如何争取逆意公众态度的转变是一个难题。但对于组织而言，不能因为困难就放弃，因为处理不好，会对组织产生很大的消极作用。一般来讲，组织应诚挚地与他们交流，不计较眼前的得失，始终保持较低的姿态与他们协调关系，争取对方的理解，促进逆意的转化。

（4）根据公众对组织的重要程度来分类

不同的公众对组织的生存发展的影响力不同。根据公众对组织的重要程度不同，可以把公众划分为首要公众、次要公众和边缘公众。

①首要公众

首要公众是与组织关系密切，对一个组织的生存发展具有重要影响力和决定性作用，而且还影响和制约其他公众的公众。一般而言，所有组织的员工和股东、商店的顾客、宾馆的旅客、工厂的用户都是首要公众。首要公众是组织生存发展的"生命线"，是公共关系对象中最关键的公众，因此，组织的公关部门应该投入最多的人力、财力和物力来维持和改善同这类公众的关系。

②次要公众

次要公众是对一个组织的生存发展有一定影响，但这种影响尚不具有决定性作用的公众，如社区公众、新闻界公众。由于组织的人力、财力、物力资源总是有限的，因此开展对此类公众的公共关系工作应放在次要地位，以突出公共关系工作的重点，提高效益。但应该注意的是，次要公众虽然不是组织公共关系工作的重点对象，但如果完全忽视了他们的存在，仍然会造成组织公共关系恶化的结果。

③边缘公众

边缘公众是与组织有一定的联系，但不影响组织生存发展的公众，如学校、宗教团体、非同类企业等。

以一家企业为例，它的公众分类如表1-2所示。

表1-2 一家企业的公众分类

首要公众	员工、股东、商品消费者、供应商
次要公众	政府机构、社区、新闻媒介
边缘公众	学校、科研机构、非同类企业

就一个组织来说，它的首要公众、次要公众和边缘公众的区分有着较大的相对性，他们在不同的时期可以互相转化，今天的首要公众可以变成明天的次要公众或边缘公众，今天的次要公众或边缘公众可以变成明天的首要公众。

这种变化主要由组织的目标决定，同时也取决于组织的环境条件。把握这一点，就要求组织的公关部门应根据组织的需要和形势的变化来确定公共关系的主要对象——首要公众，并努力处理好与他们的关系。

例如，某水泥厂建在市郊，筹建期间，社区内的公众并未有任何异议，此时，社区公众就是次要公众。可是，当水泥厂投产后，废水对附近的农田造成了严重污染，农民的利益极大地受损，他们强烈要求该厂要么采取措施治理废水，要么搬迁到别处，否则就对该厂的设备采取行动，这时，本来属于次要公众的社区公众就成了水泥厂能否在此处生存下去的首要公众。再如，某科研所对这家水泥厂而言是边缘公众，但当科研所开发了一项新技术，而这项技术对水泥厂改进生产流程、提高效率非常有用，水泥厂积极想从科研所引进这项技术时，科研所就由过去的边缘公众变成了今天的首要公众。

（5）根据组织对公众的态度来分类

组织根据自己的需要，对不同公众也会有不同的态度。按照组织对公众的好恶程度分类，可以把公众分为组织欢迎的公众、组织追求的公众和组织不欢迎的公众。

①组织欢迎的公众

那些完全迎合组织的需要，主动接近组织、支持组织，组织对他们也十分感兴趣、重视的公众，是组织欢迎的公众，如股东、自愿投资者、慕名前来的顾客、赞助捐赠者等。组织和这类公众之间存在着两相情愿的合作关系。公共关系的任务就是要维系和加强这种相互重视、联系密切的合作关系。

②组织追求的公众

那些令组织十分感兴趣并努力接近，但其本身对组织并不一定感兴趣的公众，是组织追求的公众，如新闻媒介、社会名流等。组织如能赢得这类公众的好感，非常有利于组织的长远发展，因此组织要开展积极的公共关系活动去争取，但在做工作时须讲求艺术，注意方式方法，避免弄巧成拙。

③组织不欢迎的公众

那些违背组织的利益和意愿来接近组织，向组织表示友好，却被组织力图回避的公众，是不受组织欢迎的公众。如某些反复纠缠索要赞助费的团体或个人，一味给组织提出各种无理要求的团体和个人等，都是令组织较为烦恼的公众。对于不受欢迎的公众，组织也应开展公共关系，向他们阐明组织的观点，与他们保持适当距离，尽量减少他们对组织构成的威胁。

（6）根据公众的稳定性程度来分类

受客观环境、外在条件发展变化的影响，公众的稳定性和组织性在程度上也有很大的差异。依据这一标准，可将公众划分为流散性公众、临时性公众、周期性公众、稳定性公众、权力性公众。

①流散性公众

这类公众流动性大、分散性强，如列车上的旅客、观光游览某一景点的旅客。对此类公众开展公共关系活动，能取得更快、更好、更广泛的传播效果，有利于提高组织的知名度。

②临时性公众

临时性公众指因某一临时事件、活动或某一共同问题临时聚集在一起的公众，如舞会的来宾、球场、剧院、展览会、运动会的观众，因航班误点而滞留机场的乘客，上街游行示威的队伍。

③周期性公众

周期性公众指按一定规律和周期出现的公众，如逢节假日出现的游客、购买节日货物的顾客、西方竞选时的选民、招生时节的考生和家长、定期到某学校上课的函授班学员等。周期性公众的出现具有规律性，可以预测，这有利于组织做好必要的准备工作，有计划地开展公共关系活动。

④稳定性公众

这类公众由于兴趣、爱好、习惯的影响，比较集中地与某些组织发生稳定的联系，是组织的基本公众，甚至对组织而言具有"准自家人"的性质。定期去某医院体检的老年人、经常光顾某娱乐城的顾客、只使用飘柔洗发水的消费者、最爱抽红塔山香烟的烟民、稳定的协作厂家、组织的内部公众、社区的居民、熟客、常客等均属此类。

⑤权力性公众

这是组织最为严密、拥有某种行政权力的公众，主要指政府及各级行政管理机构、上级主管部门。

（三）公共关系中介——传播

公共关系的传播是通过一定的媒介或载体将传播的信息准确地传递给受众，同时获得信息反馈的过程。传播的内容、传播内容的载体是研究公共关系传播的主要内容。

此外，公共关系传播也非常重视信息的反馈，因为通过对行动效果的及时了解，能采取积极措施加以有效控制，保障整个行动的协调一致。传播的一般途径如图1-2所示。

```
┌────────┐      信息      ┌────────┐      信息      ┌────────┐
│ 传播者 │◄──────────────►│传播媒介│◄──────────────►│ 受传者 │
└────────┘      反馈      └────────┘      反馈      └────────┘
```

图1-2 传播的一般途径

1.公共关系传播的内容

公共关系传播的内容主要包括两类:一是信息的传播;二是情感的传播。

(1)信息的传播是公共关系传播中最主要、最基本的内容。一方面,公共关系组织和从业人员要广泛收集公众的信息、社会环境方面的信息,在对信息进行加工整理后,及时向组织的决策层汇报,为组织做出决策、制订计划提供信息来源,这样才能保证做出的决策能投公众之所好,应公众之所需。另一方面,组织要在公众心中树立良好的形象,获得广泛的合作与支持,又必须积极宣传自己,传递有关本组织的新情况、新政策、新产品、新行动,多从正面传播有利于组织的信息。这是公共关系工作的主要内容。

(2)情感是人类共有的东西,组织运用各种传播手段在组织与内外公众之间进行情感交流是公共关系活动的重要内容。如员工生日,公关人员送上一张写满祝福语言的贺卡;逢年过节,公关人员打电话给组织的重要公众,送去节日的问候;春暖花开时,公关部门组织一次郊游踏青;工作之余,组织一次别开生面的舞会。这些活动都能加强组织与内外公众的沟通与交流,增进双方的了解与好感,在组织内部能形成较强的凝聚力和向心力,在组织外部则更易于获得社会的支持。

2.公共关系传播的一般过程

美国传播学家哈罗德·拉斯韦尔根据他对大量实例的研究,提出了一个著名的传播过程的模式——拉斯韦尔的5"W"模式。5"W":——who(谁),say what(说什么),through which channel(通过什么渠道),to whom(对谁),with what effect(产生什么效果)。将拉斯韦尔的传播模式应用到公共关系过程中来,我们可以得到以下结论:"谁"指传播者,即公共关系人员;"说什么"指传播内容,即有关公共关系的信息;"通过什么渠道",指公共关系传播采用何种传播媒介,人际传播还是大众传播;"对谁"指受众,即社会公众;"产生什么效果"指公众是否收到了信息,公众的态度是否受到影响,公众的行为有没有因传播而发生变化。

我们将公共关系的传播过程用图1-3表示。

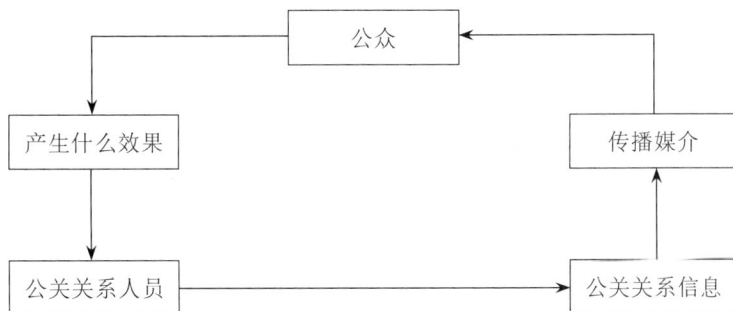

```
                    ┌──────────┐
              ┌────►│   公众   │◄────┐
              │     └──────────┘     │
              │                      │
        ┌──────────────┐      ┌──────────────┐
        │ 产生什么效果 │      │   传播媒介   │
        └──────────────┘      └──────────────┘
              │                      ▲
              ▼                      │
        ┌──────────────┐      ┌──────────────┐
        │ 公关关系人员 │─────►│ 公关关系信息 │
        └──────────────┘      └──────────────┘
```

图1-3 公关关系的传播过程

3.公共关系的传播方式

公共关系的传播方式主要包括两类:大众传播和人际传播。熟练地掌握和运用这两种传播方式，是公共关系工作获得成功的重要保证。

（1）大众传播

现代公共关系与大众传播是密不可分的，公共关系的迅速发展有赖于各种大众传播手段的发展和完善。由传统的农业社会过渡到工业社会、信息社会的一个显著特点，就是人们交流思想的大众传播手段的高度发展和完善。20世纪30年代后，随着科学技术的进步和经济的繁荣，大众传播手段迅速发展。首先是报纸、杂志的大量发行，随后便是广播的普及，接着就是电话、电报、传真等现代通信手段的长足发展，然后是电视得到迅速普及，真正实现了"秀才不出门，坐观天下事"。

到今天，互联网更是将世界紧密联系在一起，带来了划时代的变化。有人说，今天的社会是"大众传播社会"，今天的时代是"大众传播时代"，谁要想获得成功，谁就必须认识和掌握大众传播。公共关系工作的主要内容，就是使用大众传播去影响社会公众，使他们产生有利于组织的态度和行为。

所谓大众传播，是指特定社会集团通过大众传播媒介，以图像、符号的形式，向社会公众表达和传递信息的过程。大众传播媒介可分为印刷品媒介和电子媒介。印刷品媒介主要指报纸、杂志、书籍等，电子媒介主要包括广播、电视、电影、互联网等。大众传播与人际传播最重要的区别在于，大众传播是通过大众传播媒介进行传播的。比如，两个人的书信往来不算大众传播，公共关系人员在集会上演讲亦不算大众传播；但如果书信、演讲稿通过报纸、杂志、电视、广播、互联网登载播出，那就是大众传播了。

①印刷品媒介

A.报纸

报纸作为一种大众传播媒介，出现于广播、电视、电影之前。它是以客观事实报道和评论为主要内容，利用印刷文字，以比较短的间隔定期发行的媒体。今天意义上的报纸是经过很长时间发展与完善才形成的。如果要回顾报纸的雏形及其发展过程，在我国可以上溯到汉代。汉代的报纸叫邸报，主要用来传递官方信息。西方的报纸则发源于古罗马。

当时，凡是罗马统治权势可及的地区，地方官吏、贵族需要对都城所发生的事件加以了解，于是一份功能、内容与近代报纸相似的所谓《新闻报》便应运而生。

报纸作为公共关系的传播媒介，具有许多优点：其一，报纸造价低廉，而且制作简便，这是电影、电视、广播等无法相比的，而且现代科技的发展、计算机排版技术的广泛应用，使其在出版速度和质量上都有了飞速发展。其二，报纸能给予受众更大的主动权，可以让读者自己控制阅读速度和选择阅读时间、地点，不像电子媒介把观众、听众置于被动地位。人们可以根据自身的习惯、兴趣、能力来选择报纸阅读，可以一目十行，也可以逐字推敲。其三，报纸的信息量大大超过广播、电视。因为广播、电视的"黄金时间"（即受众收听、收看人数最多的最佳时间）总是有限的，但报纸可以根据需要增加版面，增加信息的总容量。而广播、电视受时间限制，增加一个新节目就可能砍掉或挤掉原来的节目。其四，报纸便于保存信息。面对面的传播，稍纵即逝，电视媒介传播如不专门录制，很快也会消失。而唯有报纸能把各种事实、数字信息有效地保存起来。其五，报纸可以适应受众的特殊需要。报纸可以变换自身的内容以适应不同受众的特殊需要和兴趣，而且它可以办成各种特殊性质的专门报纸，而不像其他媒介那样要求标准化。如《计算机报》可以满足不同层次计算机爱好者的需要，《足球报》可以适应不同层次足球爱好者的需要。

报纸也有其本身不足之处：其一，即时性感染力差。文字比之于口语，因其诉诸视觉和思维，因而具有冷静的理性特征。这就使报纸虽然附有图片和表格，仍不及电影、电视那般形象、生动、直观，也不及广播那样有直接对话般的亲切感，因此导致其即时性感染力相对差一些。其二，制约报纸发行的因素较多，如地域、交通、气候、灾难、战争等，它们均会影响报纸传递信息的速度，使其传播不如广播、电视及时。其三，读者层次的限制影响了它的传播范围。阅读比观看、收听更要求受众具有一定的文化水平和理解能力，这就造成文化程度低的人无法充分使用和享有这种媒介。

B.杂志

杂志是报纸向深度和广度发展的印刷品媒介，当人们对报纸所发布的信息力求作更深更广的了解，或者对某类信息有浓厚的兴趣时，杂志便应运而生。杂志按发行周期划分，可分为周刊、半月刊、月刊、双月刊、季刊；按性质划分，可分为专业性杂志（如《公共关系》）和非专业性杂志（如《青年文摘》）。专业性杂志侧重于某个领域，并在其领域内可以形成权威。如很多杂志都可能刊载公共关系的文章，但《公共关系》杂志在这个领域是最具权威性的。

杂志具有以下优点：其一，突破报纸的地域性限制。杂志可以在全国公开发行，不受地域的限制，甚至还可冲破国界的限制。其二，传播信息比报纸更全面、准确。由于杂志发行期较长，因此有充分的时间采集信息、收取资料，版面的制作也有更多的时间准备，因此能给读者留下完整、深刻的印象。其三，便于贮存。其四，在特定范围内，传播效果明显。大部分专业性杂志读者群比较固定，而且对该专业很有兴趣，深有研究，因而阅读时精力集中，领悟力较强，较易对传播的信息留下深刻的印象。

杂志也具有一些本身无法克服的缺点：因出版周期太长，导致传播速度慢；因专业性太强，无法照顾到一般读者的阅读水平，而限制了读者群。这就使得公共关系人员在选择杂志作传播媒介时不得不思虑再三。

②电子媒介

A.广播

广播技术最早出现在西方。它最先是作为娱乐工具来到世界上的。如今已遍及世界的每一个角落，成为一种多功能的大众传播媒介。广播分为有线广播和无线广播，它们在传播范围和传播设备上有较大差异。有线广播受线路导引的限制，一般只在某一公共场所或地域（如车厢、宾馆、村镇）等范围内传播；而无线广播则借助于电波信号，只要发射机功率足够，就可将信号传至"天涯海角"。收音机就是接收无线广播信号的设备。我们所讨论的主要是无线广播。

广播具有极快的传递信息速度，可以超越时间、地域上的局限，其传播之迅速、覆盖面之广是任何大众媒介所无法比拟的。广播以口语化的语言和音响作为传播的主要手段，且辅之以抑扬顿挫的音调来打动听众，表达亲切感人，较报纸、杂志具有更强的感染力。广播对广大受众来说有较强的接近性，因为传播者的传播与受众的收听同步进行，使受众获得了相当程度的参与感，双方就好像在进行面对面的交流，更接近面对面的人际传播。此外，广播不用文字作为传递信息的载体，适合不同文化程度的广大受众。而且，收听广播时，不受工作限制，仍可以从事某些机械性的、无须多加思索的工作。最后，费用较低。广播节目制作方便，广播设备简单。在进行现场直播时，电视要携带各种录像、录音设备，还要考虑灯光、音响等条件，而广播直播却要简便得多。而且，同一则广告在中央人民广播电台播出，所需费用相当于中央电视台的1/10。

广播存在的缺点主要有：第一，信息难以贮存。广播传播信息，稍纵即逝，如不及时录音，信息即无法留存。纵然已经录下，靠磁带储存信息，经济上不太合算而且也不很方便。第二，形象感不强。广播通过语言、音响影响受众，没有图像，也不能展现图片、图表。因此，在形象感方面比不上电视、电影，甚至比不上报纸。第三，受众不能很主动地选择信息。电波频道有限，而频道过多相互之间又会发生干扰，影响传播效果；自由选择节目的范围有限，一次只能收听一个频道，收听某一节目又受节目播出时间的限制，一旦错过就再难收到；收听广播必须按播音顺序来听，不能加速、减速或更换。总之，听众完全受广播预先排定的节目顺序、时间、速度的支配，处于被动接受的地位。

B.电视

电视是将声响、文字与活动画面结合起来，主要供家庭或小群体使用的大众媒介，产生于20世纪20年代。电视虽晚于广播产生，但其发展却相当迅速，到目前为止已遍及世界各地。现代生活离不开电视，电视节目是人们获取信息的主要渠道。公共关系人员要利用电视传播的种种优点来实现树立良好形象的目标。

电视作为一种最主要、最有效的传播媒介，其优点表现在：其一，受众能获得较强的真实感。电视是文字、声音、图像三者的奇妙组合，观看电视，更接近面对面的人际传播，能给受众以更真实的感受，电视经常采取现场直播的方式传播信息，时间与被播放事件有同时性，空间上有同位性，使人如临其境、如闻其声、如见其人，增加了信息的可靠性。其二，传播效果持久。电视节目的制作往往融多种艺术手法于一体，综合广播、报纸的长处，主题鲜明，重点突出，形象生动，能加深受众的印象，给受众更强烈的刺激，因而传播效果较为持久。其三，即时感染力很强。聚集在电视屏幕前的是千百万个家庭和各种小群体，他们在同一时间共享同一信息，彼此进行交流与互动，因此情绪容易相互感染，并可能对传播的信息产生共鸣。其四，适合多层次的受众，对受众的文化水平没有太高的要求。

电视的缺点主要有：第一，传播的声像信息瞬间即逝，保存性差。第二，受经济发展水平的制约，电视传播的范围受限制，如贫困地区的公众收看电视的可能性较小。此外，有线电视未开通的地区，电视频道较少，且收看时只能选择一个频道，受众常常只能被动地选择节目，播什么看什么。

C.电影

和电视一样，电影也是一种综合性的大众传播工具，也是文字、图像、声音三者的巧妙组合。组织可以以纪录片的形式展现自己的发展历程，介绍目前的状况，勾勒美好的前景；可以通过提供拍摄环境、提供道具赞助甚至让员工参与拍摄这样一些方式来提高上镜率，吸引观众的注意，让更多观众认识和了解。电影超过电视的地方在于它的内容高度凝练集中，画面十分清晰，善于表现宏大场面和纵深场景，音质也比电视更好，并且大家聚集在一起观看电影，受众的情绪更易相互感染。

电影不及电视之处是生产成本高、生产周期长，观看时需专门场所。在偏僻的山区农村，播放电影是组织扩大影响的重要方式；在大型国际公关活动中，电影又是一种特殊的社交活动。它有助于人们之间联络感情、交流思想，因此在帮助组织赢得公众好感的程度上往往超过了电视。

D.互联网

互联网出现于20世纪60年代，是伴随着电子计算机的出现而出现的。电子计算机可以单台使用，也可以连在一起使用。当连在一起使用时，就形成了局域网或全球网。网络的出现，极大地改变了人们的生活，具有划时代的意义。网络拥有丰富的信息资源，人们可以方便快捷地查询和使用，人们在网上可以寄送电子邮件、访问网上其他用户、点播电视节目等。一些国家的新闻媒介向网络用户发行电子报纸，开设网络广播；一些商家在网络中开设了虚拟超市，顾客不用出门，就能在网上商场中购买到自己所需要的商品；许多组织都建立了自己的网站或网页，将本组织的详细资料输入网络，向新闻机构和公众提供本企业相关信息，宣传本企业的良好形象，公众只需轻轻点击便可一览无余。因此可以说，网络吸取了报纸、广播、电视、电影的诸多长处，越来越成为人们获取信息的重要渠道。网络的缺点是容易遭受破坏性程序——"病毒"的侵袭，并且由于信息量太大，因而无法绝对确保信息的真实性，一些重要信息的保密工作也亟待加强。

（2）人际传播

人际传播是人与人之间的直接传播。如何理解这个概念呢？可以从两方面加以把握。首先，人际传播是"直接的"，人们之间无须借助大众传播媒介而互相传递或交换知识、意见、感情、愿望。其次，作为人际传播主体和客体的"人"，可能是单个的人，亦可能是群体、集团。换句话说，人际传播并非完全是个人与个人打交道，也可能是个人和群体之间的信息交流，如发表演说。

①人际传播的特点

A.取得反馈机会的差别

在面对面的情况下，信息迅速交换的机会最多，来往传递也容易。我们发出信息后，不断有机会检查效果，加以改正，做出解释，答复对方。但如果传播活动依托某种大众传播媒介，信息反馈的速度和数量将大受限制。在这种情形下，传播者和接受者之间的空间距离，以及传播媒介的冰冷，都可能使接受者不愿意提供反馈信息。

B.接受刺激的感官差别

在面对面的传播中，全部的感官（视觉、听觉、嗅觉、触觉、味觉）都可能要接受刺激。但如果借助了某种大众传播媒体，则双方的感官使用会受到若干限制。与听广播只用耳，看书报只用眼，看电视与电影也只能眼、耳并用相比，显然，面对面的传播比大众传播可以更完整，也更有效地传递信息，能够给受众留下更深刻的印象。

C.速度控制上的差异

我们打电话或与人面谈，可以发问和回答问题，速度快慢由双方自己控制；而大众传播则不能顾及每个人的接收速度。广播、电视或者电影总是以一定的节奏进行，我们可以关掉不看，但不能命令它们停下来，让自己好好回味、思考一下。

D.信息传播范围的差异

在人际传播中，个人要扩大信息的传播面，当然可以通过打电话或多与外界通信联系，还可以在某些集会或讨论会上发表演讲，阐明自己的见解，并观察听众的反应。但是，与大众传播相比，人际传播的覆盖面是相当有限的。大众传播媒介可以跨越空间与时间的障碍，让同一种信息传播到许多地方。

E.满足特别需要的能力不同

大众传播媒介适应社会的普遍需要，而且十分迅速、有效。但人是千差万别的，他们的需要也在不断变化着，即便是同一个人，在不同的时间和场合也会有不同的需要。需要的多样化与变动性，使得长于满足共同需要的广播、电视、电影或报纸等不可避免地带有一定的局限性，而在人际传播中，个人的需要、愿望、目的可以较充分地表达出来。

②人际传播的载体

A.语言符号

我们所讲的语言，既包括书面的文字，也包括口语。语言既是人际传播的载体，如写信使用文字，面对面的交谈、打电话使用口语；同时，语言又是大众传播的载体，如报纸、杂志多使用文字，而电影、电视、广播多使用口语。正因为这样，习惯上把语言称作"公共关系的第一媒介"。语言对于人际传播和大众传播而言，具有不可分离的重要性。

B.非语言符号

在日常的人际传播中，我们可以感受到大量的非语言符号，如一个人的姿势、表情、眼神，以至某种气味、服饰、个人所处的空间。据统计，大多数人实际上每天所讲的话仅仅只有10～11分钟。在一般的两人会话中，语言所表达的社会意义平均不到35%，65%的社会意义是用非语言符号传递的。我们在与他人沟通时获得的信息，有很大一部分来自暗示，而不是来自字句。

a.体语

体语，即人体语言，包括动作、姿势、体态、表情。体语在公共关系的人际传播中运用非常广泛：宾馆公关人员面对顾客并用拇指和食指互相摩擦，旨在暗示顾客"请你付款"；顾客拍拍前额或拍拍后脑或翻出裤袋，旨在暗示公关人员"你的要价不公平"，或者"对不起，我把这事给忘了"，或者"我一个子儿也没有"。总的来说，体语有以下作用：

● 替代。人们一般用点头表示心领神会或同意，用摇头表示不理解、不明白或反对，用挥手表示再见，用耸肩、摊手表示无可奈何。但是在不同语境下，同一体语可能有不同含义。

例如，点头在双方不愉快的场合可能表示"小子你当心点"，摇头在极个别场合可能表示极度惊叹。

● 辅佐。列宁常将手平肩并朝斜方向用劲伸出，表示信心十足；毛泽东将手平举并朝正方向推出表示信心百倍，马到成功；周恩来将半悬的手向前伸出，并向胸前收拢，表示总结概括或就这么办。

● 表露。主要是脸部表情。公关人员对公众笑脸相迎，则有利于双方的交流合作；在服务行业中开展微笑服务，则能给所有顾客以良好服务的感受。

b.服饰

人类最早的服饰只有两种功能：一是遮盖；二是保暖。在漫长的历史发展过程中，服饰的质料、款式、颜色获得了多功能的含义，它传达出国民气质、时代风俗、文化特色、组织的理念以及个人的文化素质、社会地位。衣服是人的第二皮肤，穿垫肩衣服的男性，是为了显示男性威严（军服上的肩章有威严的作用），女性的垫肩服装是第二次世界大战结束后美国男女平等运动的产物；穿宽松衣服的人旨在扩大自己的势力圈，具有在精神上慑服对方的心理；穿紧身服装的女性是为展示自己对异性的吸引力；爱穿新奇衣服的人，具有某种强烈的优越感和表现欲，同时亦是性格不稳定的一种表现；爱穿笔挺衣服的人，给人一种不可侵犯的印象，等等。一个国家的时尚服装，可以展示整个国家的精神风貌。

美国人的服饰颜色鲜艳，款式变化无穷，显示出美国人热情奔放、不拘一格的自由心态。时至今天，人们仍根据服饰给人作"政治"评价。服饰具有能传递信息的功能，因此要求公共关系人员在一般社交场合下，应注意服饰与大众的协调，以增强亲切感、认同感。

③人际传播的类型

人际传播主要包括口头式个体传播、书面式传播和公关专题活动三大类。

A.口头式个体传播

其主要表现为面对面的交谈或电话联络。公关人员和记者的交谈、公关人员和公众代表的会谈、公关人员做说服领导的工作，都是口头式的个体传播。在交谈过程中，公关人员应把握以下技巧：

a.使用亲切自然的口语，注意避免使用十分肯定的语气。

b.谦虚诚恳，如说"请您指教"。

c.努力寻找共同语言，以缩小心理距离。

d.不要急于表露意图，以便消除对方的戒备心理。

e.表露对对方的关心，并适当地夸奖对方。

f.明确交谈目的，并巧妙引出其意图。

B.书面式传播

这种方式主要通过信函、柬帖进行。同样的传播效果，书面式传播要比口头式传播更省时省钱。书面式传播在措辞用句上能仔细推敲，可以减少面谈时的误会，并且也更容易将传播的信息记录保存下来，留作以后活动的参考。

C.公关专题活动

公关专题活动是在口头式个体传播和书面式传播的基础上进行的，它为了强化传播效果，往往借助大众媒介来渲染气氛，所以在传播技巧上带有很强的综合性。公关专题活动主要包括展览会、记者招待会、赞助、宴会、舞会、参观访问等。一般来讲，每次活动均有一定的主题，并根据明确的主题选择特殊的活动方式。

4. 如何选择传播媒介

了解各种传播媒介的特点并不是公共关系工作人员的目的，其真正的目的是为了更好地进行媒介的选择，取得最佳的传播效果。怎样做到正确地选择媒介呢？一般来讲，应着重考虑下列因素：

（1）媒介本身的特点

不同的媒介有不同的特点，因此适用的传播类型也不同。报纸、广播、杂志、电视、电影等适用于大众传播，信函、电话、电报、传真等适用于人际传播，内部报刊、闭路电视适用于组织传播，灯箱、广告牌、布告适用于公共传播，互联网既适用于大众传播、组织传播，也适用于人际传播。媒介选用得当，在传播过程中可收到事半功倍的效果。

（2）传播内容

不同的传播内容应选择不同的传播媒介。一般说来，比较形象浅显的内容应选用电子媒介，而难以理解的信息内容适合用印刷媒介。同样是印刷媒介，要传播系统的理论、深奥的知识，应选择书籍；内容不太多，但专业性很强，应选择杂志；内容相对通俗易懂、易引起普通公众关注，应选择报纸。同为电子媒介，靠美好悦耳的声音就能打动公众，可选择广播；有丰富多彩的画面，有变化多端的动作，则可选择电视和电影；如果要求场面宏大、气势磅礴，则更适宜选择电影。如果传播内容有一定的保密性，则宜选择电话、信函；如果内容要求迅速广泛传播，则广播、电视、报纸、互联网是理想选择。

（3）受众的特点

受众是传播的目标和对象，传播效果取决于受众接受信息的多少和对信息的理解程度，因此应对受众进行全面细致的考察。根据受众的文化层次进行选择：对文化水平高、喜欢思考的知识分子，宜采用书籍、杂志、报纸；对文化程度不高的人，宜采用电影、电视、杂志、连环画。根据工作性质进行选择：对经常加班加点的出租车司机和从事简单劳动的农民，宜采用广播；对从事复杂劳动且时间比较紧张的公司白领，宜用报纸。根据年龄特征进行选择：对于中老年人，宜采用广播、报纸作媒介；对于青年人，宜采用电视、互联网作媒介；对于儿童宜采用电视，如果能拍成动画片的形式，效果会更佳。

（4）讲求经济效益

各种传播媒介的成本和使用费用相差极大。因此，在选择传播媒介时，公关人员应进行成本效益分析，遵守"花最少的钱争取最大的传播效果"的信条。以电子传播媒介为例，若效果相当，选用广播比选用电视经济得多。

（5）注重时间安排

有些信息传播，其目的是吸引公众的短时注意，有的则为了引起公众的持久注意；有的信息要求迅速传送出去，有的则无要求。因此，选择媒介应注意时效性和频率上的合理性。如重大新闻、短期展销广告就宜选用电子传播媒介；而树立组织形象的系列内容，则应选用印刷传播媒介有规律地连续刊出。

案例材料1-1

本店绝不食言

一、案例介绍

香港有一家经营强力胶水的商店，坐落在一条鲜为人知的街道上，生意很不景气。一天，这家商店的店主在门口贴了一张布告："明天上午九点，在此将用本店出售的强力胶水把一枚价值4500美元的金币贴在墙上，若有哪位先生、小姐用手把它揭下来，这枚金币就奉送给他（她），本店绝不食言！"这个消息不胫而走。第二天，人们将这家店铺围得水泄不通，电视台的录像车也来了。店主拿出一瓶强力胶水，高声重复广告中的承诺，接着便在那块从金饰店定做的金币背面薄薄地涂上一层胶水，将它贴到墙上。人们一个接着一个地上来试运气，结果金币纹丝不动。这一切都被录像机摄入镜头。这家商店的强力胶水从此销量大增。

二、案例思考

1.你从此案例中得到了什么启示？

2.为什么说"制造新闻"是一种最有效、最主动、最经济的传播信息的方式？

三、案例分析

"制造新闻"是指社会组织为吸引新闻媒介报道并扩散自身想传播出去的信息而专门策划的活动。我们说"制造新闻"是一种积极主动的传播方式，是因为"制造新闻"是在社会组织充分认识新闻媒介的地位、作用和特点的基础上，为扩大知名度和美誉度，抓住一切可利用的契机"制造"新闻，以激起新闻媒介采访、报道的兴趣，从而达到使新闻媒介自觉不自觉地为组织做宣传的一种积极主动的、创造性的公关活动。

我们认为"制造新闻"是一种最为有效的传播方式，是因为新闻媒介所做的新闻报道、专题通讯等都具有客观性、公正性和可信性。它比直观的商业广告更容易被公众接受、相信和记住，其效果要比"王婆卖瓜"式的商业宣传好得多。

我们说"制造新闻"是一种最经济的传播方式。是由于"制造"出来的新闻具有报道价值，所以能被各媒介主动报道。对组织或企业来说这种宣传是免费的。

这家胶水店的高明之处在于：通过"制造新闻"引起公众及媒体的注意，这种宣传与商业广告相比，新奇刺激，引人入胜，使公众在不知不觉中认同了强力胶水；而商店则借事件的影响，借助新闻媒体名扬四方，扩大了强力胶水的销量。

5.公共传播的效果

（1）传播效果理论

传播效果是传播活动对受众的心理和行为所产生的影响，它是一个比传播过程更为复杂的问题。因为公共关系的传播，无论从内容渠道上分析，或是从受众和传播者上分析，还是从其他影响因素上分析，最终都要落实到传播效果问题上来。从目前的状况来看，研究者们提出了各种各样的关于传播效果的理论模式，在这里我们简要介绍两种。

①"枪弹论"

"枪弹论"是20世纪20年代至30年代风行一时的传播效果理论，又被称为"皮下注射理论"。该理论认为：传播具有极其强大的威力，受众就像是射击手面对的固定不变的靶子或是躺在病床上接受治疗的病人一样，只要枪口瞄准靶子，或者针头准确扎入病人身体的某部位，子弹或药水就会产生种种强大而神奇的效果。传播者只要使信息对准受众，就可以把自己的思想、情感和动机灌注到受众的脑海中，迅速使受众的态度和行为发生改变。这种观点由于第二次世界大战前夕纳粹德国宣传部门的推崇和鼓吹运用而影响甚广，但是，由于它过分强调传播的强烈的主观意志而忽视其他传播要素（尤其是蔑视受众的主观能动性），因而深陷于泥潭之中。时至今日，这种理论已基本被人们抛弃。

②传播效果有限论

这种理论目前已基本上成为研究传播效果的主导理论，它最早是在20世纪40年代由美国传播学者克拉伯夫妇经过长期研究后提出的。经过数十年研究者们共同的努力，这种理论已相当丰富完善。这种理论认为，传播效果是有限的。为什么有限呢？其根本原因在受众本身，在于人们是带着其固有观念基础的选择性接受、选择性理解和选择性记忆来对待信息传播的。在大量信息面前，人们总是愿意接受那些与自己固有观念一致或自己关心、需要的信息。

如大学教师在读广告时总是留意新书出版消息而且是与自己的专业一致的新书出版消息，失业工人则比较留意招聘消息，这种现象叫作"选择性接受"。而同一信息，人们又可以根据自己的看法加以解释，所谓"仁者见仁，智者见智"，这就叫"选择性理解"。除此之外，人们还容易记住自己乐意记的信息，忘记自己不喜欢的信息，这就叫"选择性记忆"。这么说来，公共关系的传播是否只是提供大量信息去迎合受众需要，在改变受众的固有观念和引导受众做出有利于组织的行为上，公共关系人员就完全无能为力了呢？答案是否。研究发现，那些与受众尚无重大心理冲突的信息，通过公共关系人员的反复传播，可以培养受众的兴趣，或在不知不觉中把某种新见解灌输给受众；传播媒介重点突出某些事物，从而形成公众对它们相同的印象或看法，形成从众心理；在传播过程中，注重周围环境的可适性。上述三方面有机结合，就能有效克服受众固有的一些传播障碍，如上述的选择性注意与理解或某些心理倾向。组织有一定的能力让他同多数人一样，按照传播媒介所指引的方向或做出的规范去形成或改变态度，采取行动。

（2）怎样改善传播效果

在这里，根据我国学者邵培仁、唐克西等人的研究，介绍一些改善传播效果的方法。

①美化

美化就是给人物或事物加上一些美好的评价或修饰，从而使人产生一个美好的印象，因而不经验证就予以接受或赞赏。在政治宣传、文艺广告和商业广告中，我们常常可体会到这种手法。运用美化的基本条件有：美化对象要可信，即具有被美化的条件；美化要适度；用词要慎重。过分美化或远离实际的胡乱吹捧，是对受众的欺骗和愚弄，将导致传播的最终失败，使受众对传播者及其传播内容产生不信任感和逆反心理。

②典型示范

典型示范是指请具有一定声望、名誉或经验丰富的人对受众现身说法，来证明和评价人物、事物和观点。在各种广告中，我们常可以看到一些名人、歌星、影星、运动员在使用某种食品、药品及其他生活用品后，用自己的感受来证明它们是如何的"味道（效果）好极了"，目的在于利用"名人效应"来吸引和说服受众。如力士洗浴用品自进入中国大陆以来，就曾先后邀请国际影星娜塔莎·金斯基、张曼玉、刘嘉玲、舒淇等人在电视屏幕上反复亮相，名人身上的光环效应以及她们所具有的美的特质，激起了公众对美的向往和追求，使力士洗浴用品成为最受消费者欢迎的产品之一。

③引证

直接让真正的宣传者公开出面，有目的、有倾向性地引用一些对自己有利的事实、论点来证明自己的观点、方案、产品的方法叫引证。我们常可见到，有些广告大量引用权威部门或权威人士的鉴定意见，或引用大量数据，抛弃那些于己不利的意见和数据，这是引证的具体运用。

如宝洁公司生产的佳洁士牙膏反复表明自己通过了世界牙防组织的健康认证；我们在电视广告中看到的全国消费者协会推荐产品、国家中药保护品种等，都是引证的具体运用。

④重复与新鲜

要引起公众对信息的注意，需从加强信息的强度、对比度、重复率和新鲜度入手。报纸上粗大的套红标题、高层建筑物上树起的巨幅广告，都能提高信息刺激的强度，吸引人们的选择性注意。

在一连串以打击乐作背景的广告中，突然有四五秒的时间音乐戛然而止，只有单调的电子钟的嘀嗒者，更能引起观众注意，这是因为广告形成声音效果的鲜明对比。重复刺激也是引起注意的重要手段，传播者反复、不厌其烦地向受众宣传某种观点或事物，能增强受众对信息的印象。但要注意在一定时间段内，重复的次数不能太多，频率不能太高，否则可能招致受众的反感甚至厌烦。

1986年9月，珠海经济特区出现了一队身着小丑服装的马戏团游行队伍，小丑们带着各式面具，从街头招摇而过。从他们举着的横幅上，可以看到日本著名的马戏团将于一星期后在珠海珍珠乐园举行大型表演，他们一改过去张贴海报的形式，利用这样生动的小丑形象来激发公众的兴趣。结果，当时在只有12万人口的珠海市，却售出47万张票，香港、澳门的人听说后，也大感兴趣，蜂拥而来。信息刺激的新鲜度是引起公众注意的有效手段。

⑤角色扮演

角色扮演是指传播者为了使特定的受众相信并接受自己的观点，而以与受众相同或相近的身份、地位出现。这种方法往往可以使受众对传播者产生"自己人"的感觉，缩小双方的心理距离和社会距离，从而接受传播者的观点。法国一家保险公司为其开办的老人保险业务作广告，先是采取了很多劝说方式，但对老人们吸引力不大。后来，这家保险公司从巴黎郊区请来位老太太，让她在屏幕上同现场观众们交谈保险的益处，结果引起大批同她类似的老年人的注意。这种"自己"传播，减小了商业色彩，收到良好的效果。

⑥号召随从

号召随从要求传播者了解团体背景对个人的影响，具体来讲，是让某一团体提出或支持某观点，并说明它已被广为接受，唤起诸多受众的从众心理。团体对个人的影响，可以从一些实验中得知。如受试者坐在一群朋友当中，请他与朋友们辨认摆在面前的3根木棍哪根最长。坐在受试者周围的朋友们遵守实验者的约定，纷纷提出木棍B最长。事实上并不是木棍B最长，但因为大家都这么说，受试者会显得犹豫不决，进而怀疑自己的既定判断。实验表明，30%的受试者会附和周围人的错误结论。在商业广告中，让某些权威团体来预告未来某个时期将流行畅销某种产品就是运用号召随从法。

⑦唤起情感

社会心理学实验证明，情感具有推动和促成人行为的力量。在公共关系传播中，情感的煽动往往能产生别的手法所不及的效果。一般说来，对于文化程度较低的受众或女性，或生性羞怯自卑的人，采用情感渲染的方法可以更有效地打动他们。威力洗衣机的一则广告就巧妙地运用了这种方法。电视里一个青年女子用柔柔的声音说的"妈妈，我又梦见了村边的小溪，梦见妈妈，梦见了你。妈妈，我送给你一件好东西!""威力洗衣机，献给母亲的爱!"最动人之处是那位老大娘洗衣时，欣喜地挪动迈不开的双脚。女儿最贴心、最孝顺，这则广告唤起了公众心中对母亲的拳拳之情，当然就取得了很好的效果。

⑧正面分析

正面分析是指传播者只对受众介绍那些有利于其观点的论据和事实的方法。如江苏某席梦思生产厂家诞生时面临市场滞销，为打开市场，他们在进行了市场调查之后，精心策划了一次现场实验。该厂将生产的席梦思床垫放在马路上，找来一台10吨重的压路机，在床垫上往返10次，床垫依然如故。在场的数千观众看后赞不绝口，该厂研制的席梦思床垫由此声誉大振，销量一路上升。

⑨正反分析

传播的效果首先体现为是否改变了公众的不良态度，实现公众由负态度向正态度的转变。正反分析是传播者同时向受众展示有利和不利于自己观点的论据和事实，然后驳斥后者的弱点，指出其漏洞，从而证明自己观点的正确性的一种方法。举例来讲，目前仍有许多人（尤其是农村居民）对压力锅是无知和带有偏见的，他们认为压力锅不安全，与普通铁锅、铝锅相比没有什么优越性。公共关系人员需要通过传播说服公众，用实验说明压力锅用途广泛，且有缩短时间、节约能源的优越性，并重点说明只要操作正确，安全是完全可以保证的。通过正反分析，就能改变某些公众的无知偏见而引起的害怕心理。

总之，恰当地运用一定的传播方法，能帮助我们克服各种传播障碍，准确顺利地完成信息传递，获得理想的传播效果，实现公共关系计划，达到组织的目标。

案例材料1-2

碧浪冲击吉尼斯

1999年国庆节前夕，一件高40.6米、宽30.8米、重达930千克的大衬衣，在北京的东二环路附近一家大楼上悬挂起来，该衬衣约有12层楼高。这件衬衣在此悬挂了半个月，吸引了大量路人的目光。这是爱德曼国际公关公司为美国宝洁公司策划的一次重要的媒介事件。宝洁公司的碧浪洗衣粉是其麾下著名的品牌，如何让中国公众接受它呢？为此，爱德曼公关公司绞尽脑汁，想出了这样一个用大衬衣冲击吉尼斯世界纪录的活动。这件大衬衣的布料，足可以缝制2 350件普通衬衣，衬衣上还印制有"全新碧浪漂渍洗衣粉"的字样，其中红色的"碧浪"两字高5.9米、宽9.8米，非常醒目。更妙的是，这件大衬衣在悬挂了15天以后，经风吹雨淋和空气污染变得非常肮脏，在大衬衣的揭幕仪式上，还有一些嘉宾将更难洗净的墨汁泼在衬衣上。7月23日，宝洁公司用全新的碧浪洗衣粉，洗净了这件衬衣，使新推出的碧浪洗衣粉一举成名。爱德曼公关公司策划的这次媒介事件，其意义并不仅仅在于打破吉尼斯世界纪录，更主要的是要使中国的消费者认识碧浪洗衣粉。他们先用大衬衣冲击吉尼斯世界纪录吸引公众的视线，引起新闻媒介的广泛报道；然后再通过洗净如此肮脏的衬衣，强化碧浪洗衣粉的功效，在市场上产生强大的冲击力。

二、公共关系职能

公共关系的职能，就是指公共关系的职责和作用，它既是公共关系理论的核心，又是公共关系业务的要旨。只有明确了公共关系职能，才能有效地开展公共关系活动。

（一）塑造形象的职能

组织形象是社会公众对组织整体的印象和评价。公关的主要职能之一，就是在公关战略思想指导下，通过科学的、有计划的、有步骤的公关活动，在社会公众心目中塑造良好的组织形象，以赢得公众的理解、信任和支持，最终实现组织的发展目标。

随着市场经济的发展，市场竞争日趋激烈，一个组织要想在竞争中站稳脚跟，就必须提高组织的知名度和美誉度。塑造良好的组织形象，赢得公众的信任，是组织发展的必要手段，也是组织事业成功的基本保证。其主要做法如下：

（1）塑造以产品为核心的物质文化形象。产品形象包括产品的设计、外形、名称、性能、商标和包装装潢等。它是组织形象的基本要素，构成组织形象的"硬件"，此外还包括建筑物、厂区环境等。

（2）塑造以组织方针、政策和计划为核心的制度文化形象。如经营管理模式、竞争方式等。

①组织理念的塑造。

②组织行为的塑造。

③组织视觉形象的塑造。

（3）塑造以组织奉行的价值观念为核心的意识文化形象。如以组织的指导思想、道德观念、员工精神面貌、服务态度及厂歌、厂徽、厂训等组织总体文化来体现组织形象。

组织形象是一个综合性的概念，其中包涵着丰富的文化内涵（后文专章论述）。公共关系人员在塑造组织形象时，需要结合组织的性质，在科学调查的基础上，全面设计和规划，通过策划公共传播活动，达到塑造良好组织形象的目的。

（二）收集信息的职能

公共关系活动的目的，就是通过双向信息交流沟通，使组织与公众建立良好关系，达到形成"内求团结，外求发展"的良好环境的目的，收集信息、监测环境也是公关的重要职能之一。

收集信息通常包括两个方面：

1.组织方面的信息

（1）要收集公众对组织总体特征的评价

如组织的历史、名望、规模、功能、效益、技术构成、管理水平、价值观念、发展趋势等信息。

（2）要收集对组织环境特征的评价

如组织的建筑物、区域环境、门面装潢、内部设施、物质条件等方面的信息。

2.公众态度方面的信息

（1）公众对组织形象的评价

对组织领导机构的评价，如领导能力、创新意识、办事效率、用人眼光、威望与可信度和组织机构的完善程度等等；对组织管理水平的评价，如决策是否合乎社会实际情况、生产节奏是否紧凑、内部分工是否合理、对市场变化的反应是否灵敏等等；对组织内部一般工作人员的评价，如他们的工作能力、道德修养、文化程度等等。

（2）公众对组织产品形象的评价

如对组织产品的质量、价格、性格、用途、服务等方面的评价。

此外，还应注意对组织产生影响的各种信息。如国内国际政治环境、经济环境、舆论环境、自然环境、人文环境等，对内外部环境要进行收集监测，对信息进行开发、利用。

（三）协调沟通的职能

社会组织在运行过程中必然要同现实环境的各种因素发生这样那样的关系。通过有效的公关活动，协调各种关系，沟通各种信息，使组织与公众、环境之间的关系处于一种和谐的状态，为组织创造一个"人和"的环境，是公关的又一基本职能。

1.沟通协调组织内部的关系

（1）沟通协调上下级之间的关系

一方面，公关人员要及时向领导反映群众的意见、情绪和要求，提出建议，使领导了解群众的呼声，认识到工作中存在的问题，制定措施，改进工作，及时调整与下级员工之间的关系。另一方面，公关人员要做好上情下达的工作，及时向员工宣传组织的目标和管理方针政策，传达领导的决策，增强领导与员工间的联系和信任，协调一致，共同做好各项工作。

（2）配合领导协调各职能部门之间的关系。

2.沟通协调外部公众关系

组织外部的公众很多，主要包括消费者、投资商、供应商以及社区、新闻界、教育界等众多的公众，这就不可避免地要与外部公众发生不同程度的利益冲突，就需要公关部门通过双向沟通，及时准确地掌握社会各类公众的意见、反映，注意公众心理的变化，了解社会舆论的动向，积极协调，避免冲突和纠纷，化解矛盾，维护合作关系，形成良好的外部环境。

（四）咨询建议的职能

咨询建议是公关人员运用科学的方法，利用收集来的信息并进行整理、选择、分类、归档，建立信息库，为公众和组织提供咨询建议。这是公关工作高层次的环节，主要包括三种情况：

1.提供组织形象的评估

公关人员在广泛收集公众对组织形象评价信息的基础上，经过反复实事求是地分析整理，形成真实可靠的全方位的组织形象评估，并向领导层和管理层提出建议，改善或强化组织形象，使各级员工了解自己做什么、怎样做才更有利于组织形象的完善。

2.提供公众的情况及心理变化和预测

这种咨询工作应是对公众进行一般情况的咨询、专门情况的咨询和对公众心理变化趋势预测，从而为组织和领导决策提供可靠依据。

3.提供对组织各项决策的评价

公关人员应从更高的层次分析评议本组织的各项决策所产生的效果，是积极的还是消极的，确认是有益于公众还是危害公众等。这种分析语言要有理有据，翔实可靠，并提出切实可行的改进建议，提供可借鉴的实例和方案。

（五）参与决策的职能

组织的决策质量好坏和水平高低不仅影响着组织的生存与发展，也反映了组织存在和发展的形式和意义。

公关人员在参与决策方面应发挥积极的作用，具体表现在：

1.向领导者提供决策信息，促进决策的民主化和科学化。

2.在决策过程中当好参谋，向决策者提供咨询建议，制定出组织目标和社会发展方向相一致的发展战略。

3.组织方案实施后的评价与反馈，向决策者提供决策方案实施效果，及时修正和完善方案，并通过公关调查，收集公众意见，衡量和评价决策的优势和差距，充分发挥公关的参谋作用。

（六）增进效益的职能

公关部门通过各种公关活动塑造组织形象，最终的目的是为企业带来效益。因此，企业效益的好坏，与公关活动的成功与否也是密切相关的。

（七）渗透组织日常事务的职能

公关部门要使组织的日常行为规范化、礼貌化，并遵守谅解的原则。

做一做

请分析"IBC公益计划——2013'人·沙·敦煌'沙裸艺术行动"案例中所包含的公共关系要素和公共关系职能：

1. 社会组织是谁？

2. 公众是谁？

3. 传播媒介及手段是什么？

4. 公共关系职能是什么？

拓展空间

穿针引线　参谋决策
——上海锦江集团公共关系部的职能和作用

上海锦江集团的前身是锦江饭店，是一家闻名遐迩的高级宾馆。随着商品经济的发展、国际交往的增多和旅游事业的兴起，成员众多、辐射范围大、知名度高的锦江集团，越来越成为社会交际、信息集散、贸易洽谈、学术交流乃至高级外交活动的场所。1987年，锦江集团成立了直属集团经理领导的公共关系部，主要任务是为集团拓展业务，提高知名度和美誉度。1988年6月，锦江集团公共关系部与《经济日报》上海国际经济信息中心联手创办了上海锦江公共关系公司，同年10月正式开业。锦江集团成立以前的几年中，锦江饭店公共关系部就已经做出了杰出努力。最初，饭店公共关系部的职能仅限于接受并妥善解决旅客投诉，其工作大多与服务质量有关，以消极防御性公共关系为主。经过实践和探索，他们逐步确定了"全方位公共关系"的工作方针，并通过多年持续、有计划的努力使锦江饭店的形象趋向完美。

进程一

锦江饭店全方位公共关系活动计划的第一步是让公众了解锦江，让锦江熟识公众，树立"锦江是属于公众的"这一形象。长期以来，锦江饭店由政府直接经营，接待对象级别高、层次高、规格高。在一般公众甚至国外宾客的心目中，其形象都是庄重有余，亲切不足。饭店公共关系部认为，必须在充分掌握公众心理及消费结构的变化，彰显锦江饭店原有高贵豪华形象的同时，再赋予它亲切宜人的情调色彩。公共关系部提请决策层采取措施，打破森严堡垒，开门迎客。另外他们还通过各种媒体大做广告，使"锦江是属于公众的"这一信息广为传播。锦江饭店在社会公众心目中的形象，由神秘高傲变成了亲切宜人。

进程二

1985年，锦江饭店先后接待了比利时首相、马耳他总统、西班牙首相、新加坡总理等52批国宾。每次接待，公共关系人员都周密准备，采集各国风俗人情资料和贵宾个人的生活特点资料。根据不同要求，设计室内装饰，制定饮食起居的服务规程。马耳他巴巴拉女总统到上海时，他们根据女总统的特点，组织楼面经理在总统房间内化妆台上放置全套高级"露美"化妆品、烘发吹风器和珠花拖鞋等，同时还放置了一架钢琴。女总统对精心装饰的卧房十分赞赏，高兴地弹起钢琴，临别时亲笔留言："在上海逗留期间，感谢你们给予我第一流的服务!"锦江饭店还十分注重维系与老顾客的感情。他们悉心留意居住在该店的外籍驻沪人员的情趣爱好，尽可能安排他们喜欢的活动。公共关系人员常常在外国朋友生日那天，送去饭店经理的贺卡和生日蛋糕，使他们惊喜不已。深厚的感情交流融洽了饭店与客户的关系，同时也换来了饭店的声誉。

进程三

饭店要有活力，要求公共关系人员树立创新意识，通过公共关系手段，广泛地介入社会生活。近年来，锦江饭店积极联络社会，承办了各类酒会、招待会、新闻发布会、学术研讨会和各类联谊活动，并从单纯提供活动场所发展到成为各类组织进行公共关系活动的中介。他们策划了卓有成效、独特新颖的公共活动，如举办具有民族艺术风格的演出活动，向来沪的外商、旅游者介绍中国的优秀文化艺术，继而拉线架桥，促成中外文化艺术团体交流。

近年来，他们积极主动地与中国香港特区、日本等企业的公共关系和广告部门取得联系，用赞助和协作的形式印刷了大量公关宣传品，包括《店庆三十五周年》纪念画刊、《锦江指南》、《锦江菜谱》等，有的印刷量多达30万册，所需巨额费用均由外资解决。同时，他们在饭店策划和承办了几次外商企事业团体的招待会、酒会和文艺演出，都取得了经济效益和社会形象的双丰收。

进程四

上海锦江集团公共关系部成立以后，拓展了业务范围，更有效地发挥了公共关系部的特殊职能。公共关系部千方百计为锦江集团穿针引线，使"锦江"不断打入新领域，"锦江"形象不断刷新。宁波市的亚洲花园宾馆，是当地最高级的一家宾馆。由于知名度不高，客房出租率一直不理想。"锦江"公共关系部及时将这一消息提供给集团的领导决策层，使"锦江"与"花园"建立起了"联姻"关系。相互为对方提供客源，主动把客人介绍给对方宾馆，使双方的客房出租率都有一定的上升。锦江集团公共关系部还积极在建设集团"企业文化"方面出谋划策，他们建设"锦江"文化的目标是：培养全体员工的"锦江人"意识，树立全新的"锦江人"形象，以此增添"锦江"的风采。

问题：

1.结合本案例，谈谈公共关系部有哪些职能。

2.你认为公共关系只是公共关系部的事情吗？为什么？

✅ 效果评价

本任务的效果评价参考表见表1-3。

表1-3　　　　　　　　　**公共关系要素与职能评价参考表**

环节	评分标准	分值（分）
社会组织的确定	能结合案例正确指出社会组织是谁	20
公众的确定	能结合案例确定公众有哪些	20
传播媒介及手段的确定	能结合案例指出传播媒介及手段	30
公共关系职能的确定	能结合案例说明公共关系的职能	30

任务三　公共关系从业人员素质与组织机构

【任务目标】

知识目标
1.了解公共关系从业人员应具备的素质；
2.熟悉公共关系组织机构。
能力目标
1.掌握公共关系活动分析技能；
2.掌握公共关系工作程序。
素养目标
1.具有公共关系意识；
2.具有公共关系职业道德。

【任务导入】

绿色和平组织：环境守护神

"绿色和平"（全称为绿色和平组织），是一个国际性的非政府组织，以环保工作为主，总部设在荷兰的阿姆斯特丹。"绿色和平"的前身是1971年9月15日成立于加拿大的"不以举手表决委员会"，1979年改为现名，并迁至荷兰。创始人为工程师戴维·麦格塔格，捐款的人数已经累计达到280万人。

"绿色和平"中国分部建立于1997年2月，活动空间覆盖中国内地、香港地区、台湾地区和澳门地区。现正在全国范围内展开监测环境问题的工作。和"绿色和平"在其他国家的分部一样，"绿色和平"中国分部独立于任何政府、组织和个人的影响之外，并且不接受政府和公司的资助。"绿色和平"将继续坚持在不侵犯个人和破坏产物的原则下，和平而非暴力地推动环保及促进社会在这方面的改变。"绿色和平"（中国）对中国以及全球的生物多样性及环境所受到的严峻威胁极度关注。"绿色和平"（中国）所提倡的是对中国环境问题采取开明和公开的讨论；以研究、游说工作及外交手法达到目标的同时，亦以高调、非暴力直接行动来引起及提升公众的关注和讨论；致力于使中国发展成为一个有健康环境的国家。

"绿色和平"在中国的项目：

一、农业及食物项目

"绿色和平"支持生态农业及有机农业的发展，与农民及消费者一起推动农业朝健康的、可持续的方向发展。

食品安全："绿色和平"关注转基因食品及农药对消费者健康的影响。"绿色和平"相信消费者的选择是推动可持续农业必不可少的力量。在"绿色和平"的努力下，已有50多个著名品牌承诺在中国不使用转基因食品。

生物安全："绿色和平"推动以预防原则管理基因技术的发展和应用，支持中国科学家进行生物安全和食物安全的研究，并引进国际上最新的生物安全讯息和法规，供专家及相关部门参考。

保护大豆故乡：中国是大豆的故乡。"绿色和平"呼吁消费者购买非转基因大豆制品，一起保卫大豆故乡。另一方面，"绿色和平"反对跨国企业对农业遗传资源进行专利垄断，2001年揭露美国孟山都公司企图对中国野生大豆申请专利，引起社会及有关部门对保护遗传资源的重视。

可持续农业：中国地少人多。"绿色和平"正在支持有关专家、企业及农民保护农业生态系统，发展生态农业和有机农业。"绿色和平"认为可持续农业是解决三农问题的根本出路。

二、电子废物项目

进口电子废物所带来的跨境污染已成为中国等发展中国家的严峻问题。"绿色和平"在国内积极对电子废物项目，致力于从科研、社区及消费者教育、政策倡议、市场等方面寻找建设性的解决方案，消减电子废物的跨境传播和污染。

三、气候和可再生能源项目

发展可再生能源，减少二氧化碳排放，减少对环境的污染，已成为中国乃至全世界可持续发展的重要课题。"绿色和平"积极推动中国的可再生能源发展；协助广东沿海地区大力发展风力发电；与科研单位合作，共同研究和记录气候变迁对中国的环境和人民带来的影响，并通过社区教育和大众媒体，提高公众对气候变迁的认识和关注。

讨论并回答：

1. "绿色和平"中国分部是哪一类型的公共关系组织机构？

2. 该组织从事的主要项目是什么？

学一学

一、公共关系从业人员素质

由于公共关系职业化的发展，公共关系活动对公共关系从业人员的基本素质提出了越来越高的要求，伴随着这种要求，如何培养和提高公共关系人员的职业素质也就成为一个重要的问题。加之公共关系工作涉及知识面广，公共关系行业竞争日益激烈，这就对公共关系从业人员的技能提出了更高的要求。

（一）公共关系人员的基本素质

素质是人的心理发展和生理条件的综合体。既有先天因素，也有后天因素，如人的心理、性格、才华学识、气质风度等都是基本素质。它在人的生活、工作及学习中会自觉或不自觉地起作用。公共关系人员的素质，首先应该是一种现代人的全面发展的综合素质。如现代人的思维方式、现代人的知识结构、现代人的观念意识等。其次应该结合公共关系职业的特点，即以公共关系意识为核心，以良好的心理为基础，以综合的公共关系专业知识结构为表现。我们从公关意识、心理素质、知识结构三方面论述公共关系从业人员的基本素质。

1.公共关系人员的公关意识

所谓公共关系意识就是将公共关系原则内化为内在习惯和行为规范。它是一种现代经营管理思想、观念和原则，它是公共关系实践在人们思维中的反映。公共关系意识是公共关系人员应具备的基本素质的核心。公共关系意识主要包括以下几个方面的内容：（1）塑造形象的意识；（2）服务公众的意识；（3）沟通交流的意识；（4）危机意识；（5）创新意识。

2.公共关系人员的心理素质

心理素质指的是健全的人格、良好的心态、健康的心理，这是公关人员做好公关工作的必要条件。心理素质是职业素质的基础，根据公关工作的特点，公关人员应该具有以下几个方面的心理素质：

（1）开放的心理

开放的心理素质包含两层意思：

①思想解放、不保守，善于接受新事物、新知识、新的思维方式和生活方式；

②心胸开阔，宽容大度，善于求同存异，化敌为友，寻求共识。

（2）自信的心理

俗话说"自知者明、自信者强"。充满自信的人敢于面对挑战，敢于追求卓越，敢于胜任、超越。不自信的形象是卑微、平庸的。卢梭曾说："自信心对于事业简直是奇迹，有了它，你的才智将取之不尽，用之不竭。一个没有自信的人，无论他有多大的才能，也不会有成功的机会。"当然，自信不是盲目自负，而是建立在周密调查、全面掌控情况的基础上。

（3）热情的心理

公关工作是一种需要满腔热情去投入的工作。因为其行业特点决定其没有时限、范围的规定和固定的服务对象，需要公关工作者全身心地投入。没有热情，对人对事提不起兴趣的人做不好公关工作；再则，热情能激发智慧的火花，产生想象力和创造力。大学生真正具备了这种热情的心理，才会充满激情，才能使服务工作常做常新，才能使自己和从事的事业不断创新。

总之，公关人员最佳的心理表现为：乐于并善于与人交往，心气平和，充满自信而不自负，待人友善热情而不失天真，以魅力吸引公众，展示公关人员的良好形象，以利于公关工作的开展。

3.公共关系人员的知识结构

公共关系工作头绪繁多，涉及面广，要求工作人员具有广博的知识，做一个"通才-专才"型人才和"杂家"。但现代社会科学技术突飞猛进，知识更新速度加快，一个人穷其一生，所学也极为有限，因此，具有怎样合理的知识结构，才能适应实际工作的需要，就成为重要的问题。公共关系人员的知识由以下几方面构成：（1）专业知识；（2）辅助知识；（3）相关学科知识。

（二）公共关系人员的基本技能

知识是能力的基础，但不等于能力。能力是可以胜任某项工作的主观条件。公共关系是一项实际操作能力很强的工作。1999年，当时的国家劳动与社会保障部提出公共关系的职业能力特征是：较强的口头与书面语言表达能力；协调沟通组织内外公众的能力；调查、咨询、策划和组织公关活动的能力。公共关系人员的基本能力，大致可以概括为五个方面的能力：

1.表达能力

表达能力包括书面表达能力和口头表达能力。"能说会写"是公共关系从业人员的基本能力。从事公共关系工作，要与各类公众打交道，要求公关人员能清晰无误地传播信息，和公众进行言语沟通。

案例材料1-3

但津博士给雷纳尔教授的电报

雷纳尔教授是一位研究心脏移植的专家，但津博士是他的助手和搭档，两人多年来配合默契，成就斐然。雷纳尔教授回家乡法国里昂探亲时受到里昂市市长的诚恳邀请，希望他能留在里昂从事心脏移植研究，并承诺为他建造一所条件超过美国的实验室。雷纳尔久居他乡，十分思念故土，也想用自己所学的知识报效祖国，所以他当场就答应了市长的邀请。然而，就在当天晚上，他接到但津博士的电报，整页电报只有一句话："一颗活着的心脏跳动在玻璃瓶里等您回来呢！"就是这句话促使雷纳尔教授不顾与市长的约定，立刻果断地回到美国的实验室。雷纳尔的行为完全在但津博士的意料之中，因为他深知，活的心脏，对研究心脏移植的专家雷纳尔的吸引力远大于任何物质的诱惑。可见，但津博士已经掌握了说话的奥秘：要用打动人心的语言与人沟通才能达到最佳的沟通效果。

2.交际能力

交际能力是指通过人际交往传递信息、增加了解、强化感情的能力。缺乏人际交往能力的人，往往在工作和生活中诸事不顺，困难重重。社交能力是各方面能力的综合体现，如推销本组织的能力，与人相处的能力，吸引、改变、影响他人的能力，还包括通晓并遵守社交场合的礼仪规范的能力。

3.组织能力

组织能力是指有计划、有步骤、有目的地开展和完成某项具体活动的能力。公共关系活动往往和组织活动分不开，如各类庆典活动、新闻发布会、新产品推广等。公关人员要自始至终合理统筹、合理安排，圆满完成组织活动的任务。

4.应变能力

应变能力是指应付突发情况的能力。世界上任何事物都处在千变万化之中，公关工作莫不如此。公共关系人员会经常遇到一些突发事件，公关人员必须在突发事件中处乱不惊，紧急应变，这就要求公关人员必须具有驾驭环境、坦然应变的能力。

案例材料1-4

海里布和济公的故事

海里布是个猎人，一次去海边森林打猎时看到一条小蛇被海浪冲到岸上，已经奄奄一息，海里布把她放进水里。不久，海里布又来到这片海边森林打猎，发现那条被他救活的蛇向他游来，并且开口说话："你是我的救命恩人，父亲请你去我家做客，接着就不由分说地带上海里布来到她的家——龙宫，她的父亲龙王盛情款待了海里布之后，还要送给他一切他想要的宝物。龙王说："女儿是我们最疼爱的孩子，你是她的救命恩人，就是我们全家最尊贵的客人。我请你挑选一切你想要的宝物以表达我们全家的感激之情。海里布声称自己是个打猎的，又无妻室，不需要宝物。龙王见海里布执意拒绝，就劝他接受一块能懂鸟的语言的石头，并忠告，无论遇到什么情况，都不能说出石头的秘密。

一天海里布在打猎时，听见从他头顶上飞过的鸟群的对话：今天傍晚，有一股巨大洪峰冲到这里，将把这一带村庄变成海洋。海里布听到这一信息后立刻跑回村里动员乡亲们撤离村庄，去附近的山头上躲避洪灾。没有洪灾经历的乡亲们无论如何不接受海里布的劝告，眼看时间不多了，为了乡亲们得救，他不得不说出石头的秘密。当全村人齐聚山头时，他们的村子已经一片汪洋，他们中间没有海里布，而汪洋中一座石头山慢慢露出了水面。

济公是一位"酒肉穿肠过"的和尚，虽然常常不守戒律，但是颇有一副济世救难的菩萨心肠。一天他坐在灵隐寺大殿后面闭着眼睛捻素珠时，忽然算到，某时某刻将从天外飞来一块巨大的石头落到灵隐寺后面的村子，于是他急忙跑进村动员乡亲们暂离村庄，乡亲们以为这疯和尚又和他们打趣，自然不信他的劝告。正在无计可施的时候，他听到了村头锣鼓声喧，一打听便知道，村头一户人家嫁姑娘，迎亲的花轿进村了。济公灵机一动，意识到机会来了。他急忙跑到村口，把正要上轿的新娘抢过来就跑，新娘的家人和全村的乡亲们都气愤地跟着追，济公看到全村人都跑出了村庄，就准备停下来挨揍了。此刻天突然暗下来，一阵大风，卷起一片飞沙走石，一个巨大的石头黑压压地飞下来正好落在村子中间，乡亲们这才对济公感恩戴德，并为刚才对他的误解而懊悔。

两个好人，怀着同样良好的愿望，因为应变能力的不同，便出现两种截然不同的结果。为了他人的安危牺牲自己，其境界高尚，精神可歌可泣，堪为世人楷模。然而，我们更希望在解救他人的同时，也能保全自己，这就需要济公的那种处变不惊和随机应变的能力。

5.创新能力

创新能力是指公关人员在公共关系工作中具有创新的思维，工作内容创新，手段创新。任何一种公共关系工作都要求公关人员充分发挥思维创造能力，设计出具有新意的公共关系活动，吸引公众，激发公众的兴趣，使公关工作富有新意。

案例材料1-5

给总统祝寿

法国的白兰地酒誉满全球，但是一直进不了美国市场。美国人对本国的酒业市场采取了政策保护措施。因此任何关于酒类的商业性的市场开拓策略对美国都无济于事。后来，白兰地公司公关部的能人策划了一个稳操胜券的方略：以美国总统艾森豪威尔的寿诞为契机，运作一个同样誉满全球的公共关系专题活动——"给总统祝寿"。白兰地公司经过两个月的舆论准备，使"以酒庆寿"的消息传遍欧洲、美洲和全世界。然后在美国总统艾森豪威尔寿诞之日，白兰地公司派专机和友谊使者护送两桶窖藏67年的上等白兰地酒，酒桶雕刻得精美绝伦。抵达总统官邸广场时，纽约万人空巷，齐聚广场观看盛典。使者把一桶酒赠送给总统本人，把另一桶酒当场打开，请在场的人们品尝，嗜酒的美国人品尝了真正的美酒后，群情激昂，强烈要求进口白兰地酒，总统只好顺乎民意，开放了禁锢多年的白兰地市场。

（三）公共关系从业人员的职业道德和职业准则

道德是一种社会意识形态，是人们调整自身及相互关系的思想意识和行为准则。一个社会要有一个社会的基本道德，一个行业也要有一个行业的道德准则。公关工作也必须具有一定的职业道德，以约束公关人员的工作过程，规范其职业行为。

早在1923年，美国公共关系学专家爱德华·伯内斯就在他的第一本公共关系著作中提出了公关从业人员的职业道德问题。此后，各国的公关协会、国际公关协会，制定了公共关系的职业道德和行为准则。在众多的职业准则中，《国际公共关系道德准则》的影响最大。我国也制定了相关的职业道德准则。

1.公共关系人员的职业道德

公关工作的性质决定了公关人员必须具备良好的道德品质。公关人员的"德"主要包括以下几个方面：

（1）高度的社会责任感。即考虑问题时，不仅要重视所在组织的利益，而且还要重视公众利益，对整个社会负责。

（2）公正。对于自己所服务的社会公众要一视同仁，平等相待，不能厚此薄彼。

（3）与人为善，诚恳待人，守信用，不谋私利，作风正派。

（4）埋头苦干，有奉献精神。公关人员在工作中，要不怕困难，知难而进，有为公关事业献身的精神，这样，才能克服工作中的重重困难，在公关事业上有所建树。

（5）知法、守法、用法。公关人员要知法、守法，还要懂得运用法律保护组织的权益。除具有法律意识外，还应在遇到违法乱纪的行为时，能勇敢地站出来予以揭露、控告或制止，决不能听之任之，更不能同流合污、知法犯法。

2.公共关系职业准则

在所有的公关道德准则中，《国际公共关系道德准则》无疑是影响力最大的。很多国家直接采用此准则，或以此为范本制定自己的职业道德准则。

二、公共关系组织机构

（一）组织内部的公共关系部门

1.公共关系部的地位与职能

（1）公共关系部的地位

组织的公关部同组织内部的其他部门一样，是一个重要的职能部门。公关部在组织内充当的角色为：信息情报部、整体形象策划部、决策参谋部、"宣传部"、"外交部"。

（2）公共关系部的职能

①长期工作

长期工作主要有：组织整体形象的策划、调整、传播、评估，管理好组织的无形资产。

②日常工作

日常工作主要有：

A.监测组织环境，搜集组织内外公众的各种意见，接待投诉；

B.撰写组织有关情况和活动的新闻稿、演讲稿；

C.同各种传播媒介及其记者、编辑保持密切联系；

D.协同影视制作方面的人员拍摄、整理、保存资料片；

E.设计、筹划、监测组织的各种宣传品和馈赠品；

F.注册互联网上本组织的域名，设计网络上的主页，管理电子信息；

G.了解竞争对手的公关活动情况，并加以分析；

H.同印刷厂保持密切联系，同主管部门、政府有关部门的人员保持联系；

I.培训公关工作人员；

J.同有业务来往的公关公司、广告公司保持密切来往；

K.同公共关系社团，如公共关系协会、公共关系研究所等机构保持密切联系。

③定期活动

定期活动主要有：组织记者招待会；组织内部的听证会；编辑、联系印刷组织的内部刊物；参加各种管理会议，了解组织内部的管理状况；参加各种销售会议，了解组织同外界的商业联系情况；同所在社区的代表接触，随着时代的发展，还应关注互联网上的"虚拟社区"，同网络公众联络；协助拟写为董事会准备的组织年度经营报告；组织安排全体人员的集体娱乐活动；总结、评价公共关系活动的效果。

④专题活动

专题活动主要有：组织安排各种大型庆典活动；组织、举办展览会；筹划、安排公关广告，协助专业人员拍摄有关组织情况的录像或影片；安排来宾参观访问，组织新产品介绍会；安排筹款、赞助活动等。

以上四类工作不是截然分开的，而是日积月累、层层递进、相辅相成的。鉴于各组织的具体情况不同，应以适应本组织发展为标准酌情变通处理。

2.公共关系部设置的原则

一般来说，公共关系部的设置应遵循如下原则：精简高效原则、专业性原则、服务性原则、协调性原则、责权相当原则、管理幅度与层次原则。

3.公共关系部的组织结构模式

公共关系部的组织结构模式是灵活多样的，常见的有以下几种：

（1）按照工作过程、工作手段、工作对象和工作区域来设置。

（2）按隶属关系分为总经理直接负责型、部门并列型和部门所属型。

4.公共关系部的内部分工和人员配置

公共关系部的内部通常分为三个方面，大致需要五类人员：

（1）公共关系部的内部分工：对内关系、对外关系、专业技术制作。

（2）公共关系部的人员配备：编辑、拟稿人员，调查、分析人员，公共关系活动策划人员，公共关系活动的组织人员及其他专门技术人员。

5.公共关系部的优势

公共关系部作为组织内部的公共关系机构，与组织外部的公共关系机构相比较，有着自己的优势：能够最大限度地发挥组织内部各种因素的作用，提高公共关系工作的成绩和效益；能够充分提高公共关系工作的针对性和及时性；有利于保持公共关系工作的连续性和稳定性；有利于节约经费开支。

（二）专业公共关系公司

1.公共关系公司的优势

尽管组织内公共关系部越来越多，但公共关系公司仍然能在社会上不断地得到发展，这是因为公共关系公司具有一般组织内公共关系部难以竞争的优势：职业水准高，分析问题客观，建议容易为人们所重视和接受，社会关系广泛，机动性强。

2.公共关系公司的工作内容

依照公共关系公司的专业分工，与客户合作的时间长短，以及委托的特点和要求等，公共关系公司的工作内容主要有：充当对外关系的联系人或协调者，提供公关咨询、短期专项服务、长期综合服务、公关工作人员的培训服务。

3.公共关系公司的类型及机构设置

（1）公共关系公司的类型

公共关系公司的结构模式是多种多样的，从不同的角度观察，可划分为不同的类型：

①从服务项目看，有综合性的公共关系咨询服务公司，也有专项公共关系咨询服务公司；

②从经营方式看，有独立经营的公共关系公司，也有与广告公司合并的公共关系公司；

③从规模大小可分为单一型和集团型公共关系公司。

（2）公共关系公司的组织机构

公共关系公司的组织机构并不是一个固定模式，但大致有如下组成部分：①行政部门；②审计部门；③专业部门；④国际业务部门。

4.公共关系公司的收费方式

公共关系公司通过为客户提供服务，满足客户需求，来取得一定的利润报酬。在实际操作中，常见的收费方式有：项目收费、计时收费、综合收费、项目结果分成。

（三）公共关系社团

公共关系社团泛指社会上自发组织起来的、非营利性的从事公共关系理论研究和实务活动的群众组织或群众团体，主要包括公共关系协会、学会、研究会、俱乐部等组织。

1.公共关系社团的工作内容

公共关系社团的工作内容主要有：联络会员、制定行业规范、研究公共关系理论、培训人才、投身社会实践等。

2.公共关系社团的类型

20世纪80年代以来，随着我国改革开放和市场经济的不断发展，出现了各类公共关系社团。大致可分为以下几类：综合型社团、学术型社团、行业型社团、联谊型社团、媒介型社团等。

做一做

某百货公司由于兼并了其他几家公司，规模不断扩大，业务量激增。但经营管理中的问题越来越多，顾客投诉量增长了两倍，公共关系问题越来越突出。为改变这种状况，公司决定成立公共关系部，专门负责处理公司的公共关系事务。

任务：

1.请为该公司设计一个切实可行的公共关系部组建方案（包括部门类型、机构组成、人员配备、职责划分等）。

2.请为该公司拟定公共关系部经理的任职资格要求。

拓展空间

美国实业界巨子华诺密克参加了在芝加哥举行的美国商品展览会，遗憾的是他被分配在一个极偏僻的角落，这个角落是很少有游客光顾的。因此，为他设计摊位布置的装饰工程师萨孟逊劝他索性放弃这个摊位，等待明年再来参加商品展览会。华诺密克却回答说："萨孟逊先生，机会要靠自己去创造，不会从天而降。"华诺密克随即向他的公共关系部求援。公共关系人员了解到他的处境和要求之后，召开会议，最后得出一条妙计：设计一个美观且富有东方色彩的摊位。萨孟逊不负所托，果然为他设计了一个古阿拉伯宫殿型的摊位，摊位前面的大路，变成了一个人工做成的大沙漠，使人们走到摊位面前，就仿佛置身于阿拉伯一样。华诺密克对这个设计很满意，他让雇佣的200多名男女职员，全部穿上阿拉伯的服装，并且特地派人去阿拉伯买回6只双峰骆驼来运输货物。他还派人定做了一大批气球，准备在展览会开始时使用。这一切都是秘密进行的，在展览会开幕之前，不许任何人说出去。这个阿拉伯式的摊位设计，引起了参加展览会的商人们的兴趣，不少报纸、电台的记者都报道了这个新奇的设计。这些报道引起了市民们的注意。展览会开幕式的那天，有很多人都怀着好奇的心情前来参观。这时，展厅内升起无数个彩色气球，升空不久，便自动爆破，落下来的一片片胶片印有一行很美观的小字："当你拾到这小小的胶片时，亲爱的女士和先生，你的好运气就开始了，我们衷心祝贺你。请你拿着这胶片到华诺密克的阿拉伯摊位去，换取一份阿拉伯的纪念品。谢谢！"这消息马上传开了，人们纷纷挤到华诺密克偏僻的摊位，而冷落了那些开设在黄金地段的摊位。第二天，芝加哥城里又升起许多华诺密克的气球，吸引了更多的市民前来。

45天后，展览会结束了。华诺密克做成了2 000多笔生意，其中有500多笔是超过100万美元的大生意，他的摊位成为展览会中顾客光顾最多的摊位。

请结合以上材料思考公共关系从业人员应具备的能力、素质。

● 效果评价

本任务的效果评价参考表见表1-4。

表1-4　　　　　　　　　公共关系从业人员素质与组织结构评价参考表

环节	评分标准	分值（分）
制订公共关系部组建方案	根据案例背景，制订该企业公共关系部组建方案，包括部门类型、机构组成、人员配备、职责划分等	50
拟定公共关系部经理的任职资格要求	根据案例背景，拟定公共关系部经理的任职资格要求，包括公共意识、知识结构、能力结构等	50

关键概念

公共关系的含义：特指社会组织与公众之间的关系，是社会组织运用传播手段实现与公众之间信息的双向交流，促成组织与公众之间建立良好的信赖合作关系，在满足公众利益的基础上求得组织自身的发展。

公共关系的目标：塑造组织形象。

公共关系的原则：真实、公众至上、双向沟通、互惠互利、立足长远。

公共关系要素：社会组织、公众、传播媒介。

公共关系职能：协调沟通、提供服务、传播推广、辅助决策、收集信息。

公共关系从业人员素质：公关意识、知识结构、能力结构。

公共关系组织机构，包括公共关系部、公共关系公司、公共关系社团。

挑战自我

广州有家五羊城酒店，店内设施属于中档，收费又不高，但服务水平却达到上乘，他们热情为顾客服务，让顾客来到这里就像回到自己的家一样。因此，这家酒店受到了顾客高度赞扬。

这家酒店是如何做好服务工作的呢？他们要求每一位员工必须处理好同顾客的关系，为顾客着想，提供服务要热情、周到，富有人情味。他们是这样做的，如只要顾客来投宿，不管当时是否已经客满，都尽量安排居住。顾客住下后，服务员马上递上一块香巾让顾客净面，沏上一杯热茶让顾客解渴去乏。服务员每天都认真打扫房间，让顾客生活在清洁卫生的环境中。顾客离店时，服务员则帮助提着行李送到门口……

一次，湖南湘潭市3位女同志深夜来到五羊城酒店投宿。当时已经客满，值班服务员马上把会议室整理出来安排她们居住，并说明可以降低收费标准。部门领导也来到临时客房，亲切问候。服务员又立即递上香巾，沏上热茶，让她们好好休息。她们住了几天后，临走时，服务员帮助提行李到门口，表现出恋恋不舍之情。她们很受感动，说道："我们下次来广州，一定再住你们店！"

凡是在这里住过的顾客，都对五羊城酒店留下了很好的印象。温州个体户中跑广州做生意的比较多。许多温州个体户，每次来广州都喜欢投宿五羊城酒店，因为这里的服务周到、热情。于是，在五羊城酒店的客人中，"回头客"占很大的比重，而这批老顾客又常常带来许多新顾客，使该酒店客源不断。

讨论并回答：

1.请指出本案例的主体要素、客体要素、形象要素、传播媒介要素、环境要素。

2.本案例体现出哪些现代公共关系观念？

项目二

公共关系调查研究

项目概述

组织公关的一般过程分为四个步骤：调查研究、活动策划、活动实施、活动效果评价。公共关系调查是组织公共活动的首要环节。本项目主要介绍公共关系调查相关的基本理论知识以及技能技巧。通过本部分知识学习，有助于理解公共关系调查的含义、作用、内容及范围，掌握如何进行公共关系调查研究，准确把握事实，以制订正确的公关计划，指导后续的其他公共关系活动。

本项目包括三部分：制订调研方案、设计调研问卷、实施调研与撰写调研报告。其中，制订调研方案包括公共关系调研的含义、作用以及公共关系调研对象的范围与内容、公共关系调研方案的设计步骤；设计调研问卷包括公共关系调研的方法、设计调研问卷；实施调研与撰写调研报告包括调研问卷的发放现场管理、调查资料的搜集和分析、撰写调研报告等。

项目结构

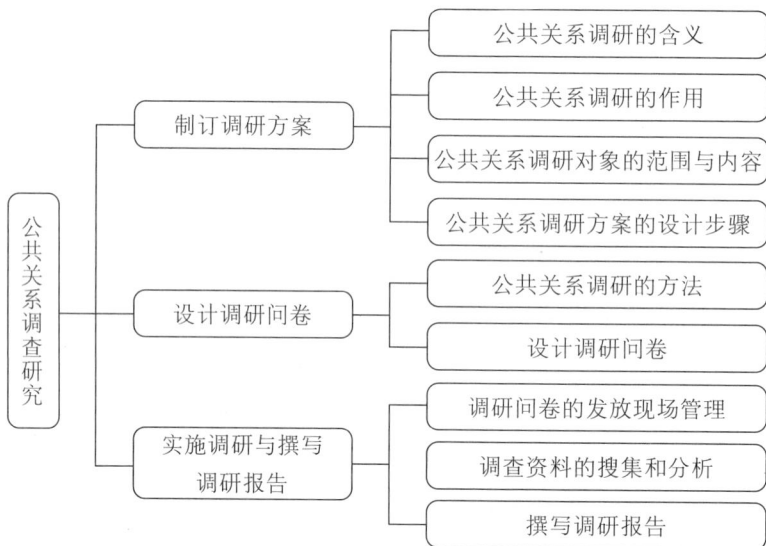

任务一　制订调研方案

【任务目标】

知识目标

学完本单元，你应该能够：

1.了解公共关系调研的含义和作用；

2.熟悉公共关系调研的范围与内容；

3.掌握公共关系调研方案的设计方法和步骤。

能力目标

1.具备分析公共关系调研环境、背景的能力；

2.能够根据组织或组织要求，运用公共关系调研方法和技巧，制定实际的公共关系活动调研方案。

素养目标

1.理解调研在公共关系活动中的重要性；

2.培养公共关系意识。

【任务导入】

《小苹果》火爆背后的信息数据分析

"你是我的小呀小苹果，怎么爱你都不嫌多"这句简单歌词近期是不是一直飘荡在街头、商场、视频网站上和你的耳旁？许多人都说这"带感"的旋律涌进脑海后，久久地停留下来，无法散去……这句歌词出自被称作"新一代洗脑神曲"的《小苹果》。6月4日，《小苹果》ＭＶ正式上线短短6天，优酷被网友自制的《小苹果》作品席卷；6月6日，"小苹果"登上新浪微博热门话题榜第一名；6月10日，《小苹果》横扫各大主流音乐网站榜首；6月13日，《小苹果》"攻陷"其他视频网站，再次产生几千条网友翻唱视频……截至目前，这首歌曲已经在优酷网上获得了接近一亿次的点击量。火爆背后，人们不禁会问：《小苹果》简单的旋律和舞步真有如此大的"洗脑"魔力吗？实际上，除了歌曲ＭＶ容易传唱的特性之外，《小苹果》的火爆以及其带动的《老男孩之猛龙过江》的电影票房，都离不开运用大数据分析定位受众和病毒式引导视频等具有互联网思维的营销手段。

2011年，"筷子兄弟"制作的微电影《老男孩》火爆网络，吸引了8 000万的播放量，时隔4年，"筷子兄弟"推出大电影《老男孩之猛龙过江》，《小苹果》就是大电影的宣传曲。

电影上映之前，优酷发起的站内投票显示，85%的《小苹果》视频点击观众选择"一定购票支持电影"。来自国家电影专项资金办的数据显示，电影《老男孩之猛龙过江》自7月10日公映以来，首周末票房达到1.02亿元。

电影的联合出品方，同样是微电影《老男孩》的出品方的优酷土豆集团副总裁卢梵溪介绍，在推广电影之前，优酷以2011年的《老男孩》微电影的用户评论作为数据源进行分析，发现网友评论中提到"音乐"的有149万个，"梦想"有103万个，"青春"有102万个。

"通过这些分析，我们知道了微电影观众感触最深的部分是什么，从而给电影的宣传策略定下了基调，并且选择了《小苹果》作为电影的宣传音乐。"卢梵溪说。

普遍认为，神曲诞生是"大数据定位受众＋病毒式引导视频"的结果

早在5月29日《小苹果》在网络上线之后，网站就陆续推出了40余款提前拍摄的"病毒式"引导视频，包括分解舞蹈动作的教学版、广场舞大妈版、小清新版等。随后，《小苹果》迎来爆发式传播。歌曲ＭＶ点击量迅速达到千万级的同时，这些引导视频也大多获得了百万点击量，随后，优酷举办了快闪、翻唱大赛等活动，引发两万名网友参与。这些引导性活动效果显著，目前，优酷搜索"小苹果"有超过3 500多个网友上传视频，累计播放量超过5亿。

"这部电影的投资、制作、宣传都融入了很多互联网概念和元素，是当前中国电影行业的一种新的探索。"优酷土豆集团总裁魏明表示，"未来的电影观众和互联网观众会有越来越多交叉的地方，我们愿意用互联网电影概念开启一些新的中国电影探索的方向和路子"。

讨论并回答：

1.为什么《小苹果》这首歌曲会广受欢迎？

2.你认为组织开展营销推广、公共关系活动之前应做哪些准备工作？

3.在互联网时代，怎样才能有效开展组织的公共关系活动？

✔ 学一学

调查研究、把握事实是一切公关活动的起点。同时，调查研究也是正确决策的前提和基础。只有通过调查研究，准确把握事实，才能制订正确的公关计划，采取有效的公关行动，解决面临的公关问题。

一、公共关系调查研究概述

公共关系调查是组织公共关系活动的重要组成部分，也是组织了解自身形象、了解组织公共关系活动效益的最佳途径，因此，公共关系工作的开展要以深入细致的调查研究为基础，有的放矢。只有通过调查研究，经常、全面、系统地掌握和分析组织所面临的形势，才能及时地弄清事实真相，在它没有成为重要的公关问题之前，便采取正确的行动和有效的沟通，及时地解决问题。同样，在关于组织的不利信息没有扩散之前，通过倾听将其捕捉，并予以及时澄清或予以补救。如果问题确实严重，更要详细了解和分析问题涉及的范围、促成问题的因素以及公众卷入的情况，以便采取措施减轻和消除矛盾。

公共关系调查是社会调查的一种表现形式。它是运用科学的方法，有步骤地去考察组织的公共关系状态，收集必要资料，进而分析各种因素及其相互关系，以掌握实际情况、解决面临问题为目的的一种实践活动。对于这个公共关系调查的概念，我们可从以下几方面加深理解：

一是公共关系调查的性质是认识组织的公共关系状态的一种实践活动。

二是公共关系调查的对象是组织的各种公共关系活动状态。

三是公共关系调查的任务是考察与收集组织的公共关系状态的各种资料并加以分析、研究各种因素和相互关系。

四是公共关系调查的中介是一定的科学方法和技术手段。

五是公共关系调查的目的是掌握实际情况、解决组织面临的问题。

由于公共关系调查的性质、对象、任务、中介和目的的不同，便产生各种类型的公共关系调查。例如，有公众需求的调查、新闻媒介的调查、市场的调查、组织执行方针政策的调查、产品质量的调查、组织形象的调查等。

二、公共关系调查研究的内容与范围

在社会组织开展公共关系活动过程中，由于公共关系实践活动有丰富的内容和广泛的范围，也使得公共关系调查的内容更丰富、范围更广泛。

公共关系调查是组织公共关系活动的基础，是一种具有系统性的研究工作，调查的内容涉及组织的基本情况、组织的形象、公众意见、组织行为效果、传播效果以及组织所处的社会环境等，其内容及范围可以分为如下几个方面：

（1）组织基本情况调查

组织基本情况调查包括组织建立的时间，组织历史上的重大事件及其影响，组织的经营发展目标、组织对社会提供服务的项目、组织机构、领导制度、组织领导者的总体

情况、组织内部成员人数的变化（如调入或调出等）、成员的精神面貌、一般成员的状况，以及对组织发展做出过重大贡献的成员的情况等。如果是企业，则还要调查企业产品市场的分布情况，原材料市场情况，以及产品、服务、价格特点等。

（2）组织形象调查

组织形象是一个整体概念，是公众对于组织的认识和评价，对于组织的生存和发展至关重要。良好的组织形象是组织无形的财富，它不仅能提高组织的知名度和信誉度，而且能大大地提高组织在同行业中的竞争能力，使组织的各项活动都能在有利的条件下开展，在竞争中立于不败之地。

组织形象一般分以下几类，即组织成员形象、组织管理形象、组织实力形象、组织产品形象。进行组织形象调查，主要是针对具体的形象进行调查。由于组织形象分类较多，不同类别的调查研究途径和方法也不尽相同，在进行组织形象调查时，也必须给予足够的重视。

（3）公众意见调查

一个组织的形象需要通过公众对组织的认知和评价来反映，公众对于组织的态度和观点才是公共关系调查的主要方面。公众是组织活动的直接接受者，对组织最了解，最有资格发表意见、对组织的行为做出评价。由于公众的范围广、层次多，接受组织行为影响的面也不同，所以反映组织意见的内容也是丰富多样的。公众的意见主要包括公众对组织的认识，对组织的态度和对组织的印象。换句话说，就是组织在公众心目中的知名度和美誉度。及时准确地调查了解公众对组织的意见，把握公众的思想观点，预测其变化动向，对于组织公共关系工作无疑是非常重要的。了解公众的意见，还能够检查组织公共关系的成效，使组织公共关系活动目标更明确、更富有针对性。

公众意见调查包括组织在公众中的知名度、美誉度，社会新闻媒介对组织的反应，政府部门、社区对组织的印象，专门性公关活动的效果，组织内部职工对规章制度、领导的意见等。

组织公众意见调查可采用不同的途径进行，常见的有访问调查、通信调查和公开组织调查等。

访问调查由组织派专人直接面对公众，提出事先已准备好的有关组织各方面情况的问题，征求公众的意见，同时回答公众询问有关组织的问题。访问调查使专访人员面对公众，给公众以亲近感，易于引起公众的注意，得到公众的首肯、配合。由于直接与公众接触，调查所得到的资料一般都真实可靠。但访问调查要求的条件也是比较高的，首先组织所选派进行调查的人员必须有较高的专业技能，熟悉组织的整体情况；其次，要求组织调查人员还要有良好的礼仪风度，有涵养，平易近人，掌握得体的谈话技巧，善于抓住敏感问题、获得信息。

通信调查是组织将所要征求的意见或要了解的问题分项目制成调查表格，随产品说明书或通过邮局寄发给公众，请公众对调查问题做出回答。通信调查能在通信较发达的地区迅速地收集到公众的意见。做好通信调查首先要拟定调查表，要尽量选择与公众利益相关联的调查题目，使公众有兴趣或愿意参加组织举办的通信调查，调查题目应做到简明扼要、切中主题，答题方法尽可能简单化，可采用"是"或"否"，或者用"√"或"×"来回答。组织进行通信调查态度要诚恳，向公众表明这种行为的目的是为了更好地为公众服务。有条件的组织还应在寄发调查表时附足回信的邮资，以免让公众破费，还可以采取答题抽奖的方法，引起公众的兴趣，使其踊跃参加组织的活动，提高回函率。收到公众的回信后，及时分门别类加以整理，以备组织决策时使用。

公开组织调查就是邀请公众直接到组织所在地参观、考察，将组织的全貌直观地反映给公众，让公众亲身体验组织的活动，然后再听取公众的意见。公众通过直接考察、了解组织，能更全面、客观地认识组织。从某种程度上说，它能进一步加深组织在公众中的印象，由公众再作宣传，带来连锁反应，影响更多的公众，公开组织调查还能激励组织加快改革和建设的步子。因为公众的监督与鞭策是强大的动力。假如组织内部存在不足或环境形象不佳，担心公众发现，使大门紧闭或门卫森严，不允许公众入内参观，给公众留下深不可测的感觉，自然会使公众失去对组织的兴趣，组织与公众之间产生陌生感，这样的组织很难在公众中树立良好的形象。组织还可以通过新闻媒介，公开向公众征求意见，通过调查、了解组织在公众心目中的地位和形象，体现出组织能真正重视公众，重视公众的意见，特别是公众提出的批评性质的意见，这种行为不仅能调动公众关心组织的积极性，帮助组织出谋划策，而且还可以向公众表明，组织闻过则喜、诚恳接受公众意见的态度。

组织通过调查取得公众意见的原始资料后，应及时组织专门力量分析研究，归纳整理这些资料，从中选取有价值的意见和建议，作为组织决策时的参考。对于公众提出的现存问题和不足，应想方设法及时参照公众的正确意见去解决，使公众感到组织是在诚心诚意地征求公众的意见，而不是在做样子、哗众取宠，从而切实树立组织的良好形象，为组织的发展壮大创造有利的主客观条件。

（4）社会环境调查

环境是指围绕某一主体的外部境况，或者是指事物周围条件的总和。现代社会，任何一个组织的生存和发展都免不了要受到环境的影响。公共关系中所指的环境是与组织有关系的社会条件的总和，这里的社会条件能够直接影响组织的存在和发展。

一般来说，公共关系组织所面临的环境大体上可分为社会环境和自然环境。其中，社会环境可分为社会的物质生活环境和精神生活环境，自然环境是人以外的各种自然因素的总和。依据影响组织生存和发展的层次，环境又可划分为宏观环境、中观环境和微观环境。宏观环境指整个国家的政治、经济和文化等对组织产生重大影响的社会条件，其中，政治环境又包括国家的政策、法律、规定等，经济环境包括国家的经济发展前景、市场供销状况等，文化环境则指社会规范、文化观念等。中观环境是指组织自身存在的环境，如组织的技术力量、文化层次、团体力量等。微观环境指作用于组织个体成员的周围环境，如组织成员的工作条件、组织成员之间的相互关系、小群体意识、工作单位的风气等。

由此可以看出，社会组织所面临的环境是一个极为复杂的系统，是由各种环境因素以不同层次、结构所形成的相互联系的有机整体，对组织的发展起着重要的制约作用，影响着组织的工作目标、发展规划和行为效果。当然，我们在分析环境对组织的制约和影响时，必须学会用辩证的观念看问题，无论在任何条件下，组织在发展过程中决不能被"环境决定论"所束缚。这是因为，作为组织自身，也是大环境的一个组成部分，同环境之间有着相互依存、相互发展的紧密关系，因此，我们既不能忽视环境对组织产生的影响，又不能忽视组织对环境产生的反作用。

通常生产经营企业所做的社会环境调查包括国家有关的法律、法规，政府政策对组织发展的影响，政治局势，社会经济情况，其他组织生产经营状况和公关工作，社会文化、风尚、道德对组织发展的影响，进出口情况等。

（5）公共关系活动效果调查

所谓行为是指有目的的活动。组织行为就是社会组织围绕组织的生存和发展，争取内部与外部公众的支持与信赖，确立组织良好形象而开展的一系列活动。这种系列的活动包括组织公共关系行为、组织领导行为、组织调查研究行为、组织管理行为、组织传播行为等几个主要方面。通过组织的行为实践，达成组织与公众间的谅解与合作，帮助组织管理部门及时了解公众的意见，增强为公众服务、向公众负责的责任感，并将组织的意图及理念传播到公众中去，扩大组织的影响，随时利用变化了的形势，预测组织的发展趋势，促进组织工作的顺利开展。因而，对于组织行为效果的调查，对组织公共关系活动的开展有重要意义。

组织的行为涉及组织各个方面，进行组织行为效果调查时，首先应从组织不同行为效果调查展开，然后分类整理，总结出组织行为的整体效果。由于社会政治、经济、科学文化事业的不断发展，现代社会生活日益丰富多彩，促使现代社会关系也呈现出多姿多彩的状态，在这种情况下，要使组织同社会公众保持密切的关系，借助于传播工具进行组织与公众的双向沟通与交流显得日益重要。在组织活动中，传播已成为重要的组成部分，组织公共关系部门根据组织发展的要求，依据组织公共关系宣传的主题内容制订计划，选择适当的方式和时机，通过现代传播媒介传播信息，求得理想的传播效果，使公众对组织产生更多的了解。

现代大众传播媒介主要包括报纸、杂志、广播、电视、电影等，传播内容包括组织内部的信息、服务门类、各种广告宣传及组织内部开展的多样化的活动等。利用传播媒介向公众发布新闻、信息，收集公众对组织的意见和建议，这对组织开展公关活动是十分必要的。因为，传播受众的广泛性，使得广大公众能够了解组织，而组织又通过传播、宣传、教育引导公众的消费、娱乐，满足不同层次公众的心理需求，起到了间接宣传组织的作用，建立并维持组织与公众的良好关系，创建最佳社会环境。

当然，开展公共关系活动，运用大众传播媒介宣传也并非是万能的，组织公共关系活动传播也有一定的局限性。这是因为，公众在接受传播信息的过程中，并非完全处于被动状态，而对于大量的传播信息内容总是有选择地接受其中与自身利益相关联的部分，如果传播的信息内容与公众的观点一致，关系到公众的利益，公众就会持积极肯定的态度；如果传播的信息内容与公众的心理观念相悖，是公众不关心、不需要的信息，公众就有可能会持消极的态度，要么回避不接受，要么持抵制态度，有的甚至会产生反感、厌恶情绪。因此，公众面对大量信息有选择地接受、理解、记忆，而这种接受的态度一经形成思维定式，也是很难改变的。另外，传播技术和手段的更新、环境对传播效果的干扰也是不可避免的。所以，组织在开展公共关系活动时，不能把传播媒介当作唯一的工具，不要把所有的希望都寄托于传播的效果，鉴于传播效果兼有的普及性和一定程度上的局限性，做好传播效果调查更为必要。

传播媒介种类繁多，无疑给组织公共关系传播效果调查增加了难度。首先在作印刷媒介和电子媒介效果调查时，要调查印刷媒介的发行量和内容的可读性，电子媒介的覆盖面、制作的技巧及富有吸引力的内容。

印刷媒介的主要代表是报纸和杂志。目前，报纸和杂志在社会生活中对于信息的传播起着重要的作用，报纸和杂志可以从组织的不同角度出发，对于组织的活动进行深入细致的报道，容纳信息量大，其内容往往图文并茂，可读性较强，能给读者公众留下深刻的印象，加上报纸和杂志类别中有专业性较强的报纸和杂志，专业信息集中，便于归类保存，重复阅读。再者，报纸和杂志版面编排灵活性较大，可将组织调查的题目或民意调查表直接编排在版面上，请读者公众阅后填好表格并剪下寄回组织，便于组织和读者进行直接交流。

电子媒介主要包括电视和广播。随着科技的发展，电视的普及率大大地提高了，广播事业的发展，使辐射面在迅速扩大。电子媒介的最大特点就是传播速度快、覆盖面广，其中电视集文字、声音、图像、色彩于一体，兼备声、色、视、听之妙，真实感较强，内容表现手法艺术化、形象化，富有感染力，易于引起公众的共鸣，广造社会舆论。广播可不受时间、空间的限制，能最广泛地接触群众，同时，广播主要是以语言和音响作为传播手段，有无阅读能力、各层次的公众都能接收。电视和广播又都可以作现场直播或现场采访，有真实感，传播内容说服力强。对电子媒介效果的调查多选用征答式调查法和舆论调查法，以调查公众对组织公共关系信息传播的反应。征答式调查法是就一些关系到社会组织的问题在电视和广播中公布于众，让公众问答后寄回组织。舆论调查法就是组织派人广泛在公众中征求意见，了解公众的消费意向和要求，了解公众对组织传播信息的接受情况和评价，常见的现场采访就是对这种方法的很好运用。一般说来，如果电子媒介传播信息创作技术高、信息真实有吸引力、与公众有密切联系，公众就会对组织传播的信息做出积极的反应，从良好的传播效果中获得对组织产品和对组织本身的重新认识。

传播效果的调查还可以从传播带来的社会效益和经济效益入手。组织开展公共关系活动宣传报道时，都要有一定数目的经济经费开支，组织选用什么样的传播方式和传播媒介，要考虑到组织本身的经济实力，既重视社会效益，更多地为社会发展提供赞助、服务，使组织有限的资源和资金发挥最大的作用，同时又要重视组织的经济效益，在预算指标能够达到的前提下，尽量做到少花钱、多办事。如某组织传播本着全心全意为公众服务的原则，竭力为公众解决实际存在的困难，在公众心目中，树立组织信息传播的良好形象，使传播成为公众可依赖的忠实朋友。这样组织的传播既宣传了组织，树立了组织的良好形象，又能为组织带来良好的社会效益和经济效益，毫无疑问，这样的传播能取得最理想的效果。

公共关系传播沟通不是一种"以我为主""机械灌注"的简单行为，而是要注意传播手段的先进性、现代化，内容上的客观、公正，形式上的新颖、别致。为了系统地、连续地进行传播效果调查，应该使组织运用传播手段和大众传播工具，建立组织同外部社会的信息传播网络，并准确、及时、有效地传播内部信息，巧妙地激发公众对组织的信任和支持。组织还要注意建立和形成信息反馈的通信网络，处理好日常公众的来信、来电、来访工作，充实公共关系调查的内容。

总之，公共关系调查的内容是丰富多样的，选择有针对性的调查主题进行深入细致的调查研究，获得富有价值的调查结果，是为组织在社会大生产条件下，建立广泛的社会联系，进一步开展公共关系活动的基本前提。

案例材料2-1

有一家宾馆新设了一个公共关系部，开办伊始，该部就配备了豪华的办公室、漂亮迷人的公关小姐、现代化的通信设备……但该部部长却发现无事可做。后来，这个部长聘请了一位公共关系顾问，向他请教"怎么办"。于是这位顾问一连问了以下几个问题：

"本地共有多少宾馆？总铺位有多少？"

"旅游旺季时，本地的外国游客每月有多少？港澳游客有多少？国内的外地游客有多少？"

"贵宾馆的知名度如何？在过去3年中，花在宣传上的经费共多少？"

"贵宾馆最大的竞争对手是谁？贵宾馆潜在的竞争对手将是谁？"

"去年一年中因服务不周引起房客不满的事件有多少起？服务不周的症结何在？"

对这样一些极其普通而又极为重要的问题，这位公共关系部部长竟张口结舌，无以对答。于是，那位被请来的公共关系顾问这样说道："先搞清这些问题，然后再开始你们的公共关系工作。"

想一想：

1.你是如何理解公关顾问的"先搞清这些问题，然后再开始你们的公共关系工作"的话的？公共关系调查对组织有何意义和作用？

2.公关顾问提的几个问题体现了公关调查的哪些内容？应该采取哪些公共关系调查步骤与方式？

三、开展公共关系调查应注意的事项

为了保证公共关系调查所获取的信息具有较高的可信度、准确性和科学性，组织开展公共关系调查活动时，必须做到：

第一，调查方法的多样化。组织开展公共关系调查的方法、方式是多样的，常见的有访谈法、问卷法、观察法、文献法、抽样调查等。一般地，不同的调查方法各有所长，在选择调查方法时要注意方法和技术的综合运用，以一种调查技术为主，配合使用多种调查方法，集各种调查方法的优势，充分而准确地收集信息。

第二，调查对象具有代表性。任何社会组织的公众范围都是十分广泛的，开展公共关系调查时，鉴于组织的能力、调查人员的素质等因素，不可能对所有的公众都进行调

查，往往需要注意选择调查对象的科学性，保证所选择的调查对象具有代表性，能够反映大多数公众的意见，为此，应特别注意"领袖公众"的意见，因为他们在公众中颇有影响，其意见往往更具有代表性。

第三，调查活动经常化。组织公共关系调查是组织公共关系活动的一个组成部分，组织要发展壮大，树立自身的形象，离不开调查研究，而且调查活动要做到制度化、经常化。应经常开展调查活动，保持组织与外界信息的沟通。

第四，调查要有及时性。在组织遇到突发事件或特殊情况时，更要及时地调查，在关键时刻，迅速获得第一手资料，并反映到公共关系实务决策活动过程中，帮助组织决策部门做出适当调整，推动组织发展。

第五，组织环境调查中的注意事项：

为了全面地了解组织与环境之间的关系，充分发挥环境在组织发展过程中的积极作用，我们应对环境的特征有一个清晰的认识。

（1）组织环境的广泛性

组织环境是一个互相联系、互相作用的整体结构。作为社会性的组织，其周围的诸多因素都在组织所处的环境之中，而且随着社会交往范围的逐渐扩大，组织面临的环境范围也由小到大、由近及远、相互影响。同时，从人类社会不断进步和发展的角度讲，作为组织公共关系主体的人，他们认识能力和创造能力也是无限的，这必然能不断提高预测未来、适应和创造环境的能力，从而促进环境领域的拓宽。

（2）组织环境的特定性

对于任何一个组织，周围的世界都是它的环境，是无限的。但是就具体而言，任何一个组织都不可能接触社会的每一个领域，因而又是有限的，因为组织总有一个特定的环境，在一定的地域、一定的方面和一定的时间界限内受影响。从某种程度上讲，组织有权利选择自身生存和发展的环境，但这种选择权利的运用并不是随心所欲的，必须在现实的条件和环境中，不断发挥组织的能动作用，经过不懈的努力，寻找自己正确的发展方向。

（3）组织环境的动态性和可创性

组织所处的环境是在不断发展变化的。环境无时无刻不在影响着组织的发展，环境的影响激励组织去开拓，激励组织不断矫正其行为向着有利于组织的一面发展。组织的行为又反作用于环境，促使环境产生新的变化。因而客观世界的变动也决定了环境总是处于不断变化之中。这种动态性特征同样也决定了环境的可创造性，在组织的发展过程中创造优美的环境。对组织环境基本情况的掌握，是调查组织环境的基本任务，通过深入实际的调查研究，获得有关组织与环境之间的关系状态、环境对组织的影响度、组织对环境的适应度等方面的信息，帮助组织决策部门及时调整组织结构，发挥组织的积极作用，以便在组织周围环境中，寻找自身的最佳立足点。

四、公共关系调研方案的设计步骤

设计一个完整详细的公关调查方案是顺利地进行公关调查的前提条件，也是圆满完成公关调查工作的有力保障。

1.明确调查目的

组织在设计调查方案之前，首先要明确调查目的，弄清目前的调查是在对准什么，经过调查后要实现什么。通常来说，公关调查的目的大致可分两种情况，即一般性的调查目的和特殊性的调查目的。一般性的调查目的是一个组织在经常开展的公关调查中，要保证组织与公众正常的信息沟通和交流，使组织能在稳步发展的基础上可以随时抓住机遇，以获得更大的社会知名度。这种一般性调查目的好像是例行体检，随时监控着体内的各项常规指标是否有所变化，以便随时补充营养。特殊性的调查目的是具有一定的指向，当组织面临某种特殊情况或问题时所进行的有针对性的调查。如组织在新产品的开发和推广中，在公众中遇到了各种各样的反映，组织就要针对具体问题开展公关调查。不同的调查目的确定的调查范围和内容也会不同，调查目的应该根据组织自身的基本状况并结合外部环境而加以明确。我们在明确调查目的时，应注意即使是一般性的常规调查也要使之明确清晰。

2.确定调查课题

在明确了调查目的后，我们就应该着手确定调查课题，调查课题是在调查目的明确的基础上产生的较为具体可行的行为目标。它是公关调查研究的具体指向。

确立调查课题可以从多个方面入手，通常来说，可分为组织自身状况的调查、公众舆论状况的调查和社会环境状况的调查。

（1）组织自身状况的调查

要想调查了解别人对自己的印象和看法，首先要了解自己，做到先"知己"，对组织自身的调查可分为以下几种：

①对组织内部各项常规指标的掌控

如调查一个组织的产品产销量、生产成本、销售额、流动资金、生产能力、产品质量以及员工数量和业务水平等，掌控组织的历史情况。

②对组织内部形象的把握

这一方面的调查旨在了解组织内部的和谐度和稳定度，通过这一调查，可以使组织在好的状态下增强自信心，在相对不理想的状态下重新调整自己，充实内部，武装力量，为在公众中树立良好的形象打下基础。

③对组织成员力量的了解

一个组织的发展壮大是与其内部的每一分子作用分不开的，充分了解组织成员的工作态度、工作能力、思想意识、人格品质等个人因素，可以使组织正确把握自身的发展潜能，正如一台机器的各个零部件的状态可以决定整个机器的运转情况一样。

（2）公众舆论状况的调查

每个组织都必须时刻了解自己在公众心目中的地位和形象，做到"知彼"，所谓"不患人之不己知，患不知人也"（《论语·学而》）。对公众舆论的调查可从如下几方面入手：

①调查公众需求

某家超市的门前，放着一台海尔展示柜和一台微波炉。超市营业员从展示柜中取出冷藏的肉串，放在微波炉里烤熟，然后放在外面出售。不过有的时候烤得多了点，或者顾客买得少了点，熟肉串放在外面的时间一长就凉了，营业员就想，要是作冷藏用的展示柜同时也能够保温就好了，在海尔集团工作人员回访时，营业员把这个想法说了出来，这立即引起了回访人员的注意。另外，一位住宾馆的客人说过这样一句话："说展示柜能够保鲜，但是我把一杯热腾腾的咖啡放进去，怎么保鲜呢？"这再次给海尔人启发，他们抓紧研制，仅仅用一个月的时间，一种新产品——"双温"展示柜诞生了，上面可以加热，下面可以冷藏，这种新型产品刚一推出，便销售一空。

注意了解公众需求有助于组织抓住机遇，为组织走向更高更强输入源源不断的"养料"。

②调查组织在公众中的形象

组织只有准确把握自己在公众中的形象，才能正确地给自己定位，影响组织形象的因素有很多，如产品质量、服务水平等，针对不利局面及时做出调整，面对好的形势继续制定更高的目标。

在海尔集团的客户服务项目中有这样一条规定，维修人员进入顾客家中维修，必须随时携带塑料鞋套和抹布两样东西，一进房间马上穿上鞋套，防止脚部异味和踩脏地板。维修完成后，用抹布将脏处擦干净，再退出房间，离开前请顾客填写一张意见表。此举为海尔集团赢得了很好的评价。

海尔集团通过员工形象展示了组织形象，同时又完成了对公众舆论的调查，而调查公众评价，又无形中获得了公众的好评。

（3）社会环境状况的调查

社会环境状况的调查包括对国家或地方性政策法规的掌握、经济发展情况的熟悉、居民消费水平的把握，还可能涉及对人们的生活习惯以及民风民俗等诸多内容的了解，这些因素都会影响到一个组织的发展，只有对这些内容有了较深刻的掌握，才能使组织适应社会的大环境，游刃有余地发展自己的事业。

无论是哪一类型的调查课题，都关系着组织的生存和发展，组织决策者和调查者要全方位考虑，抓住每个值得调查的课题。

3.制订调查计划

制订调查计划是在对整个调查工作进行统筹规划，按照预定目标，制定出详细的调查步骤和措施，安排调查的具体工作。我们可以按照下面程序来进行：

（1）确定调查的目的和内容

这一步是明确目前最需要获取的信息和解决的问题，确定调查的具体内容，如进行产品质量调查，组织形象调查，某行业发展状况调查等，这一点在上文已说明，在此不再赘述。

（2）确定调查的对象和范围

调查对象是指向谁调查，它是调查研究对象的总体，但这一对象的范围要由调查组织者根据实际情况科学客观地进行确定，如调查某市书店的图书销量情况，调查者可以锁定该市所有书店进行调查，也可以选取几家大型书店进行调查，这要根据开展调查的组织的实力和条件来看，例如，涉及人员多少以及经费和时间问题。另外，范围的确定也得看客观实际，范围太大，即使组织有很好的调查条件也是不能准确全面把握的，如调查某市人群消费情况，由于涉及人口多、类型多，所以只能划定范围进行调查。

（3）选择调查的方式方法

调查情况是搞好组织公关的基础和依据，它贯穿于整个公关的过程之中。应运用定性与定量分析的方法整理信息、积累资料，准确地了解组织公关的历史和现状，从而预测公关的发展，检验公关活动的效果。因此组织公共调查通常采用的方法有：

①谈话调查法。谈话调查的对象包括内部员工和外部公众。通过调查可及时地掌握公众对组织产品和服务的反映，或对某一事件的态度，便于组织及时迅速采取措施，予以解决。

②文献研究法。文献研究的对象包括组织管理者的工作日记、书信、公事性文件、会议记录、决议决定、业务往来备忘录、财务账目、报纸、刊物、通信稿、经济合同等。

③问卷调查法。问卷调查包括确定调查目的、调查对象，拟订问卷表，确定调查方式，返回问卷的抽样，资料整理和撰写报告等。

④观察法。观察法是指研究者根据一定的研究目的、研究提纲或观察表，用自己的感官和辅助工具去直接观察被研究对象，从而获得资料的一种方法。科学的观察具有目的性和计划性、系统性和可重复性。观察一般是利用眼睛、耳朵等感觉器官去感知观察对象。由于人的感觉器官具有一定的局限性，观察者往往要借助各种现代化的仪器和手段。

以上几点将在下一个任务中详细叙述。

（4）调查人员的挑选和训练

调查人员的素质直接影响到整个调查过程乃至结果，素质较高的调查人员可以保障调查工作的顺利进行，所以，在进行调查活动前，要先对调查人员进行挑选和训练。

①调查人员的挑选。

调查人员素质不同，他们的思想意识、文化程度、性格特征等因素都会作用于调查活动，虽然调查内容和对象各有不同，但都需要素质和能力比较全面的调查人员，挑选调查人员主要按照以下条件来选：

A.有高度的责任心和敬业精神。

B.对调查工作有兴趣和热心、耐心。

C.诚实勤勉，能吃苦。

D.有较高的文化素质和基本的调查知识。

E.仪表端庄，有亲和力。

F.客观端正，看问题不偏执。

以上条件都具备似乎不容易，但我们要按照这个标准来努力，在公关事业发达的地区或组织里，高素质的调查人员是很普遍的。

②调查人员的培训。

调查人员在进行调查前有必要接受训练，这样可以保证调查工作的有效进行。训练可从以下方面入手：

A.态度训练。

目的在于通过训练，让调查人员明确和进一步端正调查态度，知道调查的重要性，尤其是较重要的关系组织发展大局的调查活动，更要使调查人员加倍重视。

B.技能训练。

技能训练包括与人沟通的能力、控制调查过程的能力、对问卷和资料的处理和分析能力等。有经验的调查者也要接受这种训练，可以是有针对性的专题训练。

C.处理常见问题和突发性事件的训练。

调查人员在调查过程中，往往会遇到各种问题，如对方不配合、调查地点临时改变、调查工具故障等，调查人员应学会对问题的处理，保证调查顺利进行。

D.具体的项目操作训练。

针对具体项目调查，使调查人员熟悉提问的问题、记录的方法、辅助工具，如影像设备等的使用方法。

（5）调查经费预算

调查经费是调查活动进行的后勤保障，是经济基础，调查活动从始到终都要有经费的支出，所以，在实施调查活动前，必须进行经费预算。经费预算包括的项目很多，主要有调研方案设计费，问卷设计费，印刷和装订费，实施过程中的调查员劳务费，赠送被访者的礼品费，调查工具的使用费，异地调查还有差旅费、误餐费，调查后的资料统计费等费用，这些费用如果不考虑周全，做好预算，很可能出现超支或浪费。

（6）调查日程安排

调查日程的安排要根据调查对象和调查者实际情况来酌定，在整体上要对调查期限作出规定，大型调查活动可达一年以上，做好日程安排可以使调查按照既定时间进行，不至于为赶时间而草草完成或延误日期。

调查计划的制订是一项较烦琐的工作，它需要制订者具有较高的统筹能力、着眼大局的意识。制订出周密的调查计划后，我们就可以撰写调查方案了。

案例材料2-2

某调研小组的调查方案

一、调查目的

我国的公关行业经过几十年的发展，已经初具规模。根据中国国际公共关系协会的调查报告，中国现有公关公司的数量已经超过2 000家，营业额也显示出飞速的增长趋势。而上海处于全国公关行业发展的领先地位，为了解公关行业业务的变化，我们开展了为期3周的调查。

二、调查对象

上海市社会群体

三、调查时间和地点

时间：××××年9月11日～××××年9月28日　　地点：上海

四、调查的项目

全国公关业传统公关业务内容与新型公关业务内容的变化

五、调查的方式和方法

问卷调查和文献调查

六、组织工作

小组名称：智选小组

小组口号：巅峰之队，舍我其谁　小组组长：××　小组成员：××

七、调查数据分析方法

根据问卷数据做相关数据分析、结构分析、对比分析等

八、调查的预算和估算

略

想一想：

1.你认为案例中这份调研方案合理吗？为什么？

2.你知道一份完整的公共关系调研方案有哪些要求吗？

4.拟订调查方案

拟订调查方案是将公关调查活动以书面的形式表现出来，是公关调查计划的具体化材料。通常来说，调查方案包括以下若干项内容：

（1）方案标题

方案标题一般由组织名称+调查内容+方案组成，如《××公司美誉度调查方案》。

（2）调查背景

调查背景是介绍此次调查活动是在什么情况下进行，包括组织的历史背景、发展过程、现状及面对的问题或任务、发展方向等。

（3）调查目的

调查目的是要说明为什么进行调查，通过调查要解决什么问题，实现什么指标。

（4）调查对象和内容

调查内容是在明确调查的具体指向，即调查什么；调查对象是指调查谁，包括范围的大小。

（5）调查准备工作

调查准备工作包括调查人员的培训、经费预算、采用的方式、采取的形式等。

（6）调查的措施和步骤

调查的措施和步骤即写明怎样进行调查，指调查具体实施的方法、调查的进度安排等。

✔ 做一做

滞销房是怎样卖出的？

有一年，美国芝加哥市一家房地产公司在密歇根湖畔建造了几幢质量上乘、设施良好的豪华公寓，命名为"港湾公寓"。港湾公寓虽然景色迷人、服务优良、价格合理，但开售3年来，只售出35%，降价后仍不见起色。这家公司决定通过公共关系活动来推动销售。

那么,是什么原因导致港湾公寓的销售如此冷淡?经过对附近居民和住户的民意测验,发现在密歇根湖畔居住的公众对公寓存在偏见,如住进去是否会太清静、寂寞?交通不便是否影响购物?小孩上学怎么办?尤其是担心缺乏娱乐和夜生活。

在了解了周围居民的意见后,开发商就开始着手改变人们的这种看法,力图提高港湾公寓的知名度和美誉度。首先公司选定公众对象,对现有住户、政府部门、意见领袖和新闻记者等的情况进行了分析,有针对性地开展了公共关系活动。港湾公司的具体的活动方案注意了在满足住户生活需要的基础上有所创新。如开发商首先完善了港湾公寓的生活设施。然后选定感恩节开展各种活动,通过已有住户向其亲友发贺年卡、明信片,并为住户组织了马戏团演出。为加强公寓的对外交通,开发商还资助政府建造了连接小岛和陆地的公路,然后组织政府官员、体育明星和电影明星等社会名流参观公寓,以加强这些意见领袖对公寓的直观认识。开发商还组织了"芝加哥历史纪念品大拍卖"活动,为建立教育基金捐款。最后利用美国国旗制定200周年之际,在公寓楼前组织升旗仪式。这些活动为公众了解港湾公寓奠定了良好的基础。在这个活动方案中,他们针对当时存在的问题,坚持了目标管理的思想,在具体策划公共关系项目时,创造性地运用了一系列手段,吸引公众的注意,改善公众的印象,最终推动了楼盘的销售。

资料来源:孙延敏. 公共关系入门——理论与案例[M]. 上海:上海交通大学出版社,2013.

想一想:

1. 你认为案例中房地产公司的公寓为什么之前几年销售欠佳?

2. 通过阅读案例,房地产公司做了哪些方面的市场调研?这些调研对其后来的公共关系活动有影响吗?

3. 假定你是该公司公关部员工,请你为公司设计一份完整的公共关系市场调研方案。

拓展空间

在公关领域中,有三种形式的调查十分重要:初步调查(primary research),它重点关注原始研究,形成新的数据;次级调查(secondary research),它对已经掌握的数据和信息进行进一步挖掘;数据建模(statistical modeling),因初步调查和次级调查中存在来源不同的数据,数据建模就是通过统一的数据分析形成最终的认识。

初步调查常常涉及询问受访者,寻找深层次的看法。在初步调查中,以客观数据作为结果的类型称为定量调查(quantitative research),最常见的形式就是问卷调查。如果适当运用,定量调查得到的结果可以反映大部分人群的情况。

定量调查者通过各种途径积累数据,但最常见的途径包括电话、网站、信件和电子邮件。每一种都在速度、成本、灵活性和受众参与度方面存在各自的优点和缺点。

初步调查的另一种形式是定性调查(qualitative research),最常见的形式就是焦点团体(focus groups)。焦点团体由十几个人组成。他们在主持人的引导下,相互交换对于话题的意见、困惑和喜好。焦点团体这种形式十分利于收集观点,但是其结果很难反映大部分人群的意见。因此，在公司需要迅速、廉价的信息回馈时，常将焦点团体讨论的结果作为定量调查的补充，这时焦点团体常常被滥用。如果运用得当，定性调查常常作为定量调查的准备，从而使问卷调查更有效率。

数据建模常常用在营销和公关分析过程中，采用数学的方法来解释历史后果，预测未来结果。这些分析基于许多可能影响将来行为和结果的变量，关注事件的可能性和趋势。举一个营销中的例子，根据客户的性别、年龄和购买历史可以预测未来销售的可能性。要建立一个预测模型，需要从相关的预报者那里获取数据，建立数据模型、做出预测，获得额外的数据以证实（或调整）模型的准确性。在公共关系中，数据模型可以用来揭示公关的效果，以及公关与其他营销和传媒公司的互动，还可以解释诸如气候、人口这样的外部因素对行为造成的影响。当这种类型的模型应用于销售时，它们被称为"营销组合模型"。其目的在于得出驱动购买行为的原因。

资料来源：韦纳. 公关的威力［M］. 毛圆媛，李奕霏，丁彦之，等，译. 北京：企业管理出版社，2008.

◉ 效果评价

本任务的效果评价参考表见表2-1。

表2-1 公共关系基本知识评价参考表

环节	评分标准	分值（分）
公共关系调研的含义及作用的理解	能结合案例正确解释公共关系调研的含义及作用	30
公共关系调研的范围确定	能结合案例确定公共关系的内容与范围	30
公共关系调研方案设计方法与步骤	能结合案例制订公共关系调研方案	40

任务二 设计调查问卷

【任务目标】

知识目标
学完本单元，你应该能够：
1.了解公共关系调研的选择范围
2.熟悉公共关系调研的测量方式
3.掌握公共关系调研问卷的设计方法和注意事项
能力目标
1.根据调研目的不同，能够分析并正确选取公共关系调研的范围；
2.能够根据组织或组织要求，运用公共关系调研问卷设计方法和技巧，制定实际的公共关系调研问卷。

素养目标

1.理解公共关系活动调研中的道德要求；

2.培养公共关系意识。

【任务导入】

北京市中小学寄宿制学校家长意见调查的抽样方案设计

2005年1月，北京市政府委托北京广播学院调查统计研究所组织了一次关于北京市中小学寄宿制学校家长意见调查，目的是决定是否需要建立部分寄宿制学校，建立什么样的寄宿制学校以及建立多少寄宿制学校，等等。

这次调查的范围为东城、西城、宣武、崇文、海淀、朝阳、丰台、石景山8个区。调查的对象为在8个区的初中学校和小学学校就读的中小学生家长。

本次调研采用分层多级抽样。首先按北京市的8个城区、近郊区分层。第一级抽样从318所初中学校和868所小学学校分别各抽取20所学校进行调查。各区应抽取的学校所数按各区的学生人数占该区学生总人数的比例进行分配。结果如表2-2所示。

表2-2　　　　　　　　　各区的学生人数和应抽取的学校所数

地区	初中			小学		
	人数	百分数（%）	应抽所数	人数	百分数（%）	应抽所数
东城	32 181	11.88	2	54 115	10.63	2
西城	37 382	13.79	3	64 268	12.63	2
宣武	26 539	9.79	2	47 273	9.29	2
崇文	22 267	8.22	2	39 593	7.78	2
海淀	53 958	19.91	4	106 800	20.99	4
朝阳	54 184	19.99	4	106 780	20.98	4
丰台	29 416	10.86	2	64 887	12.75	3
石景山	15 067	5.56	1	25 216	4.95	1
合计	270 994	100.00	20	508 932	100.00	20

每个区再按地理位置分层（参考地图、邮政编码和电话号码）后，根据分层比例抽样的方法（某学校被抽中的概率等于该校占该层总人数的比例）随机抽取分配的学校所数。

第二级抽样是从抽中的学校抽取班级。每所抽中的学校按年级分层后，从每个年级中分别随机地抽取一个班级。因此，每所抽中的初中学校调查3个班级、小学学校调查6个班级。

第三级抽样是从每个抽中的班级抽取若干学生。按等距抽样法从每个抽中的小学班级抽取15名小学生；从每个抽中的初中班级抽取17名初中学生。

计划抽取样本量为初中生家长1 020名（3×17×20），小学生家长1 800名（6×15×

20)，总样本量n＝2 820名。样本中初中生（家长）数1 020与小学生（家长）数1 800的比例，是按总体中的初中生总数270 994与小学生总数508 932的比例确定的。查表可知，样本量不小于2 401时，即可达到最大允许绝对误差不超过2%的精度（置信度为95%）。本次调研的抽样为分层多级随机抽样，其精度与简单随机抽样相近，因此，在95%的置信度下，本次调查结果的误差最大不会超过2%。

资料来源：赵伯庄，苏艳芳，吴玺玫. 市场调研实务［M］. 北京：科学出版社，2010.

讨论并回答：

1.本次调研采用了什么样的抽样方法选择调研对象？

2.你认为有必要进行全北京市的整体调研吗？为什么？

3.请你谈谈采取抽样方法选取调研对象的利与弊。

● 学一学

一、公共关系调查的方法

所谓公共关系调查方法，是指用以保证公共关系调查目的得以顺利实现的途径、方式、手段、措施等。公共关系调查方法对于公共关系调查任务的顺利完成具有极其重要的作用。毛泽东同志曾形象且深刻地说明过方法的重要性。他说："我们不但要提出任务，而且要解决完成任务的方法问题。我们的任务是过河，但是没有桥或没有船就不能过。不解决桥或船的问题，过河就是一句空话。不解决方法问题，任务也只是瞎说一顿。"因此，在公共关系调查中，调查任务确定后，要顺利完成任务，最关键的是要解决方法问题。公共关系调查的方法是多种多样的，可以从多角度、多方面进行分类。基本的分类主要有两种，即基于调查对象范围变量的分类和基于资料搜集方式变量的分类。

（一）基于调查对象范围变量的分类

基于调查对象范围变量的分类，是指固定其他变量，而以调查对象范围变量作为依据的公共关系调查方法分类。依此，公共关系调查方法可以区分为普遍调查、抽样调查、典型调查、重点调查、个案调查五种方法。

1.普遍调查

普遍调查简称普查，又称为全面调查或整体调查。它是指公共关系调查者对调查对象总体中的全部单位逐一地、全面地进行调查，以搜集有关调查对象总体情况信息的公共关系调查法。普遍调查有着许多类型，按照调查的范围，可分为大范围普查和小范围普查；按照调查的时间性，可分为常规普查和快速普查；按照调查的方式，可分为发送调查问卷的普查和填写统计报表的普查等。普遍调查的主要作用是对社会组织的某一公共关系现象的一般情况做出全面的、准确的描述，其主要目的是把握某一公共关系现象的总体情况，得出具有普遍意义的结论。

普遍调查有着自己的一些特点，其优点在于：第一，普遍调查获得的公共关系信息资料全面、准确，精确性和标准化程度均较高；第二，由于普遍调查是对所有的调查对象进行全面的、无一例外的调查，因此，通过汇总和归纳可以得到具有很高概括度和普遍适用的调查结论。普遍调查的缺点在于：第一，普遍调查对调查对象总体内的各单位都要一一调查，因而它所要的人力、物力、财力和时间均较多。第二，普遍调查不可能对每一个调查对象都进行深入细致的调查，因此它的调查项目较少，资料缺乏深度。在社会组织的公共关系调查中，普遍调查一般限于在调查对象总体规模不大的情况下采用。对于调查对象总体规模较大的社会群体，一般社会组织往往不具备进行普遍调查的能力。

2.抽样调查

抽样调查是指公共关系调查者借助一定的抽样方法从调查对象总体中抽取一部分单位作为样本进行调查，并以从样本那里获取的信息资料来推论调查总体一般状况的公共关系调查方法。抽样调查是为既保持普遍调查的优点又克服普遍调查的缺点而创立的一种新型调查方法，其目的是从许多"点"的情况来概括总体"面"的情况。与普遍调查相比，抽样调查具有许多优越性：由于抽样调查只是对调查对象总体中的一部分单位作具体调查，因而调查费用低、调查进度快、调查项目多、调查精力相对集中。这样，一方面可相对容易地获得内容丰富且准确度高的资料，另一方面其应用范围也相对较广。

进行抽样调查的关键在于抽样，其基本过程有三：第一，界定研究总体和调查总体，建立抽样框；第二，设计和抽取样本；第三，对样本进行评估。抽样方法主要有概率抽样和非概率抽样两种。概率抽样是指调查对象总体内所有单位具有相同的被抽作样本的概率的抽样方法。其操作方法有：简单随机抽样、等距随机抽样、分层随机抽样、整群随机抽样、多段随机抽样等。非概率抽样则是指调查对象总体内所有单位不具有相同的被抽作样本的概率的抽样方法。其操作方法有：偶遇抽样、主观抽样、配额抽样、滚雪球抽样。抽样方法的不同和所抽取的样本的容量大小都对抽样调查的结论具有重要影响，调查者在调查中必须高度注意。

3.典型调查

典型调查是调查者从调查对象总体中选择有代表性的少量单位作为典型，并通过对典型的调查来认识同类公共关系现象的本质及其发展规律的调查方法。典型调查的认识过程是从具体到抽象，从特殊到一般。它的主要作用在于通过少量典型来真实迅速地了解调查对象全局的情况。典型调查的优点在于：调查少量典型，其时间、人力、物力、财力占用较少；可以细致地剖析某一具体调查对象，调查内容比较深入、全面；调查的具体方式和实施过程都比较灵活。典型调查的缺点是：选择典型易受调查者主观意志左右，很难避免主观随意性；典型的代表性和结论的适用性难以用科学的手段准确测定；典型调查局限于定性研究，难以进行定量研究。

典型调查的关键是要选择好典型，也就是要选择到那些具有代表性的单位。因此，它要求调查者对调查对象总体有比较全面的了解，并以实事求是的态度来选择典型。

4.重点调查

重点调查是调查者从调查对象总体中选择具有某种集中特性，对全局具有某种决定作用的少量单位作为具体调查对象，并通过对这些具体调查对象的调查来掌握调查对象总体的基本情况的调查方法。重点调查的目的是通过对具有某种集中特性的少量具体调查对象的调查来迅速掌握一定范围内对全局具有决定性影响的事物和现象的情况。其优点在于：具体调查对象的确定比较容易；调查比较省时省力；调查结果可反映全局情况。其缺点在于：适用范围较小；调查项目较少且缺乏广度；一般只能作定量调查，用于掌握调查对象的数量状况。

5.个案调查

个案调查也称个别调查，它是为了了解或解决某一特定的问题，对特定的调查对象所进行的深入调查。个案调查的目的是通过深入"解剖麻雀"来描述各个"点"的情况。其优点在于：首先，个案调查的调查单位少，能作详尽深入的了解；其次，个案调查的具体方式灵活多样，能搜集全面、完整、系统的个案资料；再次，个案调查时间安排较长，适用于边调查边研究，对个案做出具体诊断。个案调查在公共关系调查中主要适用于：第一，了解某一特定公众对象的形成和发展过程；第二，具体详细地分析公众对象的行为方式与社会组织公共关系工作之间的关系；第三，了解某些独特因素或事件对公众特定行为的影响；第四，具体研究某一特定公众对象对社会组织的需要、动机、兴趣；第五，开展 VIP（very important person，特别重要的人物）研究。

个案调查一般按确定个案、登记立案、访问案主、搜集资料、分析诊断 5 个步骤进行，通常通过现场观察或深入访谈搜集调查对象属于个案，对其所做的调查只能反映个案的具体情况，不能用于推论其他个案和公众的一般情况。

（二）基于资料搜集方式变量的分类

基于资料搜集方式变量的分类，是指固定其他变量，而以资料搜集方式变量作为依据的公共关系调查方法分类。据此，公共关系调查方法可以区分为科学观察法、询访调查法、问卷调查法、量表测量法、文献信息法等几种主要类型。

1.科学观察法

科学观察法是指公共关系调查者根据一定的调查目的和调查任务的要求，亲临现场，具体观察调查对象的行为表现和所处状态，以搜集所需公共关系信息资料的公共关系调查方法。科学观察法有着多种类型，根据观察者是否参与被观察者的活动，可分为参与观察与非参与观察；根据观察内容是否有统一设计的有一定结构的观察项目和要求，可分为有结构观察与无结构观察；根据观察对象所处的环境状态特征，可分为自然状态中的观察与人为情境中的观察等。这些不同的观察方法都有着各自不同的适用范围，在一般情况下，公共关系调查者往往可以综合地运用这些方法，以达到快速、准确地搜集公共关系信息资料的目的。科学观察法大多是在观察对象没有觉察的情况下进行的，因此其调查结果较为客观。但采用科学观察法只能了解被观察对象的表面现象和行为活动，而不能看出被观察对象的内部特征，尤其不能看出被观察对象的内心世界和了解被观察对象的行为动机、态度、打算等，因而调查深度往往显得不够。

2.询访调查法

询访调查法是公共关系调查中常用的信息资料搜集方法之一，它是指公共关系调查者根据一定的调查目的和调查任务的要求，通过向调查对象提问、与调查对象交谈而搜集所需的公共关系信息资料的公共关系调查方法。询访调查法按其所采用的信息媒介与手段区分，可分为面谈询访法、书面询访法、电话询访法、电子邮件询访法；按其有无固定的询访内容结构区分，可分为有结构询访法和无结构询访法；按其询访意图的显隐性情况区分，可分为公开的询访和隐秘的询访；按一次询访的人数多寡区分，可分为个体询访和集体询访。询访调查法中各种具体方法各有长短，各具利弊，各有其适用范围。如面谈方法主要适用于较为复杂的信息的搜集，可以对信息的各种相关因素作细致的了解，但这种方法花费时间多，对询访者的语言表达能力和综合分析能力要求高，还需要询访者具有一定的临场经验和丰富的相关知识。因此，究竟采用哪种方法，应根据具体情况确定。一般来说，搜集简单的、时间性强的信息资料，以电话询访为好；搜集涉及面广、深度要求高的信息，则以面谈为佳；涉及不便当面谈的内容信息，则以书面询访为宜。

3.问卷调查法

问卷调查法是指由公共关系调查者向调查对象提供问卷并请其对问卷中的问题作答而搜集所需的公共关系信息资料的公共关系调查方法。问卷是用于搜集信息资料的一种重要工具，它的形式是一份精心设计的问题表格。问卷依其问题的构成特点可分为封闭式问卷和开放式问卷两种。封闭式问卷的提问是在提出问题的同时，还给出若干个备选答案，要求被调查者选择其中一个或几个作为答案；开放式问卷的提问是只提出问题，不提供具体答案，而由调查者自由回答。此外，问卷还可依发表方式分为邮寄问卷和送达问卷两种。

问卷调查法有着许多不同于其他调查方法的特点，其优点在于：可以节省时间、经费和人力；具有较好的匿名性，有利于搜集真实的信息；所获得的信息资料便于定量处理和分析，可以较好地避免调查者主观偏差，减少人为误差。其缺点在于：回收率一般较低；不适于对文化水平低的人作调查；由于被调查者填写问卷时调查者一般不在场，因而所获得的信息资料的质量往往难以保证。尽管如此，问卷调查法却不失为现代公共关系调查的一种科学规范的调查方法。正如美国社会学家艾尔·巴比所说："问卷是社会调查的支柱。"事实上，问卷也是公共关系调查的支柱。

4.量表测量法

量表测量法是指公共关系调查者根据一定的调查目的和调查任务的要求，借由测量量表对调查对象的主观态度和潜在特征进行测量，以搜集公共关系信息资料的公共关系调查方法。量表是适用于较精确地调查人们主观态度和潜在特征的调查工具，它由一组精心设计的问题构成，用以间接测量人们对某一事物的态度、观念和某一方面的潜在特征。人的态度、观念和潜在特征都具有隐匿性和模糊性，有时连自己也难以发现或进行精确地描述，因而，调查人们的态度、观念和潜在特征并非易事，尤其以直接的方式很难达到目的，这就需要采取量表测量法这种间接的方式。量表具有多种类型，按其测量内容分，主要有态度量表、能力量表、智力量表、人格量表、意愿量表、人际关系量表等；按其作用分，主要有调查量表和测验量表；按其设计方式和形式分，则有总加量表、累积量表、瑟斯顿量表和语义差度量表等。公共关系调查者可以根据不同的目的、要求，结合实际情况选用。

5.文献信息法

文献信息法是指公共关系调查者根据一定的调查目的和调查任务的要求，通过对现有文献的搜集来获取公共关系资料的公共关系调查方法。文献是指以文字、图像、符号、声频、视频等为主要记录手段的一切知识载体。根据文献的物质载体和记录技术的不同，可把文献分为手书型文献、印刷型文献、音像型文献、缩微型文献、机读型文献五种；根据文献的加工程度及在信息交流过程中作用的不同，可把文献分为一次文献、二次文献、三次文献等；根据文献的编写方法和出版方式的不同，可把文献分为图书、期刊、报纸、政府出版物、会议文献、科研报告、学位论文、专刊文献、档案、内部资料等。文献中包含社会组织公共关系工作所需要的信息资料。利用文献信息法搜集公共关系信息资料，具有简单、快速、节省调研费用、不受时空限制等特点，尤其适用于对历史资料和远程区域信息资料的搜集。它既可作为一种独立的调查方法运用，也可以作为实地调查等方法的补充。利用文献信息法进行公共关系调查一般有两个特定步骤：一是文献载体的采集；二是信息资料的摄取。文献载体的采集主要可以采用借阅、购买和交换等方法来进行。信息资料的摄取则分为两条途径：一是通过浏览、阅读各种文献，从有关文献中摘取信息资料；二是通过检索工具从有关信息文档中检查信息资料。在当今社会，由于计算机技术和通信技术的飞速发展，人们已能通过高速信息网络检索各种文献信息资料，这可以说是文献信息法在当今社会的有力延伸和巨大进步。

二、设计调研问卷

调研问卷是为了达到调研目的和收集必要信息而设计的问题集合。问卷设计是公关调研中极为重要的环节，问卷设计质量的高低，将对信息或数据的准确性、可靠性产生影响，同时也影响着调研成本的高低。因此，一次成功的公共调研与制作一份优秀的调研问卷是密不可分的。

（一）问卷结构

1.一份问卷的评价标准

作为一份良好的调研问卷，应具备三项功能：一是将调研目的，以询问方式具体化、重点化地列举在问卷上，以达到调研的目的；二是促使被访问者愿意合作，取得准确、真实的答案，协助达成调研目的；三是正确表达访问者与被访问者的相互关系。具体来说，应满足以下几方面的要求：

● 提供必要的决策信息

● 易于被被调查者接受

● 编辑和数据处理的需要

● 服务于众多管理者

2.问卷结构

一份完整的问卷通常由引言、主体内容和问卷记录三部分组成。

（1）引言

引言要简洁明了，有说服力，能很快地引起被调查者的兴趣。具体来说，应包括以下几项内容，见表2-3。

表2-3 引言部分的具体内容

项目	作用及要求
（1）标题 （2）调研目的及意义 （3）填表说明	既要简明扼要，一目了然，又要避免笼统或雷同 引起被调查者的重视，保证调研质量 说明如何填写问卷、注意事项

此外，还应向被调查者解释选择被调查者的方式，如"您是在本公司的客户名单中随机选择的"；声明将对被调查者的回答完全保密；还可说明本次调研所需的时间等内容。

（2）主体内容

主体内容是市场调研所需收集的主要信息，是问卷的主要组成部分，主要是由一个个精心设计的问题与答案所组成的。应注意的是，问题除了在内容上要切合调研目的和被调查者外，还应注意问题的编排形式，应便于被调查者或调研人员作答、记录等。

（3）问卷记录

问卷记录是指对调研过程中有关人员和事项的记录。一般包括：调研人员姓名或编号；调查时间；调查地点；被调查者的基本资料，如姓名、年龄、职业、通讯地址等，若调查对象是经销商，则基本资料应包括企业名称、注册资金、年销售额等；审核员姓名；问卷编号等内容。

问卷记录一般置于问卷之首，也可置于问卷的最后部分。主要用于对问卷的质量进行检查控制，如增强调研工作人员的责任感，出现问题时便于追究责任，有易于问卷的复核或追踪调查，避免问卷出现混乱等。如果一些问卷涉及被调查者的个人隐私，上述有关被调查者的情况则不宜列入。

（二）问卷设计步骤

设计一份问卷，应该有充分的准备，尤其是要有丰富的调研经验，应对调研过程、被调查者的心理状态、调研背景、市场行情等有一定的了解，作为公共调研准备工作的一部分，在制作问卷之前，一般都要事先亲自到组织内外或市场进行访问调研，做到心中有数。

一般来说，问卷设计应包括八个步骤，可用图2-1来表示。

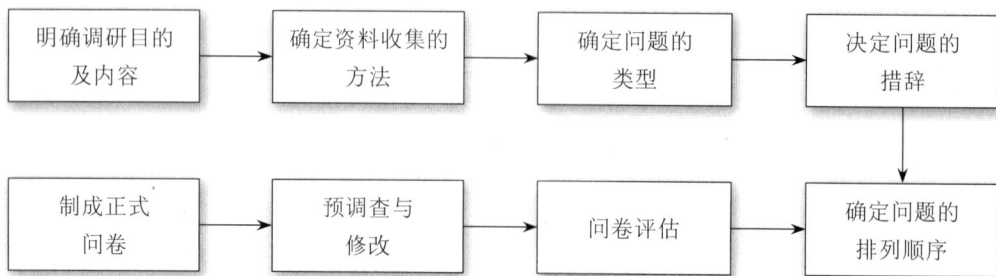

图2-1 问卷设计步骤

● 明确调研的目的及内容

制作调研问卷，首先必须明确调研目的，如果目的不明确，资料收集的方法及提问内容的确定等工作也就无法顺利地进行。明确调研目的可以通过充分检查有关该调研的已有资料或审阅现有的相关资料等来完成，也可与有关市场营销经理、产品经理等共同讨论。

● 问卷评估

一份问卷在确定了问题类型、问题的措辞、问题的排列顺序之后，问卷草稿就设计好了。此时，问卷设计人员应对问卷草稿进行以下几方面的评估：

第一，问题是否有必要。

第二，问卷是否太长。

第三，问卷是否提供了调研目的所需的信息。

第四，被调查者能否准确回答这个提问。

第五，被调查者是否愿意如实回答这个提问。

第六，开放式问题是否留有足够的答题空间。

第七，为避免与"提问"相互混淆，问卷中的有关"说明"是否醒目。

● 预调查与修改

在问卷草稿中，可能会存在某些问题，因此，在进行正式调研之前，问卷草稿必须经过预调查加以测试。

预调查是将编好的问卷草稿用于小规模的被调查者。预调查所选取的样本不必是随机样本，但要有代表性。一般是一些比较方便找到的被调查者，如调研人员的朋友、同事、同学等。预调查的方式也应与最终的资料收集方式相吻合，如果最终的资料收集方式采用的是拦截访问，那么，预调查也应采用拦截访问的方式。

预调查的目的是检查所有的设计考虑是否合理、周全，所以应该同正式访问一样进行，并把预调查过程中发现的所有疑问在对应的问句旁边记下。

对预调查获得的数据，调研人员应当进行必要的统计分析，以便对调研将产生的结果以及是否能实现调研目的做到心中有数，同时也可对预调查中出现的问题进行总结。

经过预调查，问卷设计者可以发现问卷草稿中存在的不足之处，如问卷的措辞是否恰当、问题的排序是否合理、问题是否容易回答及填表方式是否清楚等，并在正式使用前加以修改，使之完善。

问卷草稿经过修改就可定为正式问卷并付诸实施了。

（三）问卷设计技巧

1.问题类型

问题构成一份问卷的主体部分，确定问题类型主要有两种形式，即封闭式问题和开放式问题。

（1）封闭式问题

封闭式问题是由问卷设计者列出问题的一系列答案，由被调查者从中进行判断和选择，包括以下几种具体方法：

①两项选择法

两项选择法，也称是非法，是指对提出的问题，只给出两个答案，回答项目非此即彼，简单明了，被调查者只能从中选其一做出回答。例如：

您是否购买过空调？　　　A.是□　　　B.否□

②多项选择法

这是指由被调查者在预先给出的多个答案中进行选择。有些问题为了使被调查者完全表达要求、意愿，可采用多项选择法，根据多项选择答案的统计结果，得到各项答案重要性的差异。

例1：您买山地车是因为：

A.经济条件允许□　　B.自己骑着玩、个人娱乐□　　C.送给朋友□　　D.上下班骑，代步工具□　　E.气派，赶时髦□　　F.周围邻居或熟人有用的□　　G.为了旅游、锻炼身体□　　H.其他（具体写出）

例2：您每周洗头发的频率是：

A.2次□　　　　　B.3次□　　　　　C.4次□　　　　　D.4次以上□

采用多项选择法又可分为单选题和多选题。单选题只允许在多个答案中选择一个作为答案；多选题则可选择一个或一个以上的答案。

③程度尺度法

程度尺度法是指对问题给出不同等级程度的答案，被调查者从中选择一个做出回答，通常用"很好""较好""一般""较差""差"等一类的回答来表述。例如：

例1：您在购买饮料时，认为包装

A.很重要□　　　　B.较重要□　　　　C.一般□

D.不太重要□　　　E.很不重要□

例2：请问您是否想买一部空调？

A.很想买□　B.想买□　C.不一定□　D.不想买□　E.很不想买□

封闭式问题有利于被调查者正确理解问题，作答容易；由于答案都是标准化的，有利于资料的整理与分析。因此在大多数调研问卷设计中，问题类型多以封闭式问题为主。但封闭式问题也存在一些不足：问题答案比较机械，限制了被调查者的自由发挥；在两项选择题中，无法体现被调查者回答的差别程度；多项选择题中，问题答案的设计需要花费较多的时间与精力。

（2）开放式问题

开放式问题是指对所提出的问题，不提供具体的供选答案，被调查者可以根据自己的情况自由回答，没有限制。

开放式问题的设计可以有以下几种具体的形式：

①自由回答式。例如：

您对雀巢咖啡广告的印象是＿＿＿＿＿＿＿＿＿＿＿＿＿＿。

②句子完成式。例如：

当您口渴时，您想喝＿＿＿＿＿＿＿＿＿＿＿＿＿＿。

③字词联想式。例如：

宝马＿＿＿＿＿＿＿＿＿＿＿＿＿＿＿。

可口可乐＿＿＿＿＿＿＿＿＿＿＿＿。

达芙妮＿＿＿＿＿＿＿＿＿＿＿＿。

④追问式。

开放式问题经常需要"追问"。调研人员在最初提问时，问题涉及范围较为广泛，针对性不强，此时，调研人员可以采用"追问"的方式更深层次地了解被调查者的态度、兴趣和感觉，获得更为详细的资料。

追问可以分为两类：一类是勘探性追问；另一类是明确性追问即澄清。前者是在被访者已经回答的基础上，进一步挖掘、询问问题的方法，目的在于引出被访者对有关问题的进一步阐述；后者是让被访者对已回答的内容作进一步详细的解释，目的在于进一步明确被访者给出的答案，下面是两个追问的例子。

例1：问：您喜欢这种电动工具什么呢？

第一次回答：外观漂亮。

追问：您还喜欢什么呢？

第二次回答：手感好。

追问：您还有没有喜欢的呢？

第三次回答：没有了。

例2：问：您喜欢这种电动工具什么呢？

第一次回答：很好，不错。

追问：你所谓的"很好，不错"是指什么呢？

第二次回答：舒适。

追问：怎么个舒适法呢？

第三次回答：手握着操作时手感很舒适。

例1是勘探性追问的例子，通过追问，扩展了被访者的回答，完整地记录下了被访者所喜欢的。例2是明确性追问的例子，从"很好，不错"这一般化的回答中，访问人员得到了更确切、得体的答案。

开放式问题的优点在于：

①能为调研人员提供大量、丰富的信息。

②有利于发挥被调查者的能动性。

③有利于直接了解被调查者的态度、感觉。

④适合于答案复杂、数量较多或各种答案尚属未知的问题。

开放式问题的不足之处在于：

①资料的整理和分析费时费力。

②受调研人员表达能力、访谈方式及技巧的影响，调研结果容易产生误差。

③问题的答案有可能向善于表达自己意见、性格外向的被调查者发生倾斜。

④问卷答案中可能含有许多对调研人员来说没有多大价值的信息。

2.问题的措辞

在信息资料收集中，问题的措辞至关重要，决定着信息资料是否真实、准确。例如美国宝洁公司曾以两块颜色不同而品质完全相同的肥皂，询问消费者的意见。在询问中，使用了不同的措辞进行提问，消费者的回答结果也不大相同，见表2-4。

表2-4   提问措辞与回答结果显示

提问措辞	结果显示	
您认为哪种肥皂比较温和？	A肥皂温和些	57%
	B肥皂温和些	23%
	无意见	20%
您认为哪种肥皂对皮肤刺激性较小？	A肥皂温和些	41%
	B肥皂温和些	39%
	无意见	20%

造成差异的原因在于对"温和"一词的含义难以确切理解。

（1）在问题措辞上应注意的问题

①提问要尽量短而明确，避免使用长而复杂的语句。

提问部分如果太长，会使被调查者抓不住提问的重点，有可能将开头的提问内容忘记，甚至会感到厌烦，同时也会使调研人员的意图无法准确地传达。因此，提问内容应尽量短小。如需要更多的信息，可将长句细分成几个小问题来提问。

②提问要具有针对性，避免一般性的问题。

一般性提问往往缺乏针对性，其结果的实用价值较差。

例1："您对××商场的印象如何？"

这样的提问过于笼统，缺乏针对性，会使被调查者无从回答。可改为以下提问："您认为××商场服务态度怎么样？商品品种是否齐全？购物环境是否理想？营业时间是否恰当？"等等。

例2："您为什么要买××牌山地车？""您是怎样知道××牌山地车的？它最吸引您的一点是什么？"

前后两个句子比较，后者较易回答。

例3："您在所有杂志中，喜欢什么杂志？""请问您这一周，买过什么杂志？"

这两种提问，以后者为佳。

③提问用词要准确。

这包括两方面的意义：

A.问句要尽量口语化，避免用双重否定来表示肯定的意思。

例如："您在购买食品时是否不愿意看不到注明食品保质期的标签？"这显然不利于对问题的理解。可改为"您是否愿意看到注明食品保质期的标签？"

B.提问用语应使用易被人理解的词，避免使用一些专业用语或模棱两可的词。

在大规模的调研中，调查对象的文化背景、受教育水平、知识经验等差别很大。由于这些差别的存在，往往会产生理解上的差异。因此，选择词汇时，应注意地区、文化程度、专业化程度等的差别。

如"经常""普通""时常""美丽""著名"等词语，每个人的理解往往不同，在提问中应尽量避免使用或减少使用。例如："您是否经常乘坐飞机？""您是否经常购买名牌服装？"其中"经常""名牌"可能引起不同的理解。类似这类提问，有可能产生两种结果：一是胡乱作答；二是放弃该题目，不作答。无论哪样，都将影响到调研结果的准确性和客观性。

④提问要中性化，避免带有诱导性或倾向性的提问。

调研人员在提问时，用词要注意"折中"，不要流露出自己的见解或倾向，否则就会影响被调查者的回答。例如："消费者普遍认为×××牌子的电视机好，您是否也是这样的看法？"这种诱导性提问会产生两种不良后果：一是被调查者不假思索地顺应倾向性意见，敷衍了事；二是诱导性提问大多是引用权威或多数人的态度，被调查者会产生"从众"心理。

⑤提问应是被调查者能够且愿意回答的，避免提出令人困窘性的问题。

困窘性问题是指被调查者不愿意在调研人员面前直接回答的问题，如个人隐私、有损声誉或不为一般社会道德所认可的态度或行为等问题。例如：年龄、收入、婚姻状况、受教育程度等问题，非常敏感，不宜直接询问。多数被调查者不愿意作答，即使作答了往往也是不真实的。对于这类问题的调研，要讲究技巧，重新设计。

例1：给出几个档次，不过分具体询问，如：请问您的年龄属于哪一类？

①18岁以下□　　②18~25岁□　　③26~30岁□

④31~35岁□　　⑤36~40岁□　　⑥41岁以上□

例2：用递进形式询问，如先问：您的收入在家中排第几位？然后再问：您的月收入属于下面哪一类？

⑥提问时要注意时间范围的表达。

A.提问时要考虑时效性，避免提超出人们记忆范围的问题。

调研问卷中经常会涉及包含时间概念的一些提问，时间过久的提问容易使人遗忘，造成调研结果不可靠。例如："您家前年用于食品、衣服的费用分别是多少？"类似这种问题大概很少有人能记得起来。例如："请问去年以来，您用过哪些品牌的洗发水？"被调查者自然容易被难住，应该这样提问："现在您用什么品牌的洗发水？""最近三个月您还用过什么品牌的洗发水？"

B.时间范围的表达要明确。

"您最近使用过×××牌的牙膏吗？""您平均每周用于食品费用的支出是多少？"在这两个提问中，"最近""平均"指的是什么时间段，表达不清楚，被调查者回答结果的含义就会大不相同。

⑦每项提问只能包含一项内容，避免一问两答。

如果在一项提问中包含两项或两项以上的内容，就会使被调查者不知所措，难以回答。例如："您认为这种饮料的口味和包装怎么样？"这种提问实际上包含了"口味"和"包装"两项内容，从而使被调查者难以做出回答。应将问题拆开，分别进行提问。

⑧其他。

如果所调研的是某类消费品的市场情况以及被调研的品牌在整个市场中的地位，为了避免影响被调查者的反应，在开始提问时应尽量不让被调查者知道所要调查的品牌是什么以及委托调查、执行调查的公司名称。

3.问题的排列顺序

一份调研问卷往往是由许多提问（问题）组成的。在每个单独提问设计好之后，下一步就要考虑如何将它们按一定的顺序纳入问卷之中。如果提问顺序设计得合理，将有助于资料的收集获取；反之，将有可能影响被调查者作答，甚至影响到调研结果。问题（提问）编排顺序的设计应注意以下几方面：

（1）预热效应

预热效应是指提问时应按照问题的复杂程度，先易后难、由浅入深地进行排列。最初的提问内容应能引起被调查者的兴趣和积极性，难度较大的问题和开放性问题、敏感性问题应尽量放在后面，以避免被调查者由于感到费力而对完成问卷失去兴趣或者干脆拒绝接受访问。

一般来说，有关被调查者本身的问题，不宜放在问卷开头，如受教育程度、经济收入、家中耐用消费品数量等。

（2）逻辑效应

在一份问卷中，通常会包含好几类问题。同类性质的问题应尽量安排在一起，以利于被调查者集中思考作答。此外，调研人员应将一些无关紧要或被调查者难以回答的问题予以剔除或采用"跳答"的形式，请让与该问题有关的被调查者回答，以增加提问的针对性。

（3）漏斗效应

在问题排列次序上，可运用"漏斗法"，即最初提出的问题较为广泛，然后根据被调查者的回答情况逐渐缩小提问的范围，即由广泛性问题到一般性问题，最后是某个专题性问题。

（4）激励效应

在调研过程中，被调查者可能会随着问题的深入，出现厌烦的情绪，甚至拒绝继续接受访问。此时，调研人员应适当添加一些鼓励回答的语言，如"下面的几个问题比较简单""再有3个问题就结束了"等等。以此不断增强被调查者的兴趣。

（5）提示顺序

使用提示方式回答时，要注意提示顺序，在不同的问卷中作合理的顺序变换，以保证回答的客观性。例如：

您喜欢什么形状的车把（山地自行车）？

A.平把□　　B.燕形把□　　C.羊角把□　　D.牛角把□　　E.其他□

如果几个选择项提示顺序相同，位于前面的项占优势，使回答者容易先入为主，因此需要准备几种选项不同的提示表以便交互向被调查者提问，以保证回答尽量客观、真实。

4.敏感问题的处理技巧

在调研问卷中，有些问题可能是敏感的、私人的或服从于强烈的社会观念的话题。对于这类问题在进行提问设计时应尽量加以避免，但有时为了研究的需要又必须了解这类信息。此时，就需注意问题表述的技巧和方式，以减少被调查者的顾虑，得到真实的信息。

（1）第三人称法

第三人称法是指将要向被调查者直接询问的问题，改成关于第三人称的问题，使被调查者处于纯客观的地位来回答问题。

（2）关联提问法

对于被调查者不愿意直接回答的问题，可以换一个角度，对与之相关联的问题进行提问，然后由调查人员根据被调查者对关联问题的回答进行判断、推测。

例：对于女士的年龄，调研人员可以提问："您的生肖是什么？"然后由此推断出被调查者的实际年龄。

（3）释难法

这种方法是指通过在提问之前加一段有助于不使被调查者感到为难的文字，或在问卷引言中声明替被调查者保密并说明将采取的保密措施。这样将有助于打消被调查者的顾虑，使提问易于被被调查者所接受。

（4）数值归档法

数值归档法是把被调查者不愿回答的如收入、年龄等敏感性问题放在一组问题中提出。如对经济收入问题，可将收入分成几个连续的区间，由被调查者选择。例如：

请问您的家庭月总收入属于下列哪个范围？（单选）

800 元以下 …………………………………………… 1

801～1 000 元 ……………………………………… 2

1 001～1 499 元 …………………………………… 3

1 500～1 999 元 …………………………………… 4

2 000～2 499 元 …………………………………… 5

2 500～2 999 元 …………………………………… 6

3 000～3 499 元 …………………………………… 7

3 500～3 999 元 …………………………………… 8

4 000～4 499 元 …………………………………… 9

4 500～4 999 元 …………………………………… 10

5 000～5 490 元 …………………………………… 11

5 500～5 999 元 …………………………………… 12

6 000 元以上 ……………………………………… 13

（5）假设法

假设法是在询问被调查者的观点之前，先用某一假设的条件作为问句的前提，然后再询问被调查者的看法。

例："您的业余时间主要如何安排？"

这个询问很多被调查者会往"好"的方面说，不愿如实回答，因此可这样提问："您周围的朋友业余时间主要干什么？"

5.态度测量表的使用技巧

在市场调研中，经常要取得被调查者的态度、意见、感觉等心理活动方面的信息，如消费者对某企业促销活动的反应、对某个品牌的喜欢程度等，对于这类信息往往要借助各种数量方法加以判别和测定，即态度测量表法。

（1）测量尺度

①名义尺度

名义尺度是最简单的测量尺度，是为区别事物而指定不同数字，在大多数情况下，这些数字是作为符号来区别事物的，具有分类作用，而不具备数学性质。例如：在市场调研中，表示被调查者的不同性别，可用1代表男性，2代表女性。

②顺序尺度

顺序尺度具有分类作用的同时，还能表示各类别之间不同程度的排列关系。例如：

"您认为×××牌电视机价格如何?"（　　　）

A.非常昂贵　　　B.贵　　　C.一般　　　D.不太贵　　　E.很便宜

顺序尺度所用的数字仅表示事物某些特征的顺序，并不表示量的绝对大小。

③间距尺度

间距尺度不仅能表示分类和顺序关系，还可确定顺序位置之间的距离。为了便于度量和计算，间距尺度一般都设计为等距关系，但没有绝对零点。例如：温度计的温度数值，它不仅可以比较温度的高低，而且还可表示60℃~40℃的温差与30℃~10℃的温差是相等的。但不能说60℃为30℃的两倍。用1分、2分、3分、4分、5分分别表示消费者对×××牌电视机价格的认可度，那么，1与2、2与3、3与4、4与5之间的距离是相等的，但不能说4分是2分的两倍。

间距尺度可以进行加减计算，但不能进行乘除计算。常用的统计方法有平均数法、标准差法、方差分析法、回归分析法等。

④比率尺度

比率尺度除具有间距尺度的所有功能外，又有绝对零点，可以进行加减乘除计算，主要用于事物特征之间的相对比较，较常用于身高、体重、收入等的测量。但这种尺度对被调查者态度等进行的测量有一定的难度。例如：我们可以说家庭月收入4 000元的是家庭月收入2 000元的两倍，但如果消费者对两种品牌电视机的价格认可度打分分别是4分和2分时，只能说明消费者对两种品牌电视机的价格认可度有差别，并不能表示对第一种电视机的价格认可度是第二种的两倍。

以上四种测量尺度所表达的信息内容逐渐增加，其测量值的数量化程度也依次加深。但也应注意到，间距尺度及比率尺度在计量人们态度时也有一定的限度。因此，调研人员在问卷设计过程中，应正确把握各种尺度的含义，根据调研的目的和采用的分析方法来确定测量尺度，从而确保信息资料的正确性，减少误差。数据的四种计量尺度及其适用统计方法的比较见表2-5。

表2-5　　　　　　　　　　　**数据的四种计量尺度及其适用统计方法的比较**

尺度	基本性质	市场调查案例	适用的统计方法	
			描述统计方法	推论统计方法
名义尺度	表明对象或其类别的数字	性别、品牌、商店	比例、众数	χ^2检验、二项式检验
顺序尺度	表示对象的相对位置，但不能表示差异大小的数字	偏好排序，在市场中的位次，社会层次	比例、众数、中位数	顺序相关系数、Friedman ANOVA
间距尺度	可以比较对象间的差异，但不存在绝对零点	态度、意见	中位数、全距、均值、标准差	相关系数、t检验、ANOVA、回归分析、因子分析
比率尺度	存在绝对零点，可以计算对象间的比率	年龄、收入、成本、销售量	全距、均值、标准差、几何均值、调和均值	相关系数、t检验、ANOVA、回归分析、因子分析、变异系数

（2）市场调研中常用的几种量表

①评比量表

评比量表是市场调研中最常用的一种顺序量表。评比量表由刻度和两端组成，两端为极端性答案，中间刻度表示态度程度的渐变顺序，可以分为若干等级，少则3个，多则5个、7个或7个以上。例如：

量表A

量表B

在使用评比量表时，应注意中间刻度的划分不宜过细，否则会使被调查者难以作答。

②语义差异量表

语义差异量表首先是确定要进行测定的事物，如企业形象、品牌形象等，然后将对该事物加以描述的形容词列于量表的两端，在两个反义词之间划分为若干等级（一般为7个），每一等级的分数分别为1、2、3、4、5、6、7或+3、+2、+1、0、-1、-2、-3。最后，被调查者在每一量表上选择一个答案，由调研人员将答案汇总，从而判断被调查者的意见或态度。表2-6是调查某杂志形象的语义差异量表。

调研人员可以通过下列步骤来判断量表内容的有效性：

A.对所要测量的概念、对象进行仔细和准确的界定

B.收集相关的二手资料，进行焦点小组访谈，尽量列举出可能包括的内容

C.召开专家座谈会，研讨量表中应包括哪些内容

D.对量表进行预先测试，或通过开放式提问来了解可能包括在内的其他内容

表2-6　　　　　　　　　　　　某杂志形象的语义差异量表

	-3	-2	-1	0	+1	+2	+3	
枯燥无味	___	___	___	___	___	___	___	趣味性强
时代性差	___	___	___	___	___	___	___	时代性强
文笔差	___	___	___	___	___	___	___	文笔优美
跟随潮流	___	___	___	___	___	___	___	领导潮流
不受欢迎	___	___	___	___	___	___	___	很受欢迎
可靠性差	___	___	___	___	___	___	___	可靠性强
插图差	___	___	___	___	___	___	___	插图好

③顺位量表

顺位量表是指调研人员向被调查者列出若干不同项目，由被调查者按其偏好程度进行比较，然后按要求的标准排列出先后顺序。在调查消费者的品牌偏好时，可采用这种方法。例如：

请您按喜欢的程度对下列品牌的冰箱进行打分。最喜欢的为6分，最不喜欢的为1分（顺序为1~6）

上菱□　　　　海尔□　　　　澳克玛□

容声□　　　　科隆□　　　　雪花□

顺位量表存在着一些不足：第一，量表中所列出答案的顺序会影响到被调查者的选择顺序；第二，如果在所有的选项中没有包含被调查者的选择项，那么结果就会对被调查者产生误导。

④图解量表

图解量表实际上是语义差异量表的一种变形，即将语义差异转化为图形差别。采用图解量表可以跨越年龄界限（从儿童到老人），适用范围更广，更具吸引力，从而调动被调查者的回答兴趣。例如图2-2所示。

⑤利克特量表

利克特量表是问卷设计中运用十分广泛的一种量表。这种量表是由能够表达对所测量的事物是肯定还是否定态度的一系列陈述所构成的。然后，要求被调查者按照对每一条陈述的肯定或否定的强弱程度进行表态，并折合成分数。最后，将这些分数进行加总，以此测定被调查者的态度。

利克特量表的设计过程可分为以下几个步骤：

第一步：拟定50~100条关于态度对象陈述的语句。其所表达态度的倾向有肯定和否定两个方面，每一条陈述语句的答案相同，均为五个（或七个）等级，如：

A.非常同意　　B.同意　　C.未定　　D.不同意　　E.非常不同意

第二步：把所有陈述语句分为两类，肯定态度的语句和否定态度的语句。记分方式是：表示肯定态度的五个等级的分数依次为5、4、3、2、1分；否定态度的五个等级的分数依次为1、2、3、4、5分。如果被调查者的态度是肯定的，他就可以在"非常同意"或"同意"中进行选择；如果被调查者的态度是否定的，他就应在"不同意"或"非常不同意"中选择；如果既不赞成也不反对，则选择"未定"。

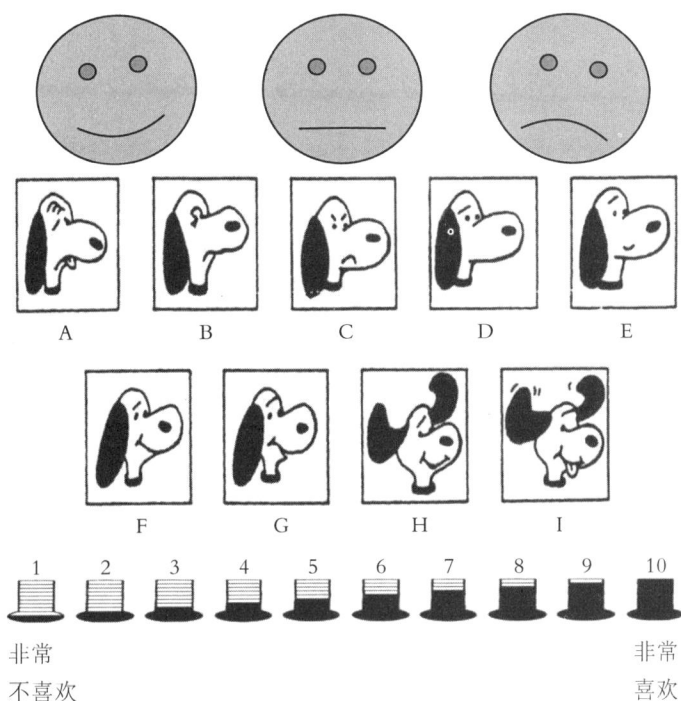

图2-2 简单的图解量表例图

第三步：选定若干被调查者，要求他们针对态度对象，根据自己的看法，就所列出的每一陈述语句进行评分。这样就可以获得选择陈述语句制定量表的数据资料。

第四步：陈述语句的选择决定。可采用平均值差数法来进行。

平均值差数法是先将被调查者对每一条陈述语句所做的答案换成分数，然后将所有被调查者按其总分大小由高到低顺序排列，截取最高分数端的25％为高分组，最低分数端的25％为低分组。求出这两个组中每一语句的平均值，计算高分、低分组的平均值的差额，即辨别力分，作为语句筛选的标准。差值大者，说明该语句的辨别力强，则入选；差值小者，说明该语句的辨别力差，则剔除。所有入选语句即可组成量表，可用于正式的调查。

表2-7是经过陈述语句筛选后形成的关于顾客对某商场服务质量态度测评的利克特量表。

表2-7　　　　　　　　　　　　　　　某商场服务质量态度量表

问题陈述	评分标准				
	非常同意	同意	未定	不同意	非常不同意
该商场服务员专业知识较精通	5	4	3	2	1
该商场商品类别较齐全	5	4	3	2	1
该商场货架摆放较合理	5	4	3	2	1
该商场计算机收银系统偶尔有故障	1	2	3	4	5
该商场服务员耐心解答顾客的问题	5	4	3	2	1
该商场售后服务较好	5	4	3	2	1
该商场保安人员形象有些凶	1	2	3	4	5

做一做

一份关于顾客对麦当劳公司形象的调研问卷量表

这是一份为麦当劳公司设计的量表（见表2-8），目的是测量年龄在15~30岁，每月至少吃一次快餐的年轻人对公司的印象。你如何看待这份量表？

表2-8 一份为麦当劳公司设计的量表

	1	2	3	4	5	
环境美观	——	——	——	——	——	环境差
现代化的建筑	——	——	——	——	——	老式的建筑
标志具有吸引力	——	——	——	——	——	标志没有吸引力
停车场清洁	——	——	——	——	——	停车场脏乱

任务：

1.请分析该调研量表是否有效？为什么？

2.请为该公司重新设计一份关于顾客对麦当劳公司形象的调研量表。

拓展空间

一份问卷的编排从整体上看，大约可分为五个部分：

第一部分：过滤性问题，主要是为了识别被调查者身份。

第二部分：预热性问题，是最初少数几个问题，这些问题往往易于回答，以便取得被调查者的配合。

第三部分：过渡性问题，这部分问题是被调查者稍想一下就可回答的，问卷前1/3的题目多属于此类问题。

第四部分：复杂性、困难性问题，则需被调查者思考后再进行作答，如开放式问题。问卷中间1/3的题目多属于此类问题。

第五部分：有关被调查者基本情况的问题，如性别、年龄、受教育程度等，这些问题可放在问卷的最后部分。

此外，问卷的排版宗旨就是要使问卷方便答题、记录，尤其是让被调查者自己填写的问卷，更要充分考虑到各种可能，最好能把问卷分成若干部分，并分别标上编号，如：A甄别部分、B品牌认知、C消费行为、D媒体习惯、E背景材料等。

另外，在进行全球性市场调研时，量表的使用应注意在各国、各地区间的差异。花旗集团的前总裁萨布拉·布罗克（Sabra Brock）指出，在亚洲进行市场调研时需要认真对待量表的设计及其他问题。首先，亚洲各国对调研的态度不同，大多数亚洲人在被访问时的反应与美国人不同，他们通常对那些常用于问卷中的抽象性和理论性的词缺乏耐心，尤其是在文化水平低的地区。其次，亚洲人对量表的解释也不同。如日本人不喜欢否认，因此，在日本的调研中经常出现比西方文化中更多的"肯定和正面回答的偏差"。

效果评价

本任务的效果评价参考表见表2-9。

表2-9　　　　　　　　　　公共关系调研问卷设计评价参考表

环节	评分标准	分值（分）
设计公共关系调研问卷	根据调研主题要求，编制完整的调研问卷	50
确保调研问卷的有效性和准确性	利用本章所学知识和技巧，根据调研主题要求，正确运用各种量表，在问卷结构、问题类型、提问用语、问题排列顺序等方面比较合理	50

任务三　实施调研与撰写调研报告

【任务目标】

知识目标

学完本单元，你应该能够：

1.了解公共关系调研问卷的发放与管理

2.熟悉公共关系调研资料的收集和分析方法

3.掌握公共关系调研报告的撰写和注意事项

能力目标

1.具备适当的信息收集、分析、处理的能力；

2.能够根据组织或组织要求，运用相关方法和技巧，撰写实际的公共关系调研报告。

素养目标

1.理解公共关系调研报告的原则和要求；

2.培养公共关系思维。

【任务导入】

××市居民家庭饮食消费状况调查报告

为了深入了解本市居民家庭在酒类市场及餐饮类市场的消费情况，特进行此次调查。调查由本市某大学承担，调查时间是某年7月至8月，调查方式为问卷式访问调查，本次调查选取的样本总数是2 000户。各项调查工作结束后，该大学将调查内容予以总结，其调查报告如下：

一、调查对象的基本情况

（一）样品类属情况

在有效样本户中，工人320户，占总数比例19.6%；农民130户，占总数比例8.0%；教师200户，占总数比例12.3%；机关干部190户，占总数比例11.7%；个体户

220户，占总数比例13.5%；经理150户，占总数比例9.2%；科研人员50户，占总数比例3.1%；待业户90户，占总数比例5.5%；医生20户，占总数比例1.2%；其他260户，占总数比例16.0%。

（二）家庭收入情况

本次调查结果显示，从本市总的消费水平来看，相当一部分居民还达不到小康水平，大部分的人均收入在1 000元左右，样本中只有约2.3%的消费者收入在2 000元以上。因此，可以初步得出结论，本市总的消费水平较低，商家在定价的时候要特别慎重。

二、专门调查部分

（一）酒类产品的消费情况

1.白酒比红酒消费量大。分析其原因：一是白酒除了顾客自己消费以外，用于送礼的较多，而红酒主要用于自己消费；二是商家做广告也多数是白酒广告，红酒的广告很少。这直接导致白酒的市场大于红酒的市场。

2.白酒消费多元化。

（1）从买白酒的用途来看，约52.84%的消费者用来自己消费，约27.84%的消费者用来送礼，其余的是随机性很大的消费者。

买酒用于自己消费的消费者，其价格大部分在20元以下，其中10元以下的约占26.7%，10元～20元的占22.73%，从品牌上说，稻花香、洋河、汤沟酒相对看好，尤其是汤沟酒，约占18.75%，这也许跟消费者的地方情结有关。从红酒的消费情况来看，大部分价格也都集中在10元～20元，其中，10元以下的占10.23%，价格档次越高，购买力相对越低。从品牌上说，以花果山、张裕、山楂酒为主。

送礼者所购买的白酒的价格大部分选择在80元～150元（约28.4%），约有15.34%的消费者选择150元以上。这样，生产厂商的定价和包装策略就有了依据，定价要合理，又要有好的包装，才能增大销售量。从品牌的选择来看，约有21.59%的消费者选择五粮液，10.795%的消费者选择茅台，另外对红酒的调查显示，约有10.2%的消费者选择40元～80元的价位，选择80元以上的约5.11%。总之，从以上的消费情况来看，消费者的消费水平基本上决定了酒类市场的规模。

（2）购买因素比较鲜明，调查资料显示，消费者关注的因素依次为价格、品牌、质量、包装、广告、酒精度，这样就可以得出结论，生产厂商的合理定价是十分重要的，创名牌、求质量、巧包装、做好广告也很重要。

（3）顾客忠诚度调查表明，经常换品牌的消费者占样本总数的32.95%，偶尔换的占43.75%，对新品牌的酒持喜欢态度的占样本总数的32.39%，持无所谓态度的占52.27%，明确表示不喜欢的占3.4%。可以看出，一旦某个品牌在消费者心目中形成印象，是很难改变的。因此，厂商应在树立企业形象、争创名牌上狠下功夫，这对企业的发展十分重要。

（4）动因分析。主要在于消费者自己的选择，其次是广告宣传，然后是亲友介绍，最后才是营业员推荐。不难发现，怎样吸引消费者的注意力，对于企业来说是关键，怎样做好广告宣传，消费者的口碑如何建立，将直接影响酒类市场的规模。而对于商家来说，营业员的素质也应重视，因为其对酒类产品的销售有着一定的影响作用。

（二）饮食类产品的消费情况

本次调查主要针对一些饮食消费场所和消费者比较喜欢的饮食进行，调查表明，消费有以下几个重要特点：

1.消费者认为最好的酒店不是最佳选择，而最常去的酒店往往又不是最好的酒店，消费者最常去的酒店大部分是中档的，这与本市居民的消费水平是相适应的，现将几个主要酒店比较如下：

泰福大酒店是大家最看好的，约有31.82%的消费者选择它，其次是望海楼和明珠大酒店，都是10.23%，然后是锦花宾馆。调查中我们发现，云天宾馆虽然说是比较好的，但由于这个宾馆的特殊性，只有举办大型会议时使用，或者是贵宾、政府政要才可以进入，所以调查中作为普通消费者的调查对象很少会选择云天宾馆。

2.消费者大多选择在自己工作或住所周围的酒店，有一定的区域性。虽然在酒店的选择上有很大的随机性，但也并非绝对如此，例如，长城酒楼、淮扬酒楼，也有一定的远距离消费者惠顾。

3.消费者追求时尚消费，如对手抓龙虾、糖醋排骨、糖醋里脊、宫保鸡丁的消费比较多，特别是手抓龙虾，在调查样本总数中约占26.14%，以绝对优势占领餐饮类市场。

4.近年来，海鲜与火锅成为市民饮食市场的两个亮点，市场潜力很大，目前的消费量也很大。调查显示，表示喜欢海鲜的占样本总数的60.8%，喜欢火锅的约占51.14%，在对季节的调查中，喜欢在夏季吃火锅的约有81.83%，喜欢在冬天吃火锅的约36.93%，火锅不但在冬季有很大的市场，在夏季也有较大的市场潜力。目前，本市的火锅店和海鲜馆遍布街头，形成居民消费的一大景观和特色。

三、结论和建议

（一）结论

1.本市的居民消费水平还不算太高，属于中等消费水平，平均收入在1 000元左右，相当一部分居民还没有达到小康水平。

2.居民在酒类产品消费上主要是用于自己消费，并且以白酒居多，红酒的消费比较少，用于个人消费的酒品，无论是白酒还是红酒，其品牌都以家乡酒为主。

3.消费者在买酒时多注重酒的价格、质量、包装和宣传，也有相当一部分消费者持无所谓的态度。对新牌子的酒认知度较高。

4.对酒店的消费，主要集中在中档消费水平上，火锅和海鲜的消费潜力较大，并且已经有相当大的消费市场。

（二）建议

1.商家在组织货品时要根据市场的变化制定相应的营销策略。

2.对消费者较多选择本地酒的情况，政府和商家应采取积极措施引导消费者的消费，实现城市消费的良性循环。

3.由于海鲜和火锅消费的增长，导致城市化管理的混乱，政府应加强管理力度，对市场进行科学引导，促进城市文明建设。

讨论并回答：

1.该调研报告包含了哪些内容？

2.你认为怎样才能写好一份公共关系调研报告？

学一学

一、调研问卷发放的现场管理

在公关调研中，调研设计人员与现场数据收集人员归属两个不同的工作团队，一般地，设计调研的人自己不亲自收集市场调研数据。收集数据的途径主要有两种：组织自己的现场工作组或委托专门的提供现场工作的机构。无论哪一种途径，收集数据都要利用一些现场人员。这些现场人员可以在现场（住户家中、某实施中心区域拦截的地点、计算机辅助个人访问和观测现场等）工作，也可以在办公室（电话和邮送调研）工作。现场工作质量的评估以数据收集工作的有效性和控制能力加以度量。图2-3概括了数据收集现场管理的基本框架。

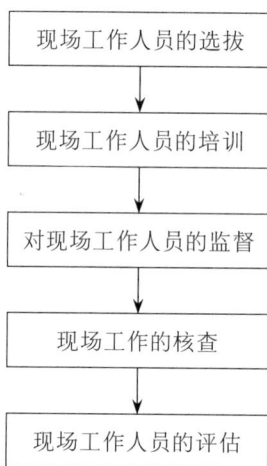

图 2-3　数据收集现场工作框架

这里的"现场工作人员"，包括直接对调查对象进行调查的访问人员，还包括其他所有为保证调研质量而间接参与的人员，主要有抽样人员、督导人员、复核人员等，现场工作人员主要职责如表2-10所示。

表2-10　　　　　　　　　　　现场工作人员的主要职责

人员类别	主要职责
访问人员	采集资料，对指定的受调查者进行调查访问，获取原始资料
抽样人员	按照规定的抽样计划抽取样本并绘制地图
督导人员	负责现场监督调研过程是否规范及访问员的选拔、培训和工作指导
复核人员	通过电话等方式核查访问人员完成的问卷

二、调查资料的搜集和分析

（一）调查资料的收集

在公关调研中，调研资料通常要通过一定的手段、方法来获取，根据资料的性质，可分为原始资料的收集方法和二手资料的收集方法两大类。所谓二手资料是指在某处已经存在并已经按某种目的编辑起来的资料；原始资料也称第一手资料，是指调研者为了某种特定的目的而通过专门调研获得的资料。不同的方法其特点、适用条件、费用以及所得的资料也不尽相同，在调研中要注意恰当地选择调研方法来获取所需的资料。关于资料收集方法详见任务二中"公共关系调查的方法"，这里不再讨论。

（二）调查资料的整理分析

整理分析调查资料是一项重要工作，能否正确严格地对调查资料进行审核、归类、汇总，并对调查结果所提供的信息和数据给以客观、恰当的分析，最终得出比较准确的结论，是决定整个调查过程成败的关键，是撰写一份高质量的公关调查报告的基础。整理分析调查资料可以分为如下步骤：

1.对调查资料进行审核

对调查资料的审核是资料整理加工的前期工作。在完成资料收集工作以后，首先需要认真地对资料进行审核，以确保调查资料的完整性和准确性。对调查资料的审核，就是指对原始资料进行仔细探究和详尽考察，以看其是否真实可靠和符合要求。其目的主要是消除原始资料中的不真实、不可靠、不合理等现象，以保证资料的有效、完整、合格，从而为进一步整理分析打下基础。某一问卷在出生年月日栏填写1978年生，而填答问卷时间是2005年，年龄栏又填写30岁，前后数据显然是不符合逻辑的。为此，需要查明是属于调查人员的误填，还是被调查者的错报现象，并予以及时校正。另外，要根据已有的经验和常识进行判断，一旦发现与经验、常识相违，就要再次根据事实进行核实。例如，某份调查问卷中的年龄一栏内填写的是25岁，而婚龄栏内填写的是15年，这显然是不符合常识的。以上只是列举了比较简单的例子，可以凭借经验和常识来判断，当遇到比较复杂的问题时，主观难以做出正确判断，则要借助专业的、权威性的资料来帮助判断。

2.对调查资料进行整理

整理调查资料是进行分析前的基础工作，整理的目的是使资料变得系统化、条理化。整理资料的关键工作在于分类和汇总。分类与汇总是紧密相连的整理过程，将存在差异的资料按不同的标准进行划分，其本身也是将资料汇总的过程，分类的标准多种多样，要根据对象的性质和实际情况来酌定。如调查某地企业生产经营的好坏，就不应只以产值的增长速度为依据，还应以企业的经济效益、社会效益和生态效益为标准。分类的标准可分为性质标准和数量标准两大类。例如，按人的性别、民族、职业、文化程度、地域、企业的所有制形式等划分资料，均属于按性质标准分类；按年龄的大小、产值产量的大小等划分均是反映了数量上的差异。这里只是简单介绍了常用的分类标准，分类资料比较复杂，我们要具体情况具体分析。

（1）直接人工处理

直接人工处理是指调查人员对获取的资料的自行处理。在公共关系调研中，经常会有小型的调查项目，对数据进行人工处理就能满足要求。因此，直接的人工处理方法适用于在统计分析中要求进行简单处理的项目，包括小规模的调查项目和不经常出现的项目等。尽管计算机使用相当普遍，但数据资料的人工处理方法在公关调查中也不能取消。

人工处理有两种操作方式。第一是完全用手记录，在工作表中将各种问题的答案分别登记在适当的分组里。例如：您对DD产品哪些方面是满意的？把访问的结果登记在表2-11中。

表2-11 手工登记的表格示例

您对DD产品哪些方面是满意的？													回答人数
香味宜人	正	正	正	正	正	正	正	正	正	正				50
价格合理	正	正	正	正	正	正	正							40
色彩诱人	正	正	正	正	正	正	正	正	正					50
容易清洁	正	正	正	正	正	正	正							40
手感光滑	正	正	正	正	正	正								35
感觉高贵	正	正	正	正	正	正								35
其他回答	正	正	正	正	正	正	正	正						45
无回答	正	正	正	正	正	正	正							35
访问人数														330

人工处理的第二种方式是分类和计数法。首先把所有的问卷或数据表分成许多类，每一类代表一种答案的类型，然后计算每一类的回答数。这种方法避免了把所有问题的各种答案类型记载在错误的回答类型行列上的风险，并为尽快了解所有问题的各种回答类型提供了方便。

（2）委托专业机构处理

专业机构处理的好处是：第一，专业机构有足够的设备和成熟的数据分析方法，处理速度快；第二，专业机构的人员有丰富的数据处理经验，计算能力强。但是，选择这种方式时所支出的费用是较高的。

（3）利用现有计算机软件

①数据库管理类软件

数据库管理系统（database management system，dbms）是一种操纵和管理数据库的大型软件，用于建立、使用和维护数据库。它对数据库进行统一的管理和控制，以保证数据库的安全性和完整性。

目前有许多数据库产品，如Oracle、Sybase、Informix、Microsoft SQL Server、Microsoft Access、Visual FoxPro等产品各以自己特有的功能，在数据库市场上占有一席之地。下面简要介绍几种常用的数据库管理系统。

A.Oracle

Oracle是一个最早商品化的关系型数据库管理系统，也是应用广泛、功能强大的数据库管理系统。Oracle作为一个通用的数据库管理系统，不仅具有完整的数据管理功能，还是一个分布式数据库系统，支持各种分布式功能，特别是支持Internet应用。作为一个应用开发环境，Oracle提供了一套界面友好、功能齐全的数据库开发工具。

B.Microsoft SQL Server

Microsoft SQL Server是一种典型的关系型数据库管理系统，可以在许多操作系统上运行，它使用Transact-SQL语言完成数据操作。由于Microsoft SQL Server是开放式的系统，其他系统可以与它进行完好的交互操作。

C.Microsoft Access

作为Microsoft Office组件之一的Microsoft Access是在Windows环境下非常流行的桌面型数据库管理系统。使用Microsoft Access无须编写任何代码，只需通过直观的可视化操作就可以完成大部分数据管理任务。在Microsoft Access数据库中，包括许多组成数据库的基本要素。这些要素是存储信息的表、显示人机交互界面的窗体、有效检索数据的查询、信息输出载体的报表、提高应用效率的宏、功能强大的模块工具等。它不仅可以通过ODBC与其他数据库相连，实现数据交换和共享，还可以与Word、Excel等办公软件进行数据交换和共享，并且通过对象链接与嵌入技术在数据库中嵌入和链接声音、图像等多媒体数据。

②制表类软件

如LOTUS、Excel等。这类软件具有直观、快捷的数据表格的处理功能，易学易用。在大规模调查中，可采用这类软件作为数据录入处理工具。

③统计分析类软件

如SPSS、SAS、SPLUS、STATA等。这类软件具有较强的统计分析功能。

SPSS是软件英文名称的首字母缩写，原意为Statistical Package for the Social Sciences，即"社会科学统计软件包"。它是世界上最早的统计分析软件，由美国斯坦福大学的三位研究生于20世纪60年代末研制，同时成立了SPSS公司，并于1975年在芝加哥组建了SPSS总部。1984年SPSS总部首先推出了世界上第一个统计分析软件微机版本SPSS/PC+，开创了SPSS微机系列产品的开发方向，极大地扩充了它的应用范围，并使其能很快地应用于自然科学、技术科学、社会科学的各个领域，世界上许多有影响的报纸、杂志纷纷就SPSS的自动统计绘图、数据的深入分析、使用方便、功能齐全等方面给予了高度的评价与称赞。全球约有25万家产品用户，它们分布于通信、医疗、银行、证券、保险、制造、商业、市场研究、科研教育等多个领域和行业，是世界上应用最广泛的专业统计软件。在国际学术界有条不成文的规定，即在国际学术交流中，凡是用SPSS软件完成的计算和统计分析，可以不必说明算法，由此可见其影响之大和信誉之高。

但是随着SPSS产品服务领域的扩大和服务深度的增加，SPSS公司已于2000年正式将英文全称更改为Statistical Product and Service Solutions，意为"统计产品与服务解决方案"，标志着SPSS的战略方向正在做出重大调整。

3.对调查资料进行分析

公共关系调查的分析研究是指对调查所得资料、数据的研究，它通过对资料的分析研究，把握事物发展的规模、程度，以及隐藏在大量资料背后的事物现象之间的本质联系、事物性质和发展趋势等一些实质性的关键问题。因此，从某种意义上说，没有公共关系调查的分析、研究，就没有公共关系调查的意义可言。

公共关系调查的分析研究需从两方面入手，即定量分析与定性分析。这两方面的分析相互联系、互为条件、互相补充，两者的综合进行使公共关系调查的分析更全面、更完善、更科学。

定量分析的提法始于化学。在化学研究领域，定量分析的功能是测定物质中各成分的含量，而定性分析则是鉴别物质中含有哪些元素、离子等。随着社会发展、科技进步，定量分析与定性分析的应用范围越来越广泛，它们的含义也不再局限于从化学角度进行解释，而是具有了更广泛的意义。就目前而言，定量分析是指对事物的存在和发展的规模、范围、事物之间的数量关系等方面的分析。定性分析则是指关于事构性质、构成、发展方向、事物之间的本质联系等方面的分析。具体把这两种分析方法运用到公共关系调查领域当中，它们各自的含义又与上述有差别。

分析调查资料是撰写调查报告前的最后一步工作，虽然有了资料的分类汇总作基础，我们还要开动脑筋，在材料中提炼出观点，要善于发现问题，并能概括出特点。

三、撰写调研报告

公共关系调查作为一种实践活动，其成果要体现出来，并在一段时间里直接影响公共关系活动，必须借助于一定的文字载体或表现形式，这就是公共关系调查报告。公共关系调查报告是指在公共关系活动中，公共关系调查者根据对某个公共关系组织的问题或事件进行调查所获得的结果而形成的文字性（包括数据）的报告。

撰写公共关系调查报告是每一个公共关系调查者应有的职能之一。为此，公共关系调查者要充分了解公共关系调查报告的内容、特点和作用，并且要对公共关系调查报告的基本结构和各种类型有所把握，培养和训练自己符合要求的公共关系调查报告的撰写能力，从而实现这一调查结果的特殊载体的特定作用。

因调查的情况不同，调查报告也有内容、类型、具体作用上的区分。但公共关系调查报告的特点集中表现为：它的最本质的特征是以真实、典型、及时的报告提交公共关系组织决策工作、改进工作、推动工作。

（一）公共关系调查报告的含义及分类

1.公共关系调查报告的含义

公共关系调查的内容在一定程度上规定了其调查报告的内容。具体地说，公共关系调查在根据组织确定的问题提出问题并着手调查，于是它把组织的问题作为调查的内容，往往是"为什么""是什么"的问题。而公共关系调查报告除了以确认这些问题为主题，还确证这些问题，提出论点，并寻找论据论证，推导出结论。所以，它实际上是以"为什么""是什么"为主题，然后以这些问题的答案作为内容。更进一步说，公共关系调查报告就是对调查所得的情况及对这些情况的简要分析、研究、总结所形成的文字记录。

2.公共关系调查报告的类型

公共关系调查报告的内容大体上划分为一般状况和特殊情形两大块，其内容是千差万别、包罗万象的，因而多样的内容决定了公共关系调查报告可以划分为很多类型。

（1）关于公共关系一般状况的调查报告

这是一种反映情况的调查报告。它着重反映和揭示其一地区、某一阶段社会组织的各个方面进行公共关系活动的基本情况，包括公共关系活动的潜在状况、现在状况和未来状况，主要由有关需要倾向和心理定式的文字概括和描述表现出来。这类报告帮助公共关系组织确认自己的存在，并为自己所制定的系列决策提供依据。它涉及的范围广、内容多、情况错综复杂，常常采用多种多样的调查来综合完成。

如美国通用电话电子公司曾就自己公司的决策和工作的需要，对公众舆论作过一次大规模调查，给总公司及各子公司经理人员提交了《政策和实践——公众舆论调查》的报告，便属此类。

（2）对公共关系活动的史料追溯和遗迹追踪的调查报告

这是一类分析比较的调查报告，它以反映情况为基础。它在公共关系调查中占据的数量很少，有时甚至包含在第一类报告中，而不单独成为一类调查报告。但这类报告的内容或类似于这类报告的材料常在公共关系调查报告中出现。如国内现有的《公共关系》杂志（西安）中有一栏目——"历史、趣闻、轶事"，常有许多类似的文章。1990年第6期题为《历史上第一个政府公共关系机构——美国宣传委员会》，从某种角度看，它可以算作一篇近似的历史考察性的调查报告。

（3）研究公共关系活动中的典型事例的调查报告

这可称为总结经验教训的报告，它无疑包括以成功的事例和失败的事故为主的两类调查。它们都是对事件的来龙去脉进行周密调查、详尽分析，得出如何总结经验、吸取教训的启示性意见，以在今后的公共关系实践中加速或减缓积极和消极的行为倾向和作用，以点带面，从个别到一般，探索公共关系活动的内在规律。这一调查报告实际上是专题报告，选择的点比较小，但有代表性和深刻性，如公共关系实务中的案例分析报告大多属于此。国内正式出版的《实用公共关系88例》一书中对公关事例的分析和评注，就是这一类公共关系调查报告的主要内容和基本写法。

（4）公共关系流程的各层面的解剖分析报告

这是专业性比较强、文学要求比较规范、具有一定研究性质的严格的专题调查报告。它大多由专业技术人员撰写，是在研究理论问题的同时，把这些理论化解为公共关系流程中的具体的层面和过程，通过对这些具体情况的调查、分析和研究所得出的结论，再去比照相对抽象的理论本身，以要求理论和实践的严密衔接，力求在理论上突破，使理论更具超前性和指导性。《公共关系学导论》一书的作者居延安在他的书中曾谈道：当公共关系在上海刚刚兴起、人们对公共关系还不了解之时，他们就曾进行"探索成立公共关系协会、开展公共关系工作的可能性"的调查研究。那么，如果以这个内容为主题写成调查报告，就显然是这一类调查报告了。此外，按公共关系调查的范围是否普遍来分，相应的公共关系调查报告可分为：综合调查报告和专题调查报告。

具体地说，围绕组织的某一个问题，进行多方面的普遍调查，主要是对普遍公众的调查，然后把调查材料经分析、综合整理而成后，调查者提出自己的观点和意见，由此写成的报告就称为公共关系综合调查报告。典型例子是民意调查报告。

就组织的一个问题，对个别调查对象或事件进行调查，然后分析、研究调查材料，并提出自己的观点，由此写成的报告就称为公共关系专题调查报告。

（二）公共关系调查报告的特点和作用

1.公共关系调查报告的特点

公共关系调查报告具有一般调查报告的基本特征，这些基本特征也是公共关系调查报告的写作原则。不过在不同公共关系调查报告中，这些特征的重要性和明显性的程度有所变化和侧重，主要集中在五个方面：

（1）科学性

科学性具有真实性和真理性的双重含义。公共关系调查报告用大量的真实事实作说明，但这些事实除了公共关系主要涉及的公众反应外，更多地集中在公共关系的整个过程，这样这些小的事实才更具有真理性。写作时，调查者在不加任何主观意识渲染的同时，确保言之有物，并重视一个完整的案例过程，这往往是很重要的。

（2）对策性

公共关系调查报告的目的明确，内容具体，对策就更有效。所以，公共关系调查报告应该比较多地围绕组织力图解决的中心问题，集中信息、处理信息、反馈信息，使有结论性的观点能够更加有的放矢，也就使对策的指导性更强。这是公共关系调查报告的对策性的基本要求。

（3）规范性

公共关系活动是现代社会的一项特殊实践，公共关系调查报告的质量要求相对来说也就更高，鉴于它用于改进和完善决策的特殊功能所具有的代表性、集中性和规律性的特征，这一报告也应该有启发新思路的更高价值。现代化要求以规范化为前提，这主要由调查报告的文风来体现。尽管公共关系调查报告在文体格式上有一定的灵活性，但一些基本的结构和习惯用词则是既定的，不宜省略，如报告结尾的"鸣谢""谦辞"一般不作省略要求，这在某种意义上还是特殊的公关手段。另外，行文要得体；用词、排句、段落、篇章乃至字数，都应力求严格、准确，文风则须朴实、严谨、清澈。

（4）完整性

公共关系调查报告包括标题、正文、署名三大部分。一般来说，一文一问题一目的一结论（如以建议、意见形式出现的结论，从表现形式看似乎不止一个，但作为由作者得出来的观点，也可以看作是一个综合的结论缺一不可，一环紧扣一环，一层推论一层）。另外。公共关系调查报告在篇章上可以有一些技术性处理，如增设附件。一般民意调查报告就常附有调查表，以使调查项目更让人一目了然，更具体形象，也更有利于读者对调查全貌作总体性把握。

（5）时效性

公共关系调查报告无论用于反映客观还是监测实践，它都有一个或宣传、推广或避免、中止的问题，这就有了其适用的时效性要求。时效性的两个要求为：

第一，公共关系调查报告的应用价值局限于一定的时间限度内，这个限度由调查内容的时限、与调查对象的关系，以及客观环境来决定。

第二，对公共关系调查报告的处理，要求能够及时研究，及时提供给相应的决策者，及时处理和转换为公共关系活动中的有效行为，或强化、推广，或减缓、改进。

2.公共关系调查报告的作用

公共关系调查报告通过对那些受到组织的行为和政策影响的人的观点、态度和反应的了解，确定组织的存在与否和发展可能性的大小，提出扬长避短、改进和解决问题的具体的意见和方式。而决策者通过对调查报告所述情况与观点的认知和认同，把调查报告的内容化作自己的思想，付诸实践，见效于实践，由此，公共关系调查报告的作用就完整地体现了出来。当然，公共关系调查报告的作用也可以就某问题、在某个侧重点上具体体现出来。它可以归结为以下六个方面：

第一，宣传和介绍公共关系的有关理论与实践，使更多的人了解公共关系，接近公共关系，从而扩大公共关系的影响。

第二，披露事实真相，为公共关系组织实施公共关系活动提供事实依据。

第三，树立典型，推广经验，揭示公共关系内在的客观规律，推动公关关系理论与实践的发展。

第四，揭示问题，预测新情况，为决策者将来解决新矛盾、新课题打好基础。

第五，提供有关公共关系研究的专业材料。

第六，探索公共关系活动的普遍性规律，为公共关系发展创造富有生命力的条件，如传播效应下的公众公共关系心理氛围的形成和增强。

无疑，这些具体的作用是在对公共关系调查报告所起的总体作用加以抽象分解而列举的。事实上，用一个具体的公共关系调查报告来衡量，这些作用常常是交织在一起而共同体现出来的，不同的调查报告可以体现相同的作用，也可以各自体现其他不同的作用，这些问题要作具体分析。一般来说，这些具体作用中有更具普遍性的，也有更具个性特征的，这跟调查报告的具体内容的典型性程度有关系，这些作用实际上也在一定程度上标志着这一类公共关系调查报告的特色。

（三）公共关系调查报告的文体格式

公共关系调查报告是公共关系实务中文书的一种，是一般的调查报告的特殊的表现形式，所以，它是一种相对独立的文体。这种相对独立性在于：首先，它是一种记叙文体；其次，它有调查报告所特定的行文格式要求；最后，它是公共关系活动的文字记录。也就是说，它既有调查报告的一般要求，也有公共关系调查报告的特色。

对于每一个公共关系调查报告的撰写者来说，他可以充分发挥主观能动性，使笔下的报告能更见新意、更具深刻性。但是，只要他是撰写公共关系调查报告，他就必须遵循和符合业已形成并相对固定的结构形式的要求，否则，写成的报告就不能称其为公共关系调查报告。

公共关系调查报告的文体格式基本包括以下部分：

1.标题

（1）什么是标题

标题是调查报告的眼睛，可以高度概括公共关系调查报告的内容，或点明主题，或开宗明义。总体上要求醒目、精练、新颖，能够一语破的、揭示全文，使每一位读者既有读前的强烈欲望，也有读后的深刻印象。

（2）标题的分类

公共关系调查报告的标题分为公文式和新闻报道式两种。公文式的标题一般用于公共关系日常应用文和总结性文书中，也同样用于特定的公共关系调查报告中。它要求文字比较严谨和固定，注重规范性和正式性，如《华东师范大学华夏公共关系沙龙的现状和未来的调查报告》，这一题目在题内就点明是调查报告，这类报告往往送交上级领导部门研究裁决，跟决策实践联系非常直接、密切，因而比较郑重其事，很少加入感情色彩或其他的主观因素。

新闻报道式的标题就比较灵活了，如《××酒家是如何接待×××的?》《帮助组织改革、克服环境阻力——××单位的一次公共关系活动调查》等等。实际上这又可分为两种，即单标题式和双标题式。前一个例子是单标题式的。它往往可以借助于简短的文字揭示公共关系调查报告的全部内容，读者由题目既可以了解调查报告的类型，又可以了解调查报告的基本内容，甚至还可以报测调查的目的、结果等方面。后一个例子是双标题式的。它由正、副标题组成。一般来说，正标题是调查的主题、结论；副标题则大都带有说明性质，用以补充说明调查的单位、对象地点、性质等等，而且一般也点明是调查报告。

2.正文部分

正文部分由导语、正文和结尾三部分组成。

（1）导语

导语又称前言、总述和开头。所谓导语，就是导全文，往往以高度概括性的精练、简短的文字来介绍公共关系调查对象及调查本身，开门见山、点明主题，为读者阅读理解全篇报告打下基础。其写法大致可以归为四类：

第一类，说明调查目的、时间、地点、对象、范围、方式等，并点明报告的基本观点，突出报告内容的重要意义。

第二类，概括介绍对象的基本情况和全文的主要内容，使读者对调查报告的轮廓有个大致的了解。

第三类，对调查初期工作的介绍和总结，使读者对调查项目及过程有一个全面的感性认识。

第四类，采用提问方式开头，提问的内容就是调查的主题内容，是调查报告力图回答的问题和结论，也是读者需要的答案。

（2）正文

①正文的要求

正文是公共关系调查报告的主体和精华。它由确凿材料和典型事例组成，但又非简单的、原封不动的对现实的反映，而是对现实的适当的分类加工，并围绕主题有层次、有步骤地表达出来。因而它讲究层次、条理、段落等环节，有特定的要求。

②正文的写法

根据公共关系调查的形式和所获内容的不同，它有两类写法：

A.通过调查表的统计，根据民意调查情况的分析和综合而写成的公共关系调查报告的正文。公共关系调查报告的正文往往由不同的调查项目及项目下的不同内容构成不同段落。有时候，各项目名称就成为段落的小标题。段落内容就是对这些项目问题的解释和回答，而且，为了使说明更丰富、有力，可以选用典型材料，如"某人对某个问题选某答案，并如是说……"，既是具体、形象、生动的典型材料，它便于读者了解和理解抽象的观点、结论。采用这种写法，可以在对每一段落小结的基础上，再综合归纳各层次问题，既突出中心、画龙点睛，又层层推进、自然收尾。因此，它有层次清晰、观点明确的优点，便于既分析又综合。

B.对那些采用访问、座谈、追踪等方式获得的公共关系调查材料进行回忆、复述、分析、整理而写成公共关系调查报告的正文。它的撰写往往根据事物发展的顺序，以此为线索，或列具体标题陈述问题，或按发展层次解剖过程。它本身叙述较多，典型材料单独使用不多，或者干脆不用，或者把举例掺杂在对事件本身的叙述、分析和评论中。这类报告多为经验教训的分析总结报告，典型事件的追踪调查报告，专业研究中的案例解剖报告，它比较着重于事情的来龙去脉，由浅入深，层层分析，逐题研究，对一个特定问题的剖析轮廓清晰、结构合理。专题调查报告多采用此种形式。

③正文的层次与结论的关系

公共关系调查报告的正文可以有几个层次，多种意见。但作为公共关系调查报告的基本观点（结论），从本质来说，却只能有一个。这可以用就问卷调查而写成的公共关系调查报告的正文为最有代表性的例子来分析。通常问卷反映的情况就是调查者对调查的内容的不同的看法，它们需分层次在调查报告中体现出来，但这些具体的观点是应该服务于一个基本观点的，或者共同说明民意趋向，或者揭露组织的某些问题，或者是意见建议，等等。

（3）结尾

①结尾的作用

结尾的作用可以概括为"渲染全文、启示决策、加深印象、提高认识"十六个字，它是公共关系调查报告水到渠成的归宿，不可遗漏和缺少。

②结尾的形式

一种是自然结尾，或由总到分，说完了事，或层层递进，高潮收尾。

另一种结尾则用正规的、相对独立的总结性文字来完成结尾，它有这样几种情形：

对调查结果的概括和对调查意义的提炼。例如："总之，这是一次成功的公共关系活动。可以相信，只要我们按照公共关系的客观规律，继续切实有效地运用公关的手段，那么，我们一定能'内求团结，外求进步'，把我们的工作开展得有声有色。"这常常用于典型公共关系事例的调查报告的结尾中，是一种评注式的结尾形式，包括批评式评注。

对决策者提出鼓励和展望。这种结尾是务虚的，有渲染性。例如："无疑，××公司的经历给了我们很有益的启示，只要我们能够扬长避短、取长补短，我们一定可以彻底地走出困境，改变现状，更快地发展起来。我们也希望××公司再接再厉，更上一层楼，在组织公关的成功之路上再先行一步。"

对调查对象表示谢意、歉意、谦辞。这在公文报告中用得比较多。例如："读者的鼓励与鞭策是我们工作的动力源泉。有春种，才有秋收，办出自己的名牌栏目，使之成为读者的良师益友；有呼喊，就有回声，愿《乡镇世界》拥有更多的朋友！""朋友，让我们在《乡镇世界》里拥抱希望吧！"这种结尾感情色彩比较浓，给公共关系调查报告以独特的风格。

总之，结尾的要求不是很严格，但重要的一条是切忌画蛇添足，也要防止虎头蛇尾，力求做到恰如其分。

3.署名

署名的要求是简单明确。署名主要有两种：一种署在标题下；一种署在文后。年、月、日或与单位作者的名字同署，或单独署，但都需署在文后。一般来说，署名单位在文前标题下比较正规，署名个人则可上可下，比较灵活。

4.附件及特殊材料的增设和选用

附件的增设及特殊材料的选用，在这里都是就公共关系综合调查报告而来的。特殊材料实际上就是附件的一种，附件还可以包括公共关系调查的各种量表，组织活动的各种统计报表，调查对象意见书，对公共关系调查者采访与谈话的记录（文字记录、录音、录像）等，内容与形式都很多。这里，涉及技术性处理的问题是特殊材料的选用。

（1）典型材料

这类材料宜精忌滥，一定要有代表性；介绍和叙述过程中要避免简单罗列和报流水账，也忌叙述过多而评点无力。典型材料介绍可以考虑借用调查对象的语言，设计特定的情景，以确保真实可信，保存感性材料原有的特色。

（2）数据材料

它可以使分析、论证更具定量的特点，在定性与定量的结合中，增强科学性和说服力。譬如公共关系活动经费的开支、组织利润的增长率等数字，都是经常被选用的，这类材料以确凿为要，防止浮夸。

（3）比较材料

比较包括前后比、正反比、优劣比、相关比，矛盾相衬往往可使道理透彻、印象深刻。譬如宣传公共关系的妙处，就可以用公共关系活动开展与否的两种情形和效果进行比较，往往一目了然，一览无余。比较的材料重点要有可比性，必须抓住那些具有相互联系又相互矛盾的特殊材料，从而真正地获得比较的效果。

（四）撰写公共关系调查报告的注意事项

公共关系调查报告写作是公共关系调查的继续，它从公共关系调查本身开始做准备，以公共关系调查的结果为前提，以公共关系调查的内容和材料为写作的主要蓝本，然后才是遵循特定的公共关系调查报告的写作要求，按照有关的体例示范，并力求提高自己的认识能力、分析能力和应用写作能力来完成的一种特定的写作。在写作时要注意以下几个方面：

1.准备要充分

公共关系调查报告是公共关系调查的实践记录，公共关系调查报告既要以调查活动所得材料为内容，又要靠具体执笔者把这些内容化作文字。所以，没有具体的公共关系调查就无所谓公共关系调查报告。只有做好公共关系活动的充分的实践记录，即具备调查这一前提，获得各种类别的点面材料和正反材料、文字材料和实践材料，才谈得上写出思想性、科学性、艺术性兼备的公共关系调查报告。

那么，如何开展公共关系调查，作好撰写公共关系调查报告的充分准备呢？

（1）深思熟虑，慎重选择调查对象，周密拟定调查提纲

①选择和确定调查对象

这是一个很重要的问题。因为我们所花的大量精力，所做的很多工作，都是为了从调查对象那里取得大量的资料，对象不当，无异于白费工夫。为此，就要在调查计划全部推行之前先对调查对象作一定的了解、分析和研究，即对调查对象的适宜性、稳定性进行预测和探讨，以尽量减少调查中改换对象或产生差错的情况。

②调查提纲不可少

调查提纲即调查步骤的文字记录。经验告诉我们，即使处理一个不是很大的问题，也总要涉及不止一方面的资料，采用并非完全单一的方式。因而，先行哪一步？如何一步一步进行？配备哪些条件？都需要有个提纲或安排，而且随着调查的深入，这一提纲可能在中途修改、补充。但不管怎样，把调查项目一一罗列，分批、归类逐步解决，这是最起码的要求。

③对调查者的基本要求

为了使已正确选择的调查对象和调查提纲能够圆满落实，就要对调查者提出相应要求，亦即在明确调查目的的前提下，使调查工作紧紧围绕调查的中心展开，不至节外生枝、中途偏差。

所以，首先，调查者要确立并保持正确的立场；其次，调查态度要端正，不先入为主，也不偏听偏信；再次，注意从调查本身去摸清规律，完善调查本身，防止带着经验的框子而囿于其中，难以突破。

（2）认真分析调查研究所得的材料和初步结论

①正确处理调查材料

写调查报告，最忌讳的是对调查材料的处理采取"剜到篮里都是菜"的态度，尤其是公共关系刚刚兴起，许多材料都比较新颖、吸引人，而人们对公共关系材料的认识还缺少经验，就更有可能导致对材料不加分析和筛选，从而变成纯粹的堆砌材料，这样写出来的公共关系调查报告就毫无价值可言了。

只有反复研究并找出有规律性的东西，才能真正揭示事物的本质，这样的调查报告才能对公共关系活动具有普遍的指导意义。

②处理调查材料要注意分析

分析应该与调查并行，而不能完全割裂。因为调查过程是一个不断发现新材料和新问题的过程，同时也是一个对材料进行去粗取精、去伪存真、由此及彼、由表及里的分

析加工过程。按照辩证唯物主义的原理，只有经过这两个过程的处理，而且更注重分析，所得的材料和结论才能更辩证、更科学，也使公共关系调查报告更具说服力。

2.写作要规范

（1）观点和材料要统一

公共关系调查报告要鲜明地突出观点；要有问题、有结论，并对结论要有赞成或否定，即赞成有指导性意义的可供决策者参考的那些经验、观点，如实反映事实并从中鉴别出失败的教训、不足，这样，读者看了公共关系调查报告之后，才能真切地感受到其言之有物，才能既从总体上如实地把握事物的客观的本来面目，又对那些具有本质特征的规律不断省悟，从中受到启示。

为此，作为要服务于观点的材料，就有如下要求：

①真实有内容；

②典型有代表；

③科学有深度。

譬如量表材料就明显地具有这些特征。

（2）严格规范行文顺序、语言风格、结构安排

公共关系调查报告首先必须符合一般调查报告的基本文体格式和语言要求，讲求规范化。

公共关系调查报告是公关实务中的文书，兼有新闻性应用文和总结性文书的一些特征，亦即作为一个既定的调查报告，它可以用来作宣传公众的新闻性应用文，也可以是上呈决策者的总结性文件。所以，根据报告用途的不同，在文采上、语言上及附件中可根据侧重，略有增删、修饰，具有一定的灵活性。

公共关系调查报告应体现公共关系活动的艺术性特征，正如公共关系活动首先是一种艺术技巧，所以公共关系调查报告中应反映这些特色，在语言上要求言简意赅，又不乏生动性、丰富性，特别是一些形象用词，可以在对公关事例描述中灵活使用，使公关状态跃然纸上，生动活泼、使主题更加深刻、寓意深长。

（3）公共关系调查报告的修改和润色应力求真实反馈信息，使调查结果更显精粹

公共关系调查渗透在整个公共关系活动的流程中，时有变迁，时有进步，公共关系调查报告也应纳入调查的全过程，不断充实、更新和完善。因此，在调查结果形成文字前后，都应充实反馈信息，加以修改和润色，从而使公共关系调查报告能更精练。

这种要求包括：文字增减时，力求简短深刻，防止模棱两可，切忌华而不实、软弱无力；结构调整时，力求紧凑恰当，防止结构松散，切忌顺序颠倒、缺乏安排；另外，还要求取材适当，论证有力。这样，最后成文的调查报告才可能比较尽如人意、恰如其分。

总之，调查报告不同于纯理论文字，也不同于一般的工作总结。要注意用调查资料来说明问题，用资料来支撑结论。因此，在撰写调查报告时，要紧扣主题、坚持实事求是，资料的取舍要合理，推理要合乎逻辑，还要在结构、主题、语言上下功夫，要层次清楚，注意逻辑性。

✅ 做一做

以小组为单位，学生自己寻找某个公司作为公关调研对象，制订调研计划，经过观察、询问等方法针对该公司进行调查；根据调查所得的资料，进行分析研究，撰写一份公关调研报告。

1.实践目标

通过本任务，引导学生关注公共关系调查的重要性，要求学生将所学理论知识运用于实践。根据教学要求，搜集有关资料，并借助搜集的资料进行公共关系分析，提高对公共关系调研重要性的认识，更好地掌握公共关系调查的程序和方法。

2.实践步骤

（1）分组讨论交流，每个小组选择一个公司作为调查对象。

（2）讨论制订调查的方案。

（3）搜集调查资料。

（4）整理分析调查资料

（5）撰写公关调研报告

3.实践要求

（1）认真选择调查对象和目标。公关调查目的可分为状态性选题、开发性选题和研究性选题三种。不同的调查对象，需要理解和调查的目的肯定是不同的。所以，必须认真考虑这个问题，以方便下一步骤的进行。

（2）制订详细的调查计划，周全考虑问题。制订调查计划要注意以下两个问题：

①调查计划要考虑调查工作的实际情况，如调查的规模、范围多大才合适，人力、物力、财力是否承受得了，时间上是否来得及、经费估算和工作进度、日程安排是否合适等，都应进行充分的考虑。②调查计划既要全面，又要简单明了。

（3）系统地搜集、整理各种资料。按计划的要求与安排，系统地搜集各种资料（包括数据和被调查者意见）。在此，依次做好资料的检查核实、分类汇编、分析论证等各项工作。

（4）撰写的调查报告要规范。一般来说，一篇调研报告是对调查过程的回顾和调查成果的总结，它包括以下内容：①调查题目、调查委托人、调查主持人、调查日期；②调查的原因和目的；③调查的总体对象；④调查所采用的基本方法；⑤调查的结果及有关数据、各种答案的比例；⑥问卷回收率及抽样误差；⑦分析结果；⑧调查者提出的建议；⑨附件，包括问卷样本、统计数据、背景资料等。

✅ 拓展空间

×××职业篮球俱乐部09-10赛季观众调查报告

一、调查目的

为了树立×××职业篮球俱乐部是一个对球迷负责的俱乐部的良好形象，更好地服务于球迷、服务于文化体育事业，×××职业篮球俱乐部特策划本次问卷调查活动。

通过问卷调查活动，了解俱乐部在球迷心目中的形象及喜爱程度。聚焦更多的人来关注俱乐部，进而扩大球队的知名度及增加市民对球队的喜爱，从而提高人气，树立球队本身的特有的形象，扩大球队本身的美誉度，营造健康向上的球队形象，增强受众的认知度和归属感，并且更进一步了解市民、球迷对俱乐部及球队的需要情况。

更重要的是，对球队以及俱乐部的影响力进行量化评估，对品牌价值进行有效的市场分析及价值评估，进一步分析得出俱乐部中存在的各种问题，并及时解决。及时对策略、活动做出相关改进，争取满足广大球迷的需求，以便于更加长远、扎实地打造团队，为俱乐部节省部分宣传成本及评估成本。

二、调查对象

1.前来俱乐部主场观看比赛的观众。

2.在商业区随机选取的市民。

3.去省或市体育场观看比赛的观众。

注：调查的对象采用随机选取的方法。

三、调查方式

1.方法：重点调查。

2.方式：发放问卷（共2 000份问卷，详见附录）。

四、调查时间

1.2015年3月19—21日。

2.2015年3月26—28日。

五、调查内容

1.市民和观众对职业篮球联赛的关注度。

2.市民和观众对×××职业篮球俱乐部的关注和了解程度。

3.市民和观众对俱乐部和球队的关注方式。

4.市民和观众对俱乐部活动的了解和喜爱程度。

5.市民和观众对俱乐部的期望。

6.关注职业联赛和×××职业篮球俱乐部的市民和观众相关的自身情况。

六、调查结果

本次调查一共发放了2 000张问卷，共收回1 700张。在俱乐部主场发放1 000张，收回950张。在商业区发放500张，收回350张。在其他比赛场地发放500张，收回400张。

通过调查发现根据调查分析得知以下几点：

1.目前观看职业联赛的现场观众，男生有665人，女生有285人，分别占样本总数的70%和30%。男性明显高于女性，这是因为这是一项对抗性强、竞争激烈的运动项目，更容易引起男性激情。

2.到现场观看职业联赛的人群中，18~30岁年龄段的最多，其次是40~55岁年龄段，分别为40%和25%，二者共占样本总数的65%。18~30年龄段的人体力精力充沛，对激烈的对抗性运动情有独钟。40~55年龄段的人有了稳定的生活和充裕的时间来缓解工作的压力和释放自己。因此，这两个年龄阶段的男性人群可以作为职业篮球市场观众和公关宣传的主要开发对象。

3.体验现场比赛气氛、关心支持自己的球队，是观众和球迷来现场观看比赛的主要原因。这充分说明观众到现场观看比赛表现出的情感体验和心理倾向是积极的，此外，喜欢到现场观看篮球比赛、比赛使人感到年轻和刺激这两项原因所占比例也较高。因此，从理论上讲，为职业联赛的观众群体市场定位奠定了基础。如果再提高球队自身的水平，与高水平球员的签约、多做有宣传效果的活动，就更能提高俱乐部的知名度，提升自身的品牌价值。

4.从对俱乐部的了解程度和知晓程度上讲，有30%的观众和市民知道俱乐部的职业球队，但不知道俱乐部的冠名全称；有60%的观众都知道×××职业篮球俱乐部；还有10%的观众不知道有这样一个俱乐部。说明俱乐部还要在自身的形象宣传上做一定的工作，不仅要让观众们知道这是一个职业篮球队，而且要让观众知道×××俱乐部，使俱乐部在市民心中的知晓度有进一步的提升。

5.票价为每张40元、50元、100元。经调查发现，观众在对门票价格的认识方面，47.3%的现场观众认为目前的票价基本合适。只有30.3%和22.4%的观众认为目前的票价可以接受和较贵。×××俱乐部的门票定价基本符合现场观众的消费心理。

6.根据调查显示，去过现场观看比赛的观众中，有40%的观众对现场场间互动表示想要参与，但是由于机会有限所以参与很少。有25%的观众表示对活动没有太大的兴趣，所以参不参加无所谓。这说明，俱乐部可以适当增加场间观众互动的参与名额，拉近俱乐部、球员和观众球迷的距离，起到宣传球队和俱乐部的效果。

附录：调研问卷（略）

请用本章所讨论的原则对调研报告进行评价。

✅ 效果评价

本任务的效果评价参考表见表2-12。

表2-12　　　　　　　　　　　　　　公共关系评价参考表

环节	评分标准	分值（分）
确定调研报告主题	综合分析经过审核和加工处理的信息资料，确定调查报告的主题	10
调研信息收集	全面汇聚有关信息资料，概括出相应事物存在与变化的一般情况	20
调研信息整理分析	综合研究相关信息资料，提炼出有关观点	20
撰写调研报告	第一，确保调查报告内容的真实性和客观性 第二，确保调查报告体例的系统性和完整性。系统性是指调查报告体例的内容应有系统，能全面且合乎逻辑地安排和表达；完整性主要是要有概要、正文、结论、建议和附件等要件 第三，确保调查报告表述的准确性	50

项目三

公共关系活动策划

项目概述

    本项目主要介绍公共关系活动策划相关的基本概念、知识，是学习本门课程的必备知识，通过学习本项目达到培养公关意识，识别公关活动，运用公共关系活动策划的思维去看待和解决问题，提高职业素养。本项目包括三部分：认识公关活动策划、公关活动策划方案的形成、公关活动策划方案的写作。其中，认识公关活动策划包括公关策划的基本概念、公关策划的特点和价值、公共关系的活动模式；公关活动策划方案的形成包括公关策划的基本原则、公关策划的创意思维、公关策划的步骤；公关活动策划方案的写作包括公关活动策划方案构成要素及写法、公关策划报告的格式要求、典型的公关专题活动策划等。

项目结构

```
                                              ┌─────────────────────────┐
                                          ┌───│   公关策划的基本概念      │
                                          │   └─────────────────────────┘
                     ┌────────────────┐   │   ┌─────────────────────────┐
                 ┌───│ 认识公共关系活动策划 │───┼───│   公关策划的特点和价值    │
                 │   └────────────────┘   │   └─────────────────────────┘
                 │                         │   ┌─────────────────────────┐
                 │                         └───│   公共关系的活动模式      │
                 │                             └─────────────────────────┘
  ┌────┐         │                             ┌─────────────────────────┐
  │ 公 │         │                         ┌───│   公关策划的基本原则      │
  │ 共 │         │   ┌────────────────┐   │   └─────────────────────────┘
  │ 关 │         │   │                │   │   ┌─────────────────────────┐
  │ 系 │─────────┼───│ 公共关系活动策划方案的形成 │───┼───│   公关策划的创意思维      │
  │ 活 │         │   └────────────────┘   │   └─────────────────────────┘
  │ 动 │         │                         │   ┌─────────────────────────┐
  │ 策 │         │                         └───│   公关策划的步骤          │
  │ 划 │         │                             └─────────────────────────┘
  └────┘         │                             ┌─────────────────────────────┐
                 │                         ┌───│ 公关活动策划方案构成要素及写法 │
                 │   ┌────────────────┐   │   └─────────────────────────────┘
                 │   │                │   │   ┌─────────────────────────┐
                 └───│ 公共关系活动策划方案的写作 │───┼───│   公关策划报告的格式要求    │
                     └────────────────┘   │   └─────────────────────────┘
                                          │   ┌─────────────────────────┐
                                          └───│   典型的公关专题活动策划    │
                                              └─────────────────────────┘
```

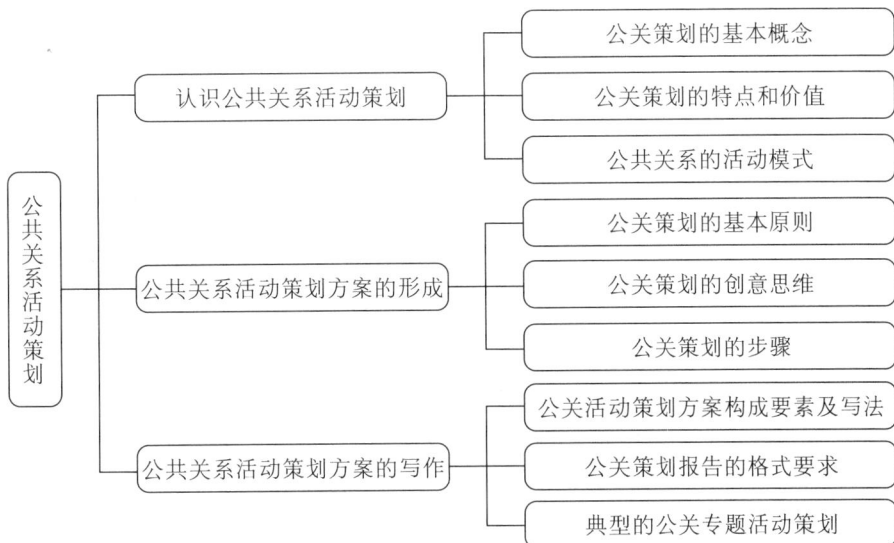

▶ 任务一　认识公共关系活动策划

【任务目标】

知识目标

1.公共关系活动策划的基本概念、特点和价值；

2.公共关系的活动模式。

能力目标

1.了解公共关系活动策划的特点和价值；

2.熟悉公共关系活动的日常表现形式。

素养目标

1.培养公关意识；

2.识别公关活动，透过现象看本质。

【任务导入】

首届中国洛阳"永盛烧坊"杯双升王擂台赛策划纲要

为了配合"永盛烧坊"酒即将到来的白酒销售旺季，加大促销力度，进一步提高在本地区的市场占有率和知名度，增加各销售商的信心，达到经销商与销售商共赢的局面，扩大县区销售网络，刺激消费者的购买欲望，快速提升销量，策划参与首届中国洛阳"永盛烧坊"杯双升王擂台赛是达到这一公关促销目标的良好契机。

一、首届中国洛阳"永盛烧坊"杯双升王擂台赛的目的和意义

扑克牌双升活动在洛阳地区具有良好的群众基础和社会影响力，参与者众多，从校园到机关、从茶楼到街头，无论地位高低、职位大小均热衷于此项智力活动，因玩法具有趣味性、竞技性、观赏性、科学性，已被称为"中国桥牌"。

目前"永盛烧坊"酒已完成了终端推广期，扩大网点拉升销量、扩大知名度和美誉度已是当务之急。针对目前洛阳市场自带酒水的消费日趋增多、终端酒店竞争激烈且费用过高的现状，积极参与组织活动，将达到降低推广费用、事半功倍的作用。事实证明，该擂台赛基本上达到了品牌提升、网络建设、县区渗透的效果。

二、双升王大赛的设计理念

将一项群众普及面广的活动，打造成吸引人眼球的公关项目和商家关注的形象塑造、产品推广的载体，必须给其赋予全新的操作模式和引导人们渴望成就感的精神理念，弘扬关注社会、构建和谐、普惠众生的责任感，这样才能使此项运动得以升华、发展、延续。王者，人生奋斗之尊，昂首雄踞天下，乃平民终成快事也。慨日常无此机会，今拥双升娱乐，无用太多投入，又实现梦想，岂不乐哉！用平时大家喜闻乐见的娱乐形式，在玩的同时也实现了成功的理想，可谓一箭双雕。由于参与的普及性和娱乐性，相信为商家也搭建了传播自身的平台和载体。

三、本次比赛促销的策划方案设计说明

事实证明，首届中国洛阳"永盛烧坊"杯双升王擂台赛已不单是一次社会公益活动，通过巧妙嫁接，已变成典型的公关促销活动，真正达到社会、商家、主办方三方共赢的局面。

本次活动主要运作方案分冠名赞助及宣传回报方案、双升大赛报名网点买断及终端建设操作方案两部分，有关冠名赞助及宣传回报方案见相关资料，双升大赛报名网点买断及终端建设操作方案主要分以下几部分：

1.报名网点买断。为了扩大影响力，由主办方和经销商共同完成报名网点的建设和相关组织工作。报名共分三个层次——各销售网点（含九县）、广电报零售报亭网点和企事业单位工会组织进行，均采用网点收取每人10元报名费，免费赠送1瓶168白酒、1副扑克牌。其中，销售网点报名由洛阳××商贸公司组织完成，广电报零售报亭网点和企事业单位工会报名由主办方完成。销售网点报名采用每报名一人，填报报名表一张、配送酒一瓶的形式，最低不少于一件（24瓶）且一律现金进货，每报名一人给销售点返还5元，同时大赛报名结束报名余酒退还的做法，以强调无风险性，强调整体活动是帮助销售网点赢利的目的。广电报零售报亭网点和企事业单位工会报名采用配送报名表和宣传资料，报名选手到指定地点领取赠品（酒和扑克牌）的做法，以扩大影响力和报名人数。

2.为了达到通过活动来拉动永盛烧坊酒的销售，加强各销售商的信心和各县招商工作的开展，针对销售商也采取相应的报名鼓励和压货奖励政策。只有参与活动的商家才可以享受报名点设置、相应的销售奖励及媒体宣传待遇，通过活动的报名工作达到压货，鼓励销售的互动作用。而新颖的店头广告招贴、宣传单及独到的报名挂旗，在视觉上可即时达到传播品牌信息和推动报名工作的作用。

3.为了达到直接促销的效果，充分利用本次活动契机，嫁接推出"喝永盛烧坊酒有礼中电动车大奖活动"，与报名和终端建设同时推出，让报名选手直接品尝到永盛烧坊酒，购买者能有机会获奖的促销活动，让顾客即时感到永盛烧坊酒的品牌传播效果和刺激购买欲望。

整体方案设计，基本体现品牌传播、公关手段运用和产品促销整合传播效用，特别是方案在永盛烧坊酒业有限公司市场部和河南片区直接参与和补充下，使得整个活动策划更加完善，真正体现商家、主办方、社会三方共赢的效果。

四、本次大赛执行情况综述说明

作为本地区首次举办大规模的双升比赛，其眼球效果和设计理念不仅是在本地区有影响力，乃至全国也是少见的。真正体现平民参与意识和人人均有机会实现成功梦想，"双升争霸，万元重奖"的宣传口号，激发了人们参与比赛、勇于进取获得大奖的成就感，本次大赛共分两个阶段进行。前期以宣传报名工作为主，后期以比赛为主，通过大面积的前期宣传，使人们对永盛烧坊酒品牌认识进一步加深和扩大，销售网络也进一步扩大，市区销售网点达400多个，通过在各县设置报名点，又新增销售网点100多个，而大面积的海报、传单、广电报的整版广告（含各销售网点名称）和优惠的进货政策，极大地调动了各销售商互惠互利的共赢作用。由于组织得力、大面积宣传的影响，虽说报名人数未达到预计人数，但近3 000人的报名人数也打破了本地区双升比赛的最高纪录（这其中与年终各企事业生产任务较忙，没能组织参赛有关），而随后近40天的比赛和全市主要大茶社的参与，使本次比赛路人皆知，在人们看好比赛活动的同时，也对永盛烧坊酒品牌的认知度进一步加强。

五、本次大赛主要媒体宣传工作说明

宣传工作是充分体现永盛烧坊酒品牌影响力的重要任务，从10月下旬到12月初比赛报名结束，宣传到位，不仅永盛烧坊酒为人们所认可，而且能达到投入少而见效多的作用，本次大赛的宣传工作虽还有不尽如人意之处，但基本上按照预先所设计的方案执行，从而使本次比赛的顺利进行得到保障，主要宣传媒体形式如下（有关具体宣传见相关资料）：

1.报纸电视电台宣传。本地区主流媒体洛阳日报、洛阳晚报、洛阳广播电视报、洛阳电视台、洛阳广播电台（新闻台、交通台、经济台）先后对本次活动进行了宣传报道，洛阳广播电视报、洛阳电视台、洛阳广播电台的滚动广告投入，累计总量不少于200次。

2.短信宣传。移动、联通、小灵通，以报名群发、回复等形式通知"永盛烧坊"杯双升王擂台赛报名消息，覆盖用户群近百万人次。

3.公交车载电子显示屏游动字幕宣传。先后在全市150辆公交车，以每天不少于30次的频率发布了"永盛烧坊"杯双升王擂台赛的报名消息，累计时间为10天。

4.网络宣传。洛阳购物网、亿网行洛阳注册中心、烟草中国网、百度洛阳工作站、搜狐招商洛阳工作站、洛阳信息港、河南公众信息网、中华网洛阳工作站等本地主流网站均报道本次大赛的报名消息。

5.DM直投广告宣传。在本市发行量每天3万份的《大禾广告》和《新生活》杂志上均以不少于半个版的形式发布了报名通知广告。

6.宣传招贴、传单、挂旗等形式宣传。本次活动共印刷了2 000张海报、10万张宣传单、600个擂台赛挂旗，其中海报张贴以销售网点和邮政报亭、市区各社区为主，宣传单以《大河报》《东方今报》《广电报》夹带，沿街和各报名点以随机散发为主，其中擂台赛挂旗在各销售网点以及邮政报亭等相关报名点显著位置悬挂。

7.大赛秩序册、报名表等形式宣传。本次大赛印刷秩序册3 000本、报名表10 000张，洛阳市体育局、总工会、广电报总局联合下发冠名"永盛烧坊"杯双升王擂台赛通知文件400份，下发各级工会。

8.本次大赛主要费用投入清单（××商贸有奖销售费用和促销组织费用不计在内）。（略）

六、综合效果分析

如何充分利用社会公益活动实现商家、消费者、组织者共赢是以往类似活动形式难以实现的，首届中国洛阳"永盛烧坊"杯双升王擂台赛是进行此方面有益的尝试，主要表现以下几点：

1.提高品牌的知名度。通过比赛即时传达"永盛烧坊"酒的形象和促销信息，使本地消费者对永盛烧坊酒进一步有所了解。

2.扩大销售网络建设。通过比赛加强了销售商对永盛烧坊酒的信心，优惠的政策拉近了经销商与销售商的距离，吸引了更多的经销网点参与，而无风险的投资效应，且形式新颖的报名工作都是以往本地商家所没有的。

3.提高产品的销售。通过报名使更多的人对永盛烧坊酒增进认识，各销售网点的利益与业绩挂钩，又适时推出"喝永盛烧坊酒 中电动车大奖"的活动，真正实现了经销商、销售商、消费者的互动共赢。

4.完善的服务体系。考虑到组织工作的复杂性，以及首次做这样的活动，不仅为销售商设计了报名工作程序，也提供了宣传所必需的资料，大大方便了销售商的工作。

总之，首届中国洛阳"永盛烧坊"杯双升王擂台赛是一次典型的公关促销案例，它摆脱了以往简单的赞助社会公益的俗套和仅限于形象推广回报少的类似活动，真正实现了通过整体活动提高知名度与消费者互动的目的。虽然整体活动与前期方案有所出入，但作为首次组织，其积极的一方面还是应该肯定的。特别是面对竞争激烈的白酒市场，促销、广告、公关活动没有新意亮点，是很难在市场上立足的。很欣慰地看到，"永盛烧坊"酒在本地区已成为同价位酒的强势品牌，相信在新的一年会有好的业绩。

讨论并回答：

1.案例中提到了哪几种形式的公关活动？

2.公关策划对案例中企业的价值体现在哪些方面？

⊙ 学一学

一、公关策划的基本概念

（一）策划的含义

"策划"，在中国古籍中又作"策画"，含有筹划、谋划之意。从字面上解释，"策"，就是计策、对策、创意、谋略；"划"就是通过兵力、实力、人力、物力、智力的调动来把其落到实处。古人云："凡事预则立、不预则废""行成于思，毁于随"。《孙子兵法》中说："兵以诈立，以利动""多算胜，少算不胜"。《汉书·高帝记》也载有："运筹帷幄之中，决胜千里之外。"这些都包含着较为丰富的策划思想。

美国哈佛企业管理丛书编纂委员会认为，策划是一种程序，在本质上是一种运用脑力的理性行为。基本上所有的策划都是关于未来的事物，也就是说，策划是针对未来要发生的事物作当前的决策。换言之，策划是找出事物因果关系，衡度未来可采取之途径，作为目前决策之依据。亦即策划是预先决定做什么、何时做、如何做、谁来做。策划如同一座桥，它连接着我们目前之地与未来我们要经过之处。

日本策划专家和田创认为：策划的定义从不同角度看可以有多种。例如，当问及"有什么好的策划"时，这里的策划是指智慧、创意；当说到"从现在起必须进行策划"时，策划成了"智慧创造的行为"。因此简要地说，策划就是出谋划策的一种创造性活动。

虽然"策划"一词已频频出现在日常生活和工作中，但目前对策划尚无一个权威性的统一定义。我们认为，策划的基本含义可以综合概括为以下几点：

第一，策划是一种能动的思维活动，是一种智慧创造行为。

第二，策划须按照一定的步骤、章法去思考问题，策划的过程可以分解为数个既相对独立又相互联系的阶段。

第三，策划是一项面向未来的活动，它以特定的目标为中心来全面构思设计。

第四，策划要在符合客观规律的前提下去做，它根据现实的各种情况与信息，判断事物变化的趋势，选择合理可行的行动方式。

第五，策划既包括新颖的思路对策，也包括具体的行动方案。

（二）公关策划的含义

公关策划是策划理论在公共关系领域中的具体运用。对于公关策划的认识和理解，大体上存在以下三个角度：

第一，从广义的角度去理解，将公关策划作为贯穿于公共关系活动的始终、对公共关系活动的全过程都具有指导意义的活动，即所有的公共关系活动、公共关系活动的每一个步骤都需要以策划为核心，以策划为先导。正是在这种意义上才认为公关策划是公共关系活动的最高层次。从20世纪80年代初至今，中国公共关系事业历经了30多年的发展历程，从最初的接待型公关到后来的传播型公关，再到现在的策划型公关，是公共关系价值的提升、功能的回归。我们可以从广义的角度去认识公关策划的战略地位。

第二，从中义的角度去理解，将公关策划作为公共关系活动程序的一个相对独立的中间环节，即"四步工作法"（调查、策划、实施、评估）的第二步。公关策划包含了其第二步的全部内容，也就是在公共关系调查分析的基础上，做好公共关系活动实施前的一切准备工作，公共关系策划过程的完成也就是实施前的一切准备工作的完成。从中义的角度去理解公关策划，一方面可以随时捕捉到变化了的环境给组织提供的公关活动由头与机会，另一方面可以通过设计、创意，挖掘思想深度，把握策划方向，保证公关策划的实际效果。

第三，从狭义的角度去理解，要么将公共关系策划仅仅理解为谋略或策略，理解为解决特定公关问题的基本思路，是观念性的东西；要么将公共关系策划仅仅理解为执行计划，理解为依据一定目标建立起来并可用来进行具体操作的方案步骤，没有更多的思想创造。所以，从狭义的角度理解的"策划"只是"策"或"划"的一个方面。

基于以上考虑，我们可以从中义的角度将公关策划的定义概括为：公关策划就是指公共关系人员以分析预测为基础，根据组织自身形象的现状和目标要求，分析现有条件，对公关活动的主题、手段、形式和方法等进行构思和设计，确定公共关系活动的战略与策略，并制订出最佳计划方案的过程。

因此，公关策划的核心，就是要解决以下三个问题：一是如何寻求传播的内容和易于被公众接受的方式；二是如何提高传播沟通的效能；三是如何完备公关工作体系。

二、公关策划的特点和价值

（一）公关策划的特点

1.目标性

公关策划的目标是通过策划活动要解决的问题和最终要达到的目的。策划者不知道要达到什么目标，将陷入盲人摸象的可悲境地。目标有两种：一种是战略目标，又称总体目标或必要目标，这是确保成功策划的价值所在；另一种是战术目标，又称局部目标或需要目标。这是策划实施过程中的阶段性的分支目标，是实现战略目标的有机组成部分。公关策划的基本出发点，就在于促进公关活动从无序转变为有序，从模糊转变为清晰，从不确定转变为确定。公关策划是一个明显的目的增强和清晰化的过程。

2.超前性

首先，"人无远虑，必有近忧"。公关策划的超前性要求策划者必须具有高瞻远瞩的视野。一项策划活动的制作完成，必须预测未来行为的影响及结果，必须对未来的各种发展、变化的趋势进行预测，必须对所策划的结果进行事前事后评估。这种超前是经得起未来目标检验的，力求策划方案具有捷足先登的适应性和实用性。其次，高明的策划者总是右手抓住目标、左手抓住时间的人。信息时代的商战，再不是以"大"吃"小"，而是以"快"胜"慢"，快速策划的结果是生，缓慢策划的结果是死。公关策划面对的是未来的目标，千里之行，始于足下，超前的关键就在于抓住时机，将滞后的被动转为超前的主动，使组织行动抢占先机。

3.程序性

公关策划是按照整体（全程）的构想，将策划过程分解为一定的程序进行运作的。

人类原始阶段的策划具有应急性和即兴性等非程序特征，属于经验直观型的策划。而科学合理的程序，大多具有纠谬、查漏和补缺的制约性作用（如没有反对意见不策划、不搞一言堂、方案的论证、反馈调试），对于防止策划失误，确保策划的有效性，提高策划的成功率具有积极意义。公关策划的逻辑程序越严密、越清晰、越有序，策划活动就越容易取得成功，反之，就越容易出现失误。可以说，公关策划的程序性是保证策划顺利进行的基础。

4.创新性

所谓创新，就是既不模仿别人，也不重复自己，走前人未走过的路。公关策划的过程本身，就是求异思维——创造性思维得以有效发挥的过程，或是创造性思维与策划运作相结合的过程。一次成功的公共关系策划必须是一次创造性劳动，是对公共关系理论创造性地加以应用的过程，以其与众不同、标新立异又在情理之中的思想火花吸引公众并赢得他们的支持。创新性是公关策划的灵魂，它集知识、智慧、谋划、新奇于一身，不断发出耀眼的光芒，从而赢得越来越多组织的青睐，成为当今组织谋求发展的一大法宝。

5.可行性

日本学者江川朗提出了一个公式：杰出的创意×实现最大的期待效果=策划成功。策划价值的呈现，永远表现在被采用后的实施结果上。要可行，策划必须将人的思维活动和客观事物运动的规律相结合、相协调。三国时期的马谡自幼熟读兵书，熟知兵法，却不顾实际情况，机械地照搬兵法，扎寨于山顶，以为受敌包围后可以起到"置之死地而后生"的效果。他没想到，司马懿却围困而不进攻，结果蜀军非但没有决一死战的勇气，反而弄得人心瓦解、士气涣散。策划的可行性要求策划者在现实所提供的条件基础上进行谋划，公关人员在策划过程中既要考虑外部环境，也要根据组织的内部条件，以本组织的实际情况为依据，以组织的经济实力为依托，以已掌握的信息和情报为导向来确立策划方案。

（二）公关策划的价值

1.公关策划是构建公关工程的蓝图

社会环境的日趋复杂，公众心理的不断变化，使得社会组织需要解决的问题日益纷繁、千头万绪。社会组织为了在瞬息万变的信息时代更好地生存和发展，就必须经常开展公共关系活动。要想使这些活动安排合理、有条不紊，而不出现顾此失彼的现象，就需要通过策划，做出整体部署。只有经过整体性、系统性的先行策划，才能制定出顾全大局、突出重点、着眼长远、立足现实的活动计划。

2.公关策划是开启公关门户的钥匙

公共关系理论的奠基者爱德华·伯纳斯曾说："我们是经过审慎的考虑后才使用策划这个词的。在我们的社会里，有着无以计数的利益集团和传播媒介。要解决协调、信息传播和说服等问题，只有通过策划这种途径才能取得有效的成果。"公关策划是设计解决问题和利用机会的方法，它能使公关活动实现最佳效果、效益，甚至可以解决高投入乃至物质手段难以解决的难题。

3.公关策划是统率公关活动的灵魂

从线的角度来分析，即从公关活动的全过程来看，公关策划是处于调查研究之后、传播沟通之前的关键环节，起着承上启下的重要作用。公关调查是为公关策划服务的，而公关策划又指导着传播沟通活动，并预先确定了检测公关活动效果的标准、原则和方法。因此，公关策划在公关活动中居于核心的地位。

4.公关策划是衡量公关水平的标尺

公关活动有高低层次之分，大体可以分为三个层次：初级公关是指最早出现的以迎来送往、陪伴服务为主的接待型公关活动；中级公关是指接着出现的以促销、联络、操作为主的传播型公关活动；高级公关是指最后形成的以科学指导、出谋划策、充当智囊为主的策划型公关活动。公关活动的全过程是否以策划为核心、以策划为先导，反映了公关水平的高低。

5.公关策划是决定公关成败的关键

美国策划大师科维曾形象地说："如果把公关活动比作演戏，策划就是创作剧本，一个出色的剧本很容易在演出时获得成功，吸引公众；相反，一个平庸的剧本，无论导演和演员如何尽力，也很难化腐朽为神奇。"不同的社会组织，面对不同的公众及其态度的变化，采用何种传播媒介，采用何种传播方式，利用什么时机，选择何种场合开展活动才能取得最佳效果，这需要进行巧妙的策划。

三、公共关系的活动模式

所谓的公共关系的活动模式，就是有一定的公共关系目标和任务以及由此所决定的若干技巧和方法所构成的具有某种特定公共关系功能的工作方法系统。国内外的公共关系专家对各类社会组织开展的公共关系活动进行分析和研究后，归纳出了一系列的模式，这些模式为公共关系人员提供了可供选择的各类方法，对公共关系活动的开展具有指导意义。公共关系人员应根据特定的公共关系条件，针对一定的公共关系目的，对公共关系活动中将采用的方法和技巧进行正确的选择。只有这样，才能使公共关系活动收到事半功倍的效果。常见的公共关系活动模式包括：

（一）宣传型公共关系

宣传型公共关系是运用大众传播媒介和内部沟通方法，开展宣传工作，树立良好组织形象的公共关系活动模式。其特点是：主导性强、时效性强、传播面广、推广组织形象效果快。宣传型公共关系活动模式的活动项目有：记者招待会、竞赛活动、庆典活动、展览会、信息发布会、印发宣传资料、制作视听资料、宣传橱窗、新闻报道、专题采访、经验介绍等。

（二）交际型公共关系

交际型公共关系是在人际交往中联络感情、广结良缘、深化交往层次、建立社会关系网络的公共关系活动模式。其特点是：节奏快、灵活性强、人情味浓。交际型公共关系活动模式的活动项目有：招待会、座谈会、工作晚餐会、宴会、茶话会、联谊会、会晤、信函往来、开放日活动等。

（三）服务型公共关系

服务型公共关系是一种以提供优质服务为主要手段，获得公众信任与好评，树立良好组织形象的公共关系活动模式。其特点是：为公众提供实实在在的服务。服务型公共关系活动模式的活动项目有：咨询服务、售后服务、消费教育、消费指导、优质服务等。

（四）社会型公共关系

社会型公共关系是组织利用举办各种社会性、公益性、赞助性活动塑造组织形象的公共关系活动模式。其特点是：公益性和文化性。社会型公共关系活动模式的活动项目有：节日庆祝活动、公益赞助活动、慈善活动等。

案例材料3-1

农夫山泉爱心送水赢得社会赞誉

2003年7月28日，农夫山泉公司得到消息，《××晚报》记者将前往温州地区旱情严重的村庄体验生活。当天，农夫山泉总部就派人到报社联系，希望通过捐赠饮用水的形式带动企业帮助灾区抗旱。7月29日，农夫山泉《××晚报》爱心送水活动方案确定，报纸报道方案提纲出炉，公司广告中心和浙江市场部、储运部、行政部等相关部门的协调工作也安排妥当。7月30日早上，晚报编委会为突出报道效果，临时决定把农夫山泉送水的版面紧跟旱情体验报道在次日编发，这就意味着企业送水车到达莲头村要提前1天，接到改动消息后的短短4个小时内，农夫山泉各部门通力合作，储运安排、送水车包装等均提前完成。下午3时左右，爱心送水车从农夫山泉总部杭州出发。与此同时，《××晚报》前方记者对旱情重灾区文成县富岙乡莲头村的抗旱体验报道见报。7月31日凌晨1时，经过10个小时的长途跋涉，爱心送水车到达文成县。为加强宣传报道效果，晚报记者和农夫山泉工作人员商定，赶在旱灾区村民做早饭前把水运到。凌晨4时，天还漆黑一片，送水车就和晚报记者、县政府代表、文成电视台记者、富岙乡乡长等一行准时出发，凌晨6时多，爱心送水车终于到达目的地莲头村。村民们有好些已经提着水桶在等了，看到装满农夫山泉的送水车，他们高兴得忙着去招呼大伙儿来领水。每户人家都分到了一箱多的农夫山泉，记者们拍照、摄像、采访。早上7点，晚报的新闻报道现场完成，通过村里唯一的一部电话发电子邮件传回报社。待送水车8月1日启程回杭，此时农夫山泉爱心送水活动的报道已经在报纸上刊发，有两个版面，赢得了很好的社会反响。农夫山泉爱心送水赢得社会赞誉，与这位"农夫"对这次活动做出的快速反应密切相关。

（五）征询型公共关系

征询型公共关系是通过舆论调查、民意测验的办法采集信息、分析研究信息，为组织决策提供参考意见的公共关系活动模式。其特点是：长期性、复杂性和艰巨性。征询型公共关系活动模式的活动项目有：公关调查、民意测验、征集意见、征集方案等。

著名的美国通用汽车公司雪佛兰部的车主关系部专门建立了特别用户名册，它任意抽选雪佛兰车用户共1 200名，聘为用户顾问，分客车和卡车两部分，公司以定期函件联系，征询他们对雪佛兰的产品及服务的意见，并将这些意见提供给公司的业务部门，作为改进与车主关系的指导。

（六）建设型公共关系

建设型公共关系是指社会组织为开创新局面而在公共关系方面所做的努力。它适用于组织的开创时期，推出新产品、新的服务项目时期。如开业庆典仪式、剪彩活动和开业广告等。

（七）维系型公共关系

维系型公共关系是指社会组织在稳定发展之际用来巩固良好形象的公共关系活动模式，适用于组织机构稳定、顺利发展时期。它有两个特点：一是采取中低姿态，用渐进的方式向目标公众施加影响，从而达到期望的目标和要求；二是利用公众的心理特点，使组织的形象慢慢渗透到公众的心目中，这种经过长期形成的观念，一旦发挥效能，是不会轻易改变的。

（八）防御型公共关系

防御型公共关系是指社会组织采取主动出击的方式来维护和树立良好形象的公共关系活动模式，适用于组织出现潜在的公共关系危机的时候。其特点是以防为主，防患于未然，避免矛盾尖锐化，同时防御与引导相结合。

（九）进攻型公共关系

进攻型公共关系是指社会组织采取主动出击的方式来维护和树立良好形象的公共关系活动模式，适用于组织与环境发生某种冲突、摩擦的时候。其特点是以较高的姿态、较强的频度、进攻的方式开展工作。

（十）矫正型公共关系

矫正型公共关系是指社会组织在遇到问题与危机，组织形象受到损害时，为了挽回影响而开展的公共关系活动，适用于组织的公共关系严重失调、形象受到严重损害的时候。其特点是及时发现存在的问题或潜伏的危机，并通过努力改变或消除这些东西，重塑组织形象。

案例材料3-2

丰田霸道广告风波

2003年第12期《汽车之友》刊登了两则由盛世长城广告公司制作的一汽丰田销售公司的广告：一辆霸道汽车停在两只石狮子之前，一只石狮子抬起右爪做敬礼状，另一只石狮子向下俯首，背景为高楼大厦，配图广告语为"霸道，你不得不尊敬"；同时，"丰田陆地巡洋舰"在雪山高原上以钢索拖拉一辆绿色国产大卡车，拍摄地址在可可西里。

看到这两则广告后，立即有人在网上留言，表示了异议和愤怒。认为石狮在我国有着极其重要的象征意义，象征权力和尊严，丰田广告用石狮向霸道车敬礼、作揖，极不严肃。更有网友由石狮联想到卢沟桥的狮子，并认为，"霸道，你不得不尊敬"的广告语太过霸气，有商业征服之嫌，损伤了中华民族的感情。

12月2日，《汽车之友》在自己的网站上向读者致歉。表示"由于我们政治水平不高，未能查出广告画面中出现的一些容易使人产生联想的有伤民族情感的图片，广告刊出后，许多读者纷纷来信来电话质询，我们已认识到问题的严重性，在此，我们诚恳地向多年来关心和支持《汽车之友》的广大读者表示衷心的歉意"。同时，《汽车之友》还表示，将停发这两则广告，由于发行原因，将于次年1月在下一期杂志上正式刊登道歉函。

12月4日，这两则广告的制作公司——盛世长城国际广告公司也公开致歉，表示"一些读者对陆地巡洋舰和霸道平面广告的理解与广告创意的初衷有所差异，我们对这两则广告在读者中引起的不安情绪高度重视，并深感歉意。我们广告的本意只在汽车的宣传和销售，没有任何其他的意图"。同时，还表示"对出现问题的两则广告已停止投放。由于12月的杂志均已印刷完成并发布，这两则广告将在1月份被替换"。

12月3日下午，丰田中国事务所启动危机公关程序，紧急会议在京广中心召开。会议上，丰田能够到场的主要领导全部到场，气氛异常紧张。当时与会的高层，有三种态度：第一种是部分日方代表的主张："拖"，认为这样的事情纯属媒体的炒作，最终会不了了之，而广告本身是中国人制作，根本没有什么问题，不用出面道歉，必要时由中国政府出面解决；第二种是主张道歉，但由于整个广告是一汽丰田销售公司运作，所以应由合资公司出面，而不是日本方面负责。彼时，丰田汽车中国事务所理事、总代表服部悦雄正在外地出差，他在电话里表示："一汽丰田销售公司不负责任，我们再来负责任。"

这些声音很快被第三种意见否定。"广告本身有没有问题已经不重要了，重要的是民族情绪已经被激发出来，没有什么能抵挡民族情绪，政府是不可能管制民族情绪的""民族情绪是针对日本人，那么必须由日本人出面承担责任"。所以，"不管一汽丰田销售公司是不是承担责任，丰田都要承担责任"。

晚上6点半，丰田又紧急召集记者到京广中心，由一汽丰田汽车销售有限公司总经理古谷俊男正式宣读了道歉信。在丰田汽车公司的致歉信中，没有为这次事件寻找任何开脱的理由，而是对此致以诚挚的歉意。

无论丰田公司本身，还是发表该广告的媒体，或是创作该广告的盛世长城，都一致对外"表示诚恳的歉意"，而丰田公司则仅由一汽丰田汽车销售有限公司总经理古谷俊男对外发言，其他人如果被问及，则连连道歉，不发表其他讲话。

丰田的诚恳态度得到了公众的谅解，12月5日后，整个事件戛然而止。

为了消除中国公众对丰田公司及"霸道"越野车的不良印象，4月18日，记者从一汽丰田销售有限公司获悉，在四川丰田生产的丰田SUV"霸道"（PRADO）已经改名为"普拉多"。9月份开始的一汽丰田众系列广告中，全部没有"霸道"的字眼，而是用上了"普拉多"。霸道因出了广告风波，至今仍然心有余悸。"霸道"这两个字在汉语中带有一定的贬义，但应用在越野车方面，却有着不畏艰险的意思。一汽丰田此次换名，是丰田的一种全球化战略。霸道的英文为PRADO，原意为林荫大道，音译即为"普拉多"。丰田的豪华车Lexus在2003年北京车展上也宣布易名，由"凌志"变为音译的"雷克萨斯"。

　　了解公共关系活动模式是公关活动策划的基础，策划人员应根据组织面对的问题、所处的发展阶段、具备的条件等各种实际情况策划相应的公关活动，而所策划的任何一个公关活动，都可归类于其中某一种公共关系活动模式。

✓ 做一做

列出你感兴趣的五种行业常用的公关方式，并举例比较不同公关方式之间的异同。

✓ 效果评价

本任务的效果评价参考表见表3-1。

表3-1　　　　　　　　　　**公关策划的基本概念评价参考表**

环节	评分标准	分值（分）
列出公关策划活动	能结合定义识别公共关系活动	40
列出公关策划活动的相同点	识别公关策划活动的一般特点和价值	30
列出公关策划活动的不同点	识别不同公关策划的活动模式体现的价值	30

▶ 任务二　公共关系活动策划方案的形成

【任务目标】

知识目标

1.公共关系活动策划的基本原则与步骤；

2.公共关系活动策划的创意思维。

能力目标

1.为某公共关系活动的策划收集资料并整理应用；

2.运用创新思维方法创意解决公关问题。

素养目标

运用公共关系活动策划的思维，看待和解决问题，提高职业素养。

【任务导入】

雀巢的公关策划

2005年5月25日，浙江省工商局公布了近期该省市场儿童食品质量抽检报告，其中黑龙江双城雀巢有限公司生产的"雀巢"牌金牌成长3+奶粉赫然被列入碘超标食品目录。同时，浙江省工商局已通报各地，要求对销售不合格儿童食品的经营单位予以立案调查，依法暂扣不合格商品；不合格儿童食品生产厂家生产的同类不同批次商品必须先下柜，抽样送检，待检测合格后才可重新销售。对于奶粉，国家标准是每百克碘含量应在30微克到150微克，而雀巢的这种产品被发现碘含量达到191微克到198微克，超过国家标准的上限40多微克。据食品安全专家介绍，碘如果摄入过量会发生甲状腺病变等相关疾病。由于雀巢的产品一直受消费者信赖，当雀巢碘超标被媒体披露后，消费者感到异常震惊。随即，雀巢公司展开危机公关。

雀巢公司的危机公关手法彻头彻尾是个失败，但对于部分跨国公司在华的危机公关却具有相当的代表性。我们来看一看雀巢公司的危机公关"天龙八步"：第一步：自视清高，装聋作哑。跨国公司在发生危机后，往往自以为聪明，采用隐身大法，沉默不语，装聋作哑。但恰恰是它的沉默错过最佳的灭火时机，激化了矛盾。实际上有关部门在对外公布检测结果前曾给了雀巢公司15天的时间让其说明情况。也就是说，雀巢公司早在15天前，即5月10日左右，就知道不合格奶粉流向市场，但他们并没有及时警示消费者。星星之火，可以燎原。这就要求我们对危机具有敏感性，尽量把危机消灭在萌芽阶段。如果错过时机，没能在引爆之前把导火索掐灭，后果可能就是灾难性的。据说以色列的飞行员是全世界反应最快的。因为他们的战斗机都从不熄火，只要有敌情，就可以马上升空歼敌。同样，危机的来临也犹如敌人的进攻一样，是让人防不胜防的。因此，要做好危机公关，就必须不间断地进行监测，一旦有风吹草动，就以迅雷不及掩耳之势歼灭之。

第二步：态度傲慢，断然否认。事发当日，雀巢的公关代理公司表示，雀巢公司已经知道了这个事情，并且非常关注，并称雀巢食品一向对消费者负责任，一定是安全的。但公司也会积极配合工商部门，妥善处理该起事件。目前该公司正在调查碘超标事件，详细情况的公布可能还需一段时间。5月26日，雀巢中国公司迅速反应，给媒体发布声明称，雀巢碘检测结果符合《国际幼儿奶粉食品标准》。雀巢对浙江省的碘检测结果高度重视，立即对原材料使用和生产加工过程进行了全面检查。调查发现：该产品使用了新鲜牛奶做原料，碘天然存在于鲜奶中。此次抽查显示的碘超标是由于牛奶原料天然含有的碘含量存在波动而引起的，并且该成分的含量甚微，雀巢金牌成长3+奶粉是安全的。雀巢公司试图把责任推到"牛奶原料天然含有碘"，能起到积极的作用吗？危机发生后，公众会关心两方面的问题：一方面是利益的问题，利益是公众关注的焦点，因此无论谁是谁非，企业都应该承担责任。另一方面是感情问题，公众很在意企业是否在意自己的感受，因此企业应该站在受害者的立场上表示同情和安慰，并通过新闻媒介向公众致歉，解决深层次的心理、情感关系问题，从而赢得公众的理解和信任。然而有些跨国企业在危机发生后，不去承担应该承担的责任，而是抛出个替罪羊，试图划清界限，金蝉脱壳。这样做的结果只能是适得其反，越陷越深。

第三步：嘴硬皮厚，拒绝认错。5月29日，中央电视台经济半小时播出《雀巢早知奶粉有问题》。看完节目，消费者对其中的4个场景印象深刻：（1）采访过程中，雀巢中国有限公司商务经理孙女士先后3次摘下话筒要求结束采访，先后3次用沉默来回答记者的提问。当记者称采访还没有结束时，孙女士说"我该说的已经说了""我认为已经结束了"。（2）孙女士接受记者采访说："按国家标准，这批产品是不合格。"但又说："我们的产品没有问题，是非常安全的。"因为她认为自己的奶粉符合《国际幼儿奶粉食品标准》。但当她翻开了声明中提到的这个国际标准时，在碘含量的上限这一栏数字是空着的。这也就意味着，无论雀巢奶粉的碘含量有多高都是符合这个国际标准的。（3）孙女士说，雀巢公司是在浙江省工商局做出决定之后，才通过媒体了解到自己的产品碘含量超标的。但实际上有关部门在对外公布检测结果前曾给了雀巢公司15天的时间让他们说明情况。也就是说，雀巢公司早在15天前，即5月10日左右，就知道不合格奶粉流向市场，但它并没有及时警示消费者。（4）在碘超标的雀巢奶粉外包装袋上看到标明的碘含量是30~150微克，而这个数字是符合国家标准的。但实际检测结果是191~198微克，与包装上的标注完全不吻合。消协认为"这属于误导，向消费者提供了一个不真实的信息，侵害了消费者的知情权"。明明白白国际标准里面没有"碘含量"这个栏目，还妄称符合国际标准；明明白白工艺上可以控制，却又声称"很难控制"；明明白白已经检测碘含量不合格，还敢妄称"我们认为非常安全"；明明白白记者还在采访，公关人员却称"该讲的都讲完了"；明明白白是人命关天的大事情，却称"为消费者带来不必要的麻烦表示道歉"。看来雀巢公司嘴硬得真是可以了！在危机公关中，最忌讳的一点就是"嘴硬"，不要和消费者争论。永远不要和公众去辩论谁对谁错。企业应始终把企业形象放在首要地位，了解公众，倾听他们的意见，确保企业能把握公众的情绪，并设法使观众的情绪向有利于自己的方面转化。

第四步：广告开路，摆平媒体。就在媒体为消费者仗义执言的时候，雀巢公司开始与新闻媒体热情接触，表达合作愿望，准备用广告开路，来"摆平"媒体。危机发生后，很多企业对媒体以利诱之，以威逼之，妄图使媒体保持沉默，从而得以瞒天过海。但实际上，危机公关的核心是沟通，你一旦放弃了沟通的努力，那你就失去了消费者的支持。有效的沟通，应该是通过媒体，与公众进行诚实的、积极的、互动的交流，因为我们处在一个媒体充分开放而多元的世界，随着第四媒体、第五媒体、网络平台的影响力越来越大，试图去封杀媒体的声音，无异于螳臂当车的自杀行为。

第五步：转移视线，收买人心。时值儿童节，雀巢营养谷物早餐部门联合"心系好儿童组委会"，启动了"儿童营养配餐知识"教育第二阶段活动，向家庭进行均衡营养教育和强调钙质在儿童生长发育中的重要性。但雀巢方面否认了这次形象公关与碘危机有关联，称是按早先约定行事。危机公关一定要杜绝本末倒置、隔靴搔痒的现象，而要将心比心，以心换心。但有些跨国公司往往在危机发生后，使出调虎离山之法，大搞促销活动或公关活动，企图转移媒体和公众的视线。但如果问题的根本没有解决，一切都是徒劳的。

第六步：讨好卖乖，取巧政府。6月8日，国家标准委对"婴儿配方乳粉中碘含量"问题公开表态："碘不符合标准要求的婴儿配方奶粉应禁止生产和销售。"这个表态是国家权威部门首次对"雀巢奶粉碘超标"的有力回复。国家质检总局同时明确表示，相关质检部门将对"问题奶粉"生产企业进行专项监督检查，如发现问题，将禁止其生产和销售。来自政府部门的消息说，雀巢公司知道了检测结果之后，就没"闲着"，早早地跑到国家有关部门"登门诚恳认错"，并"委屈"地把碘超标问题归于"奶源"。在中消协和有关部门的建议下，雀巢公司不得已向中国消费者道歉。虽然跨国公司都深谙取悦政府之道，但问题是，如果你不解决好消费者所关心的问题，政府能给你撑腰吗？消费者才是本，正本才能清源。

第七步：总裁露面，道歉声明。6月5日，雀巢中国有限公司大中华区总裁就雀巢金牌成长3+奶粉碘超标一事向消费者道歉。雀巢中国有限公司大中华区总裁穆立称，"首先就这次碘含量不幸偏离国家标准一事向广大消费者道歉。尽管我们一贯承诺全面遵守国家标准，但还是发生了这次偏离。"总裁作为企业的形象代言人，代表公司向消费者道歉是天经地义的事，但为什么总是姗姗来迟？为什么不在危机出现的第一时刻出现呢？固然亡羊补牢，为时未晚。但终归损失已是巨大，形象已是大跌。

第八步：承担责任，回收产品。雀巢公司首先是认为产品是安全的，然后表示可以换货，但拒不退货，最后在政府和媒体的压力下，开始回收产品。6月15日，据上海市食品药品监管局介绍，上海已对市场销售的"雀巢金牌成长3+奶粉"进行了全面检查，在抽验的4个批次的样品中，发现一个批次的奶粉碘含量超标。市食品药品监管局随即责令雀巢中国有限公司停止生产经营不合格产品，同时对此事件立案查处。而雀巢方面表示，目前上海市场上的"雀巢金牌成长3+奶粉"已全部收回。只有勇敢地承担责任，才能真正挽回人心。雀巢虽是百般地不情愿，但也不得不走出这一步。只可惜的是，被动回收与主动回收，虽只有一字之差，但效果却是天壤之别。被动地在压力之下回收，消费者感受到的是抗争胜利之后的喜悦和对企业的鄙视。但如果企业是因为"为消费者负责"的价值观而主动回收，那么消费者感受到的是企业的诚信和对企业的加倍信赖。

资料来源：游昌乔. 雀巢危机公关："天龙八步"将机会步步逼走［EB/OL］.（2005-12-04）. http://www.mba163.com/glwk/wjgl/200512/13908.html.

讨论并回答：

1.提炼本案例中公关活动的目标、对象、主题、策略、时机。

2.分析雀巢危机公关失败的原因。

3.思考公关策划的好坏对企业的影响与作用。

✅ 学一学

一、公关策划的基本原则

（一）公众利益优先的原则

公众利益优先，并不是要组织完全牺牲自身的利益，而是要求组织在考虑自身利益与公众利益的关系时，始终坚持把公众利益放在首位，更多地为社会做出贡献。组织只有时时处处为公众的利益着想，坚持公众利益至上，才能得到公众的好评，才能使自身获得更大、更长远的利益。

案例材料3-3

烟尘污染的烦恼

浙江某地一家石灰厂污染严重，造成附近居民的房屋被侵蚀，金属锈迹斑斑，农作物枯死，附近很多人患上了呼吸道疾病。群众多次反映，厂领导不予理睬，最后大家忍无可忍，挑水浇灭了石灰窑。纠纷闹到法院，法院审理，判决石灰厂停办转产。

（二）实事求是的原则

实事求是的原则是公共关系策划的一条最基本原则。这一原则要求公关人员必须经过周密细致的公关调查，制定切实可行的公关目标，排除来自各种虚假因素的干扰，坚持公共关系策划的真实性，没有事实，就没有公共关系。

案例材料3-4

是谁让博士伦趋于隐性

2006年2月下旬，国内部分媒体就"博士伦护理液可能导致角膜炎，在新加坡遭遇停售"进行了相关报道，2月20日，博士伦公司在北京发表声明：新加坡的隐形眼镜使用者角膜炎发病增加是一个个案，中国内地现在销售的润明护理液98%是本地生产，中国内地包括北京地区不会停止销售。这个声明就如同一颗炸弹，让"博士伦中国危机"迅速爆发。5月15日，博士伦总公司在美国宣布在全球永久性地召回该公司生产的"润明"水凝护理液；6月9日，博士伦公司在新加坡证实，该公司生产的润明水凝护理液配方确实存在问题，可能导致眼角膜真菌感染。至此，由博士伦护理液风波所引发的危机就此告一段落，但绝不代表危机从此结束。

此次危机不仅使得"润明"护理液遭到了致命性打击，还波及到博士伦公司的其他产品，甚至在国内市场一直被认为是"隐形眼镜"代名词的"博士伦"品牌都受到了广泛质疑。假想，一旦博士伦品牌在国内消费者心中"彻底沦丧"的话，那么此次危机将会严重影响整个隐形眼镜行业的发展。当然，这种假想还有待调查证明。

资料来源：钟秋，康冬. 美国FDA确认润明水凝存致病风险　博士伦全球永久性召回问题产品 [EB/OL]. [2006-05-22]. http://www.legaldaily.com.cn/misc/2006-05/22/content_318953.htm.

（三）独创性与连续性相统一的原则

企业所处的环境与公众都在不断变化，唯有富于特色的、标新立异的公关活动，才能适应社会条件和公众心理的变化，使之与竞争对手的形象产生差别，从而突出自己的企业形象。公关策划不仅要考虑一次活动的独创性，还要考虑本次活动与前后活动的连续性，使独创性和连续性统一起来。这样，才能更为科学有效地实现企业整体形象塑造的传播效果。

（四）计划性与灵活性相统一的原则

公关策划所形成的行动方案，放到企业的整体计划中，构成企业整体活动的一部分，通常是不能轻易改变的。这种计划性带有对企业行为识别系统最佳效果的战略布局，但是，这种预见性及超前的计划往往也会因企业主客观条件的变化而出现不适应或不合时宜的情形，这就需及时调整、完善计划的前瞻性和现实的操作性，给予其动态的支持，并考虑灵活的补救措施。

案例材料3-5

"你会坐吗？"一次公关部长聘任考试

一家公司准备聘用一名公关部长，经笔试筛选后，只剩8名应试者等待面试。面试限定他们每人在两分钟内对主考官的提问做出回答。当每位应试者进入考场时，主考官说的是同一句话："请您把大衣放好，在我面前坐下。"

然而，在进行面试的房间中，除了主考官使用的一张桌子和一把椅子外，什么东西也没有。

有两名应试者听到主考官的话以后，不知所措，另有两名急得直掉眼泪，还有一名听到提问后，脱下自己的大衣，搁在主考官的桌子上，然后说了句："还有什么问题？"结果，这五名应试者全部被淘汰了。

剩下的三名应试者，一名听到主考官发问后，先是一愣，旋即脱下大衣，往右手上一搭，躬身致礼，轻轻地说道："这里没有椅子，我可以站着回答您的问话吗？"公司对这个人的评语是："有一定的应变能力，但创新开拓不足。彬彬有礼，能适应严格的管理制度，可用于财务和秘书部门。"另一名应试者听到问题后，马上回答道："既然没有椅子，就不用坐了。谢谢您的关心，我愿听候下一个问题。"公司对此人的评语是："守中略有攻，可先培养用于对内，然后再对外。"最后一名考生的反应是，听到主考官的发问后，他眼睛一眨，随即出门去，把候考时坐过的椅子搬进来，放在离主考官侧前约一米处，然后脱下自己的大衣，折好后放在椅子背后，自己就在椅子上端坐着。当"时间到"的铃声一响，他马上站起来，欠身一礼，说了声"谢谢"，便退出考试房间，把门轻轻地关上，公司对此人的评语是："不着一词而巧妙地回答了问题；性格富有开拓精神，加上笔试成绩佳，可以录用为公关部长。

（五）与组织整体行为相一致的原则

组织的形象是一个多面综合体，反映组织形象、建立公众协调关系的工作，绝不是一个公共关系部或一个策划书就能解决的。那种指望通过一两次轰轰烈烈的"公共关系活动"解决组织长远的战略形象的想法，实际上是一种脱离现实的空想。只有将公共关系行为渗透到组织行为的方方面面，只有将公共关系思想变成组织中每一个人的自觉意识，公共关系策划才会有显著效果。

二、公关策划的创意思维

（一）公关策划创意

所谓"策划"，其实是由"策"和"划"两部分组成。策，即计策、策略，属于创造性的部分；划，即计划、方案，属操作性的部分。而计策或策略，乃为策划的核心，是策划最闪光之处，是策划者创造性思维的结晶，一般称之为"创意"。

有这样一则寓言，说上帝为人间制造了一个怪结，被称为"高尔丁死结"，并许有承诺：谁能解开奇异的"高尔丁死结"，谁就将成为亚洲王。所有试图解开这个怪结的人都失败了，最后轮到亚历山大，他说："我要创建我自己的解法规则。"他抽出宝剑，一剑将"高尔丁死结"劈为两半。于是他就成了亚洲王。这个寓言深入浅出地道出了"创意"二字的真谛。

创意是什么？顾名思义，"创意"就是创造性的意念，在英文中表述为creation或idea；它可以是一个意象、一个联想、一个观念或一个念头与点子。创意的质量高低，决定了策划主题的质量高低，也关系到整个策划的成败。在成功的公关策划中，策划过程中一系列创造性的思维都是围绕创意展开的，都是创意的补充与拓展，或是创意的铺垫与具体化。当新颖的创意诞生时，其他的创造性思维就有了核心。

（二）创意过程

公关策划创意，往往表现为灵感的突然闪现，表面上好像是创意人员只要"眉头一皱"，就"计上心来"。而实际上却是"十月怀胎，一朝分娩"的产物。创意有它酝酿、产生、发展、消亡的过程。这个过程一般可分为：准备、酝酿、闪现、成型和论证五个阶段。

1.准备阶段

公关策划人员首先要根据公关目标，进行全面的准备工作。将经过调研得来的公关信息进行整理、筛选、分析、研究，得出结论，并据此确定公关活动的规模和范围。经过充分准备，使策划创意目标明确、问题清楚、条件明晰，保证创意的方向性、针对性和可行性。

2.酝酿阶段

在做好充分准备的基础上，遵循已确定的公关目标方向，针对所要解决的问题，怀着解决问题的强烈愿望和满腔热情，策划者充分利用已有的知识和经验，大胆发挥想象力，通过非常活跃的创造性思维活动，对各种知识、经验进行加工提炼。

3.闪现阶段

在艰苦的创意思维中，会突然地迸发出灵感的火花，出现一个新奇的构思，这就是创意的闪现。于是，原来纷乱的思绪一下子被它所吸引，并受其启发和影响而渐渐清晰，而且集中于有希望的某一方面。不过，这时的构思仍像海市蜃楼一样模糊不清，或仅仅是一闪而过，必须把它紧紧抓住，并记录下来。

4.成型阶段

灵感中所闪现的构思往往是零碎片断、简单粗糙、模糊不清的，只能算是"半成品"，必须把它加工成完整成熟、明确清晰、富有价值的"产品"，才能形成理想的公关方案。策划人员要运用形象思维和逻辑思维两种方法对它进行进一步的加工，通过讨论争辩、各抒己见、集思广益使方案逐步成型和完善。

5.论证阶段

创意基本成型后，公关策划人员还必须以冷静的态度、理智的眼光和科学的方法，对所构思的公关方案进行科学的论证和检验。看其是否是一种创新，符不符合公关的客观规律，能否给组织带来效益，是否具备可行性……通过周密的论证后，如果得到大家的广泛认可，就可以形成策划方案。

（三）创意方法

公关策划中最常用的产生创意的方法就是"头脑风暴法"。

头脑风暴法（brainstorming）又称脑力激荡法或智力激荡法。它的发明者是现代创造学的创始人、美国学者阿历克斯·奥斯本。头脑风暴原指精神病患者头脑中短时间出现的思维紊乱现象，奥斯本借用这个概念来比喻思维高度活跃，打破常规的思维方式而产生大量创造性设想的状况。头脑风暴法是一种集体开发创造性思维的方法，在全世界被广泛应用，而实践证明也是有效的。

头脑风暴法的具体要点：

（1）参会人数。以5~12人为宜，人太少，则意见不充分；人太多，则不能充分发表意见。

（2）会议前通知。要提前几天发出通知，并且要告诉与会者会议的主题，使他们有所准备。

（3）会议地点。会议地点应选在安静的、不受外界干扰的场所，与会者的通信工具应当关闭。

（4）会议时间。会议时间一般不要超过1小时。时间长了，与会者容易疲劳。

（5）会议主持人。主持人要在会议开始时简要地说明会议目的、要解决的问题或目标，宣布原则，鼓励发言。保证会议主题方向、发言简明、气氛活跃是主持人的本职工作。

（6）会议记录员。会议应有1名或2名记录员。记录员在会议中应记录与会者提出的各种设想和方案，会后要协助主持人分类整理各种设想。

案例材料3-6

坐飞机扫雪

有一年，美国北方格外严寒，大雪纷飞，电线上积满冰雪，大跨度的电线常被积雪压断，严重影响通讯。过去，许多人试图解决这一问题，但都未能如愿以偿。后来，电讯公司经理应用奥斯本发明的头脑风暴法，解决了这一难题。他召开了一种能让头脑卷起风暴的座谈会，参加会议的是不同专业的技术人员，要求他们必须遵守以下四项基本原则：第一，自由畅想。即要求与会者尽可能解放思想，无拘无束地思考问题并畅所欲言，不必顾虑自己的想法或说法是否"离经叛道"或"荒唐可笑"。第二，延迟评判。即要求与会者在会上不要对他人的设想评头论足，不要发表"这主意好极了！""这种想法太离谱了！"之类的"捧杀句"或"扼杀句"。至于对设想的评判，留在会后组织专人考虑。第三，以量求质。即鼓励与会者尽可能多而广地提出设想，以大量的设想来保证质量较高的设想的存在。第四，综合改善。即鼓励与会者积极进行智力互补，在增加自己提出设想的同时，注意思考如何把两个或更多的设想结合成另一个更完善的设想。按照这种会议规则，大家七嘴八舌地议论开来。有人提出设计一种专用的电线清雪机，有人想到用电热来化解冰雪，也有人建议用振荡技术来清除积雪，还有人提出能否带上几把大扫帚，乘坐直升机去扫电线上的积雪。对于这种"坐飞机扫雪"的设想，大家心里尽管觉得滑稽可笑，但在会上也无人提出批评。

相反，有一工程师在百思不得其解时，听到用飞机扫雪的想法后，大脑突然受到冲击，一种简单可行且高效率的清雪方法冒了出来。他想，每当大雪过后，出动直升机沿积雪严重的电线飞行，依靠高速旋转的螺旋桨即可将电线上的积雪迅速扇落。他马上提出"用直升机扇雪"的新设想，顿时又引起其他与会者的联想，有关用飞机除雪的主意一下子又多了七八条。不到一小时，与会的10名技术人员共提出90多条新设想。

会后，公司组织专家对设想进行分类论证。专家们认为设计专用清雪机，采用电热或电磁振荡等方法清除电线上的积雪，在技术上虽然可行，但研制费用大、周期长，一时难以见效。那些因"坐飞机扫雪"激发出来的几个设想，倒是一种大胆的新方案，如果可行，将是一种既简单又高效的好办法。经过现场试验，发现用直升机扇雪真能奏效，一个久悬未决的难题，终于在头脑风暴会中得到了巧妙的解决。

三、公关策划的步骤

公共关系策划是一种大脑的思维活动，是一个积极寻求最佳方案的思维过程。因而，公共关系策划应掌握一整套谋划的科学思路，遵守一定的工作程序，以避免凭经验和直觉办事的随意性和盲目性。根据系统工程所提供的方法，我们把公关策划的程序归结为六大基本步骤。

（一）确立目标

公关目标，是指公关活动所要达到的理想境地和标准。公关目标是一个组织开展公关活动的指南，也是使公关活动得以顺利进行的保证，同时，它也是衡量一个组织公关活动的尺度与标准。对于公关活动来说，确定公关目标具有十分重要的意义。

确立公共关系策划目标的思路，大约是这样一个过程：通过调查研究获得组织内外环境与资源的大量材料，以材料去推断组织的优势与劣势、机会与风险、资源与条件；通过对这些推断的分析，找出组织的公共关系问题所在；再根据问题的轻重缓急，排出解决问题的先后次序，并提出和界定首要的问题；然后通过对这一最重要问题产生原因的探索，找出问题的症结，根据组织的特质和组织的需要，最后确立组织公共关系策划的目标。

公关目标是一种复合目标系统。不同的公共关系专题活动，其目的自然有所不同。一般说来，带有公益性质的公共关系专题活动，往往带有双重目的：一是引起社会公众对某一社会热点问题的关注和支持；二是提升主办出资机构的知名度和美誉度。确立目标时，就应该同时明确这两个方面。而一项品牌推介型的公共关系专题活动，则目的比较单一，即集中于企业和品牌自身形象的宣传、推广上，但有时也兼有借此沟通政府和媒介关系的考虑。在确立组织公共关系活动的目标时，我们应注意以下几点：

第一，目标必须是具体的。目标不应是一个抽象的概念或空洞的口号，如"良好形象"或"真诚的奉献"。它应当是组织在内外环境条件下必须达到的实际结果，如"促使消费者对C品牌改观，提升消费者对C品牌的认同，使80%的消费者认为C品牌已经属于一个具有流行和时尚元素的品牌"。

第二，目标必须是可衡量的。既然目标需要达成，那么它就得可衡量，这样才能检验目标达成的程度。比如"使员工的参与意识得到极大提高"中，"极大"一词便是难以准确把握的，应是可以通过计算得到明确数据的结果，比如"使80%的员工参与到本组织的这次活动中来。"

第三，目标应当是可实现的。在确立目标时，必须考虑在组织现有条件下，能否解决问题、实现目标，能在多大程度上解决问题、实现目标。目标过高，必然导致失望和沮丧；不考虑自身条件的盲目蛮干，也只会以失败告终。

第四，目标必须要有时间限制。组织公共关系活动要实现的目标，必须是在规定的时间里应当达到的结果，既非远不可及，也不应遥遥无期。

（二）分析目标公众

组织公共关系活动目标的差异性，决定了公共关系活动对象的区别性。在公共关系策划过程中，我们必须要在组织的广大公众群中，根据实现目标的需要，去分析哪些是该项公共关系活动必须关注、交流和影响的目标公众。

分析目标公众的方法一般为：

第一，以活动目标划定公众范围。例如，学校为宣传自己的办学成果而组织的人才交流会，其公众主要是应届毕业生、用工单位、新闻单位、毕业生家长、人才交流部门及部分教职工，非毕业班学生和他们的家长、政府机关、实习基地等则不是该次活动的目标公众。这种划分主要强调的是关联性。

第二，以组织实力划定目标公众。在公共关系实践活动中，有时组织需要面对的公众面极广，面面俱到则深感人力有限、经费不足，应付不过来。这时就应将有关公众按与组织关系的密切程度、影响的大小程度、相关事情的急缓程度等因素进行排队，选出最为要紧重要的"部分"作为目标公众。这种划分主要强调的是重要性。

第三，以组织需要决定目标公众。例如，当组织出现形象危机时，目标公众应首指组织的逆意公众和行动公众，以防危机的扩散和加剧。这种划分主要强调的是影响度。

其实，不同组织每次公共关系活动确定谁为目标公众，很难有统一的标准，基本的原则便是考虑目标、实力和需要三个方面的因素，由各个组织灵活地决定。确定公众之后，就可以有意识地筛选和利用有关信息，对特定公众进行卓有成效的传播，而不是漫无边际地传播，造成不必要的浪费。

（三）设计主题

主题，是指公共关系活动中联结所有项目、统率整个活动的思想纽带和思想核心。提炼公共关系活动的主题，是公共关系策划过程中一个极其重要的环节，它好比确定一部大型交响乐曲的主旋律。能否提炼出鲜明突出的公共关系活动主题，主题能否吸引公众、抓住人心，可以说是公共关系策划成败的一个重要标志。为此而反复揣摩、推敲、提炼，对于公共关系策划者来说，都是必要和值得的。

表现公关活动主题的形式有多种多样，一般是用一个口号来概括，也可以是一句陈述或表白。设计主题需要创意，但不能为提炼而提炼，故弄玄虚，故作高深。提炼和确定主题应当注意：

第一，与目标的一致性。提炼主题，是为了更好地凸显公共关系目标，主题必须与公共关系活动的目标保持一致，主题必须服务于目标。

第二，要有鲜明的个性和特色。公关主题不是随处可见的标语，不可以千篇一律，它讲究个性的突出和特色化。太流俗的东西，只会引起公众的"视觉疲劳"。

第三，要考虑公众的心理。考虑公众的心理是说要注重公众的接纳、认同心理，只有产生了一定程度上的接纳和认同，公众才会积极地参与和关注公关活动。

第四，要有一定的传播力。主题一定要高度凝结、朗朗上口、便于记忆，切忌使用冗长拗口的词句，否则会令人生厌且难以记忆。

总之，设计主题是一项创造性很强的工作。目标是公关活动的程序化奋斗方向，而主题则是公关活动目标的艺术化体现。

（四）选择媒介

媒介是公共关系信息传播的载体。既然不同的公众需要不同的媒介，不同的媒介也限定了所要沟通的公众。要想达到预期的传播效果，公共关系策划者必须知晓各种媒介，了解各种媒介的优缺点，要善于通过巧妙组合的方式，达到优势互补、交相辉映的整合性传播效果。策划者需要思考的是：整个公关活动主要由哪几个传播活动组成？每一个传播活动的特色是什么？各用什么传播方式？分几个阶段或如何交错进行？每个传播活动所要达到的理想效果，以及整个传播的整体效果是什么？因此，选择媒介也是公共关系策划的关键一步。

至于如何去确立那些功能特点各有所长的媒介，应当是根据不同的情况去作不同的选择，最常见的有以下几种方法：

第一，根据传播对象选择媒体。这里的关键是考虑组织公共关系信息的接受者是否能有效地获取信息。

第二，根据传播内容和形式选择媒体。组织公共关系传播的内容千差万别，形式也多种多样，故而对媒体的选择也要求多样化。

第三，根据组织实力来选择媒体。公共关系传播需要一定的经济投入和其他资源的投入。故组织在选择媒体时应事先考虑自己的实力，只要能达到预期的目标，考虑媒体时应尽力以节省经费为出发点，不必一味贪大。

第四，根据组织的环境条件来选择媒体。在我国，经济和科技的发展并不平衡，媒体的分布和发展程度，尤其是大众传媒发展水平极不平衡，故而选择媒体时必须考虑、研究当地现有的条件。

（五）编制预算

经费预算既是公共关系策划的"目标"，也是对实施的经费开支的控制。策划中的精打细算，既可给实施带来事前心中有数的方便，也使决策者认可策划方案成为可能。美国内布拉斯加大学著名传播学教授罗伯特·罗雷在《管理公共关系学——理论与实践》一书中指出："公共关系活动往往由于以下原因归于失败：第一，由于没有足够的经费，难以为继，关键时刻不得不下马；第二，因经费不足，只得削足适履，大幅度修改原计划；第三，活动耗资过大，得不偿失。"这是我们策划时必须引以为戒的。

公共关系活动的经费开支主要包括四大内容：

1.日常行政经费

例如房租、水电费、电话费、办公室文具用品费、保险费、报刊订阅费、交通费、差旅费、交际费以及其他通信费（如电报、特快专递费等）、资料购置费和复制费等。

2.器材设施费

如购置、租借或维修各种视听器材，通信器材、摄影（像）器材、交通工具、工艺美术器材，制作各种纪念品、印刷品、音像制品和各种传播行为所需的实物及用品。

3.劳务报酬经费

它包括组织内部公共关系人员的薪金或工资、奖金及其他各种福利费、组织外聘专家顾问的工时报酬（策划费用的高低，一般根据公共关系策划者名望水平、公共关系活动要求、规模和难易程度事先谈定）。

4.具体公共关系活动项目开支经费

这笔费用的开支主要根据公共关系活动项目的大小来确定。它包括宣传广告费、调查活动费、人员培训费、场地租用费、各种名目的赞助费以及办公、布展、接待参观的费用。与此同时，策划人员还应考虑活动的机动费用（一般占总费用的20%），以防意外突发事件。

公共关系费预算是一件非常烦琐而复杂的事，为了达到组织预期的公共关系目标，本着勤俭节约、精打细算的原则，要开列出详细的开支预算清单，要保证所有开支项目都是必要的、可检测的。在制作经费预算时，最好同时制定经费开支的办法和超支规定，以便在公共关系活动的实施中及时核对、控制开支并考察绩效。

（六）审定方案

公共关系方案提出后，要经过可行性论证和审定，方可正式确定下来。方案论证一般是由组织的领导、有关专家和实际工作者提出问题，由策划人答辩论证。论证的内容包括价值论证、可行性论证和应变论证。

审定方案工作有方案优化、方案论证和书面报告三个步骤。一般应从以下方面入手：

1.对目标进行分析

对目标进行分析即分析目标是否明确，与组织总目标是否协调，对实现的把握程度如何。

2.对限制性因素进行分析

因为任何一项公关活动都是在一定条件下进行的，都要受到资金、时间、人力、传播渠道以及其他有关条件的限制。这就必须分析，公关策划方案在哪些条件下可以实行，在哪些条件下不能实行。

3.对潜在问题进行分析

对潜在问题进行分析即预测公关策划方案实施时可能发生的潜在问题和障碍，分析防止和补救的可能性及其应对措施是否可行。

4.对预期结果进行综合效益评价

效益评价包括成本效果分析和成本效益分析。前者是指为实施项目计划所投入的成本与所产生效果的比较分析，后者是指投入的成本与所产生的效果转换成货币量度之间的比较分析。

✅ 做一做

1.案例分析

广州本田自我"曝光"

2007年3月19日起，50余万辆雅阁、奥德赛和飞度轿车将被广州本田汽车有限公司实施召回。本次召回包括2003年1月7日到2006年12月21日期间生产的各款雅阁轿车，共419 613辆。召回范围内的车辆在长期使用过程中，助力转向油管可能会出现渗漏。情况严重时，可能出现转向操纵力增加，方向盘转动沉重。本次召回还包括2005年2月22日到2007年2月14日期间生产的奥德赛轿车共68 993辆，2005年8月1日到2005年9月30日期间生产的雅阁、奥德赛和飞度轿车共39 800辆。

讨论并回答：

（1）公共关系是坚持以"美誉为目标"的，广州本田自揭"家丑"的行为和公共关系的原则是否矛盾？你是怎样理解的？

（2）假如你是该厂的公关部经理，针对这一事件进行一次公关活动策划。

2.选择一件开学受学生欢迎的产品，并策划一个公关活动以利于新产品的推广。比如：手机、笔记本、电话卡等。

✅ 拓展空间

1.搜集一个公关策划成功的案例和一个公关策划失败的案例，对比分析后写出感想。

2.组织参观考察当地的一次大型公关专题活动，并对其策划予以评析。

✅ 效果评价

本任务的效果评价参考表见表3-2。

表3-2　　　　　　　　　　　**公共关系活动策划方案效果评价参考表**

环节	评分标准	分值（分）
理解公共关系策划的作用	能够体会公关策划的巧妙之处及其在为企业寻找新的市场机遇中的作用	30
确定解决问题的程序方法	明确解决问题的程序	40
思考过程	是否具有创意，使产品增值	30

▶ 任务三　公共关系活动策划方案的写作

【任务目标】

知识目标
1.公共关系活动策划方案的要素；
2.公共关系活动策划方案的写作。

能力目标
1.能够结合给定主题，搜集资料，编写规范的公共关系活动策划方案；
2.通过完成特定任务，掌握公关策划所需的市场调研能力、公关创意能力、活动方案设计能力、媒体沟通能力、费用预算能力、活动安排能力等。

素养目标
掌握公共关系活动策划方案的一般规律，提高方案写作水平。

【任务导入】

双虎家私3·15公关活动方案撰写

活动背景：

2012年"3·15"主题为"消费与安全"。"消费与安全"主题的含义：一是提高企业消费维权的意识和水平，促使其生产安全的产品，提供安全的服务，预防和减少安全隐患，确保消费者在消费过程中，人身权和财产权不受损害；二是增强节约资源和环保意识，保障环境安全，维护消费者的长远利益；三是要特别注重对老人、儿童、农民等弱势群体的保护，采取措施，保障他们的安全权益；四是树立科学、合理的消费观念，使消费行为符合安全消费的要求，通过消费者的选择推动行业规范发展，更好地保障消费者安全权益。

双虎家私作为一个极具社会责任感的品牌，为更好地贯彻《消费者权益保护法》《产品质量法》等法律法规，宣传2012年的主题，促进市场经济良性发展，保护知名企业健康成长，维护消费者合法权益不受侵害，将2012年3月定为诚信惠民月，并推出各项惠民服务，以诚信为根本为消费者营造全新的时尚家居生活。

一、活动主题

诚信"3·15"，共建"消费与安全"的新家园

二、活动时间

2012年3月15—18日

三、主活动内容

诚信"3·15"——爱心连万家

1.活动内容：1.8米大床315元。

2.活动说明：

（1）秒杀：准备手机一个（最好是店长的手机），在开机一刻最先打进电话者，只需315元就可购床，限量且只限3月15日当天。

（2）抽购形式

四、副活动内容

1.诚信"3·15"——您的新居，我的心意

活动说明：购物满3 000元可立减150元（正价产品且全款付清）

2.诚信3·15——"告别冬天"家居特卖

特价沙发：3 150元

特价卧房套（XB高厢床+两个床头柜+四门柜）：3 150元（可根据各专卖店情况自行调整）

3.诚信3·15——"走进春天"新品热卖（略）

4.诚信3·15——双虎"三优"郑重承诺

（1）优雅的购物环境。

（2）优质的商品质量。

（3）优异的服务品质。

进店顾客可领取调查表一张，为我们评分，填好后可领礼品一份（有助于收集客户资料）。

五、宣传方式组合以及宣传时间规划

注：该时间表以3月15—18日活动为准。

如时间不在此期间，该时间表（见表3-3）按照具体活动时间进行等量顺延。

表3-3 　　　　　　　　　**双虎家私活动方案费用明细**

宣传方式	数量	费用预算	出现时间/时长	负责人	监督人	监督方式	备注
短信	20万条	10 000	3.13，10万条 3.15，10万条			·短信发送记录。 ·每次发送需要加上自己的手机号，以便查看短信什么时候发送出去	

续表

宣传方式	数量	费用预算	出现时间/时长	负责人	监督人	监督方式	备注
电视飘字	140字内	2 000	3.8—3.18			电视飘字出现后，附上时间、查询次数	飘字需要选择黄金时段
公交车车头	10~50辆	5 000	3.8—3.18			公交车站内照相，要附带车牌号	
小区喷绘	5~15块	3 000	3.8—3.18			每个小区喷绘需要实地考察位置，并由推广人员确定	
乡镇喷绘	50块 2×1.5米	1 500	3.8—3.18				
宣传车	3辆	2 000				跟车监督	路线需要提前设计好
乡镇传单	6人 20 000份	2 200	3.8—3.18 时间根据当地宣传情况进行调整			乡镇传单跟宣传车一起，跟人监督	
城区传单	10人 8万份	10 000	3.8—3.18			导购监督，经理监督	路线需要提前规划，先计划小区，然后再扫街的路线
城区广告牌	5块	5 000 （可选）	3.8—3.18				

六、执行要点

1.宣传方式要提前谈好，抢占最好的位置。

2.所有的宣传主题都要突出2012年的消费主题"消费与安全"。

3.导购介绍产品时要突出"安全与环保"，重点以油漆、板材宣传。

4.店内布置时，可放一些板材样品，播放家具生产过程视频。

5.合理安排人员。

讨论并回答：

本案例中的公关策划方案包括哪些部分？你有哪些补充？

学一学

一、公共关系策划方案的构成要素及写法

公共关系策划方案的构成要素包括：标题、主题、目的、背景分析、活动方式和实施步骤、传播策略、经费预算、效果评估、署名与日期。

（一）标题

作为一份完整的策划方案，必须具有标题。写法有两种：

一是由公共关系活动主体——组织的名称、公共关系活动的主要内容加上策划书这些文体名称构成。如桂林市龙胜县秋季旅游公共关系促销活动策划书。

另一种是在上一种标题的基础之上再加上一行揭示主题的文字，形成正副标题。如生命呼唤绿色——三金药业股份有限公司环保宣传活动策划方案。

（二）主题

用简洁的语言概括公共关系活动创意内容。

如桂林中学百年华诞庆典活动的主题为"同一身份，同一盛事"，其概括的公共关系活动创意内容为：无论你来自何方，无论你去向何方，无论你现在的身份与地位，但是现在或是曾经我们都在这里学习过、成长和工作过，共同拥有一个身份——桂林中学的一分子；在桂中百年华诞之际，我们将以最高昂的热情，用最热烈、最隆重的方式，共同迎接、共同庆祝我们大家的节日——桂林中学百年华诞。

（三）目标（或目的）

用简洁的语言表明本次公共关系活动要达到的目的或目标，为公共关系活动评估提供参照，同时也表明了本次公共关系活动的意义所在。如桂林市环保宣传活动的目的为：向市民宣传环保知识，进一步提高市民的环保意识，共创国家环保模范城和建设国家级生态示范市；向市民推荐绿色产品。

（四）背景分析

公共关系活动背景分析是公共关系策划方案正文的一项要素。这是因为社会组织的任何一项公共关系活动都不是无缘无故的。作为活动的主办方或出资方，在特定的时间、地点推出一项公共关系活动，均有其特定的背景和需要。一份策划方案，只有在充分调查研究的基础之上，首先阐明这一背景和需要，才能引出后面的具体策划内容、方案，也才能说明举办这一活动的迫切性、针对性和意义所在。

公共关系活动背景分析的撰写，并无固定的套路，可视活动的不同性质而定。如一项公益型公共关系专题活动的策划书，与一项品牌推介型公共关系专题活动的策划书，其活动背景分析的撰写重点就有所不同：前者强调社会热点和公众需要；后者着眼于市场竞争态势和企业拓展需要。

但一般说来，都离不开两大块内容：一是社会、公众和市场需要；二是组织自身发展需要。只不过不同的活动各有其不同的侧重点而已。所以，撰写者在写作公共关系活动背景分析这一部分文字时，必须牢牢把握社会、公众、市场需要和组织自身发展需要，并注意用简洁的语言表明这一内容。同时在分析社会、公众、市场需要时，应以一定的调查资料为基础而展开。

案例材料3-7

娃哈哈新产品"非常可乐"品牌推介型公共关系专题活动策划书的背景分析

娃哈哈集团是中国最大的饮料食品企业，其产品种类丰富。娃哈哈AD钙奶、八宝粥、矿泉水等都是我们耳熟能详的产品。它一年销售近60亿元，广告投放超过 5 亿元，产品几乎覆盖中国的每一个乡镇。2000 年一年的销售总量是排在它后面的第二到第五大饮料食品企业之和。富于开拓进取精神的娃哈哈人并没有因此而满足，从此裹足不前，而是又把眼光瞄向了可乐市场，决定推出一种新款的可乐——非常可乐。自从可口可乐打开中国可乐市场以来，这一利润巨大的碳酸饮料的重头市场一直被洋可乐把持着，中国可乐市场中可口可乐和百事可乐的占有率分别是 57.6% 和 21.3%。在中国，每年生产的可乐有 136 万吨，只占大陆全年碳酸饮料市场的二成七。如此低的占有率，说明碳酸饮料本身还有市场空间，可乐市场也还有巨大的成长空间。于是，娃哈哈公司瞄准了这个极具市场潜力的空间，选择可乐作为其又一产业增长点。但摆在娃哈哈人面前的是一条极为艰难的道路，在非常可乐之前，有不下十种国产可乐品牌，如银鹭、少林、汾湟等，在洋可乐的壁垒中都没有生存下来。非常可乐该如何在市场上站稳脚跟呢？

在困难面前娃哈哈人没有屈服、没有气馁。经过一系列调查，发现除了饮料市场尚未饱和，还有开拓空间外，推出非常可乐有自己的本土优势。

首先，非常可乐是娃哈哈集团旗下的一个子品牌。由于娃哈哈在消费者心中有比较高的知名度与美誉度，消费者已对其有一定的品牌忠诚度与可信度，因而非常可乐一出生便有天然优势，可以在母体的呵护下茁壮成长。同时，在市场推广中也可省却不少宣传费用。其次，纵观国内市场环境和"敌我特点"，非常可乐也有自己的优势。在中国，有一定经济实力和较新观念的居民大多在沿海城市，以及内陆的一些中心城市，而农村尤其是西北部地区，居民收入较低，在选择产品，尤其是一些饮料消费品上对价格比较敏感。非常可乐引进的生产设备和使用的材料与可口可乐同等，但人员管理费用远远低于可口可乐，并且省去了当年可口可乐开拓中国可乐市场的费用。这样，非常可乐的价格就比可口可乐低 20% 左右，这使得非常可乐在进军中小城市时就有了价格优势。

（五）活动方式和实施步骤

实施步骤一般分为：准备阶段、实施与传播阶段、善后阶段。在每一个阶段一般都要写明活动时间或时机、场地、人物（包括实施人员）、方式、物品调度等要素，并将其进行动态的组合，从某种意义上说就是公共关系活动在文本上的预演。策划书的可操作性和实践指导性具体体现在这一部分。

1.时间或时机

"天时、地利、人和"，时间或时机对策划者来说可以说是命运之神，关系到公共关系活动的成败，如何选择合适的时间或时机，策划者应慎重考虑。一般来说，适宜公共关系活动进行的时间或时机有：节假日，目前中国有十几个传统的和从国外引进的节假日；组织创办或企业开业之际，比如，美国芝加哥体育中心酒店，在酒店刚刚破土动工时，就开始向公众传播设计规划、介绍施工情况，邀请参加联欢活动，征求意见等，使酒店在未开业之前就已有一定的知名度和美誉度，拥有了良好的形象，拥有了一大批顾客；企业推出新的产品和新的服务项目之际，比如桂林台联房产在推出枫丹丽苑楼盘时就加大了公共关系宣传力度，进行了一系列公共关系活动，如赞助桂林市2001年环保宣传活动等；组织发展很快但声誉尚未形成之际，比如桂林市恭城县、平乐县等具备丰富的旅游资源，但知名度并不高，在这种情况下，他们开展了一系列公共关系活动，如节庆活动、参加展览展销活动等等，通过媒介的推波助澜，他们的知名度和美誉度在逐步提升；组织在某些方面出现失误或遭到误解之际，比如上海的正广和汽水厂出现老鼠钻进汽水瓶的事件后所采取的措施。

2. 场地

适合公共关系活动开展的主要场地有：（1）闹市。繁华的街道和顾客盈门的商场，由于公众云集，易于传播，往往是公共关系活动首选场地。一般来说，生产日用生活用品的企业，适宜选择这些场地作为公共关系活动的舞台。（2）广场。各种适宜举办大型公共关系活动的体育广场、文化广场以及城市广场，一般来说，重大的节庆活动、物资交流贸易会、体育比赛、文艺演出等，须以这里为舞台。（3）会堂。各种类型的会堂，是召开各种会议的场所。一般来说，员工大会、颁奖典礼、新闻发布会、与协作者磋商、与公众的对话联谊，适合在这里举行。（4）展馆。展馆可以说是供各类组织进行展示性公共关系活动的专门场所，自然也是极佳的舞台。由于展馆一般展厅面积很大，其服务的方式往往是举办短期展览会，供同一行业、同一类商品、同一地区的有关组织联合使用。因此，选择展馆为公共关系活动舞台。如果是独家使用就要审视自身的实力；如果是联合使用就要注意与组织自身同性质的展览会信息。（5）现场。生产现场、施工现场、事件发生现场等。由于有时与所传播的信息密切相关，因而利用现场举办公共关系活动，往往有很大的说服力。选择了公共关系活动的场地后，还需对场地加以布置。大型公共关系专题活动的场地布置，是一项对创意和专业技术均有很高要求的工作，其具体设计方案一般还须另行撰写，并配有专门的设计效果图。但在活动策划文案中，往往也可以将其列为一个要素，拟出几条原则性的意见和设想，让客户或主管领导审阅文案时有一大体印象。我们初学策划文案写作的学生，往往在写作场地布置部分时，对此写得较为理想的不多。主要原因仍是有相当一部分学生缺乏操办大型活动的实际经验，一时找不到活动场景的感觉，乃至有的学生对场地布置的描述仅是"主席台上挂一条横幅；主席台旁插几面彩旗"之类，给人感觉不是一项大型公关活动的现场，倒像是农村某个生产队的会场。其实，稍有悟性者只要多观察和琢磨电视中经常播放的有关活动（如晚会等）的现场布置，是不难从中领悟一些基本法则的。

案例材料3-8

桂林市大地公关营销有限责任公司为桂林中学百年华诞庆典活动设计的场地布置方案

（一）总体原则

要充分体现桂中的深厚文化底蕴，展现桂中如今在桂林的教育界，甚至广西的教育界的地位与实力；气氛隆重、大气，而不失创意。

（二）具体布置方案

校门口：

（1）学校大门入口处设置双龙气拱门、飘空球；

（2）庆贺单位花篮；

（3）庆祝横幅、竖幅；

（4）铺设红地毯，来宾们由此进入校园内，表示对各位来宾的重视。

（5）在校门口用鲜花及绿色植物搭建"桂中百年"庆徽。

校区主干道：

将整个主干道通过各项布置，装点成一条迎宾大道，具体如下：

（1）整个校区活动现场上空悬挂飘空红灯笼氢气球。

（2）在校园的主干道设置嘉宾、校友签到处。

（3）以庆徽为主元素，印制小挂旗，悬挂于校园的主干道（青石板路）。

（4）道路两边插庆徽 LOGO 刀旗。

仪式会场：

（1）会场周边插庆徽 LOGO 刀旗，上空悬挂飘空球。

（2）仪式现场分成舞台区、嘉宾席、学校师生观礼区。

（3）坐西朝东用 TRUSS 架搭建舞台，且在舞台上搭设主题背景、主题对联，台上铺设红地毯，周边用绿色植物装点。在 TRUSS 上安装专业舞台灯光，供"第二时间段：大型文艺演出部分"使用。

（4）舞台正前方为嘉宾区，铺设红色地毯，一、二排设桌椅，其余摆放椅子。

（5）学校师生观礼区摆放椅子。

（6）舞台两旁竖立花柱；摆放室外专业音响设备。

（7）正对舞台的体育馆悬挂喷绘横幅，体育馆大门旁各设置一个双龙气拱门。

（8）班旗指示参加学生方块队。

（9）舞台上正中摆放大发言台，供发言嘉宾讲话；在舞台左侧摆放一个小的发言台，供主持人主持时使用，两个发言台上均用台花装饰。

3.人物（包括实施人员）

在公共关系活动中，要注意考虑如下人员的安排：

（1）组织领导。他们既是一个社会组织形象的代表，又是公共关系活动的决策、组织、指挥、参与者。因此，组织领导在整个公共关系活动中该什么时候亮相、怎样亮相、亮相时该传播什么信息，策划者在拟订计划时均应有所考虑。

（2）组织英雄。一个成绩卓越的社会组织，总会在实践中涌现出若干英雄人物。他们或是科技工作者，或是普通劳动者，或是中层管理者，也可能兼为组织领导。在公共关系活动计划中应让这些英雄们当场亮相。如此，既可激励内部公众，也可折服外部公众，并使英雄本身拥有成就感。这对树立良好的组织形象是大为有利的。

（3）名人与体育明星、文艺明星、政界要人等。他们富有较大的知名度，如果公共关系活动中能请他们出场，就能借助他们身上的光环效应，使组织信息的传播效果更佳。由于名人们各有特色，又比较忙，选择哪几位名人应妥善考虑。

（4）媒介记者。因公共关系活动的目的之一就是要尽可能广泛地传播信息，因此与大众传播媒介代表的联络是不可或缺的。计划中对媒介代表的选择一般是与"选择媒介"程序中所确定的媒介相对应的。在"拟订计划"阶段，应考虑如何接待媒介代表，向他们传播怎样的信息，要考虑给他们提供怎样的摄录条件等等。

（5）公共关系人员。即整个公共关系活动落实、实施的文职工作人员，他们该如何分工，安排哪几位出外协调关系，哪几位布置公共关系活动场地，哪几位准备公共关系文件等等，均应细致地予以考虑拟定。

（6）各种仪式中演奏的铜管乐队队员以及迎宾与烘托气氛的礼仪小姐。

在拟订具体计划中，往往把以上各因素组合起来考虑，并确定礼仪队员人数、分工、服务项目及具体任务等。

4.活动方式

公共关系活动方式可以说伴随着策划者的策划，层出不穷，花样百出。在此，仅介绍几种常用的方式：

（1）节庆活动。即通过文化节庆、纪念庆典等来传播组织信息。比如潍坊国际风筝节、上海国际电影节、青岛啤酒节、桂林山水节、阳朔漓江渔火节、资源河灯节、深圳荔枝节、苏州建城2 500年庆典、可口可乐问世100年庆典等等。

（2）新闻发布。即通过发布会上的群体传播与新闻媒介的大众传播相结合，有效地传播组织的信息。比如1995年6月，安徽省借在上海浦东投资的裕安大厦启用之机，由各地方组团在上海进行大规模招商活动，其中最主要的方式便是召开了新闻发布会，有效地传播了安徽各方面的信息。

（3）赞助。即通过对体育、文化、赈灾、助残、社会公益福利事业的赞助，以树立组织良好的形象。如健力宝、农夫山泉等开展的体育公关。

（4）展览展销。即将组织所拥有的有说服力的事实，包括投资环境、固定资产、过硬的产品、出类拔萃的人才、社会的赞誉等，或以实物或以图片或以文字予以展示，从而令人信服地传播组织信息。比如桂林国际会展中心开展的一系列展览展销活动。

（5）演示。即既带有表演性质又能让群众参与的专题活动。比如日本西铁城钟表商为在澳大利亚打开市场，曾出人意料地采用直升机空投手表，谁拾到归谁所有。结果，观者云集，手表空投后被幸运者拾到，仍完好无损，于是"西铁城表高质量"的名声不胫而走。

（6）对话。即组织决策者或管理者与公众进行面对面的对话。可以是有问有答的大会，也可以是小型讨论会或协商会，还可以是个人之间的谈心沟通，可以有的放矢地传播组织信息，并及时从公众那儿获得信息反馈。组织内部的员工会议、与协作者进行的业务谈判、召开顾客公众参与的建议征询会等，均属"对话"这一方式。

（7）公共关系新闻策划。公共关系策划人员有意识地策划良性新闻，以吸引媒体的注意，增加被报道的机会，以传播组织的信息。

5.物品调度

公共关系活动涉及的物品、道具很多，比如音响器材、桌椅板凳、背景板、飘空气球、条幅、横幅、步道旗、罗马柱、花篮及彩虹门等礼仪庆典专用物品，还有胸卡、入场券、宣传册、文化衫、广告帽、遮阳伞、手提袋等等，这些物品、道具往往成为活动场地布置、烘托活动气氛、宣传组织形象的工具和广告载体，在公共关系活动中，企业往往通过它们来传播自身信息，为树立企业形象服务；而对活动的组织者来说，在有些时候，它们是企业的赞助媒介，是活动组织者的经费来源，在公共关系活动中所有这些物品应给予适当的安排和运用，以发挥其应有的作用。

6.具体步骤

在拟订具体计划中，往往把以上各因素组合起来考虑，并确定实施的具体步骤。一般来说，一个完整的公共关系活动计划包括如下三个步骤：

（1）准备步骤。该步骤主要是公共关系活动正式实施前的一系列工作。它包括：落实、装饰公共关系活动场地；联系落实出席公共关系活动的名人政要；联系落实出席公共关系活动的媒介代表；通过有关媒体烘托气氛；撰制主要文稿；准备要展示的实物、图片、音像资料；拟定活动的具体程序表；有关人员的具体分工。

（2）活动步骤。该步骤又分为两个阶段：前一阶段为"接待序曲"，其主要工作为：有关人员各就各位；迎接来宾在休息室休息；分发宣传资料与公共关系礼品；检查活动场地的有关设施。后一阶段为"传播高潮"，其主要工作为：开始正式程序；通过组织领导传播组织的主要信息；通过名人政要传播附加给组织美誉的有关信息；通过英雄模范人物传播组织局部的却是关键的求取美誉的信息；通过现场展示以及实物、图片、音像资料全方位传播组织信息；进行必要的反馈、沟通；媒介录制、传播信息；制造必要的高潮气氛。

（3）善后步骤。即传播高潮结束后的有关工作：招待、欢送来宾；与少数公众进行深度沟通；整理、恢复活动场地；检查媒体传播活动信息情况；经费核算。

以上各工作步骤，仅是就一般常规公共关系活动而言。由于很多公共关系活动策划极富创造性，其体现的是一种个性化的策划艺术，很难予以规范，也很难纳入一般的计划中介绍，这是需要特别指出的。但是作为活动，它总有"序曲""高潮""善后"的共性，这也是一种不言而喻的规律。

（六）传播策略

凡策划和实施一项公共关系专题活动尤其是较为大型的公共关系专题活动，主办（出资）单位自然希望这一活动能产生较大的社会影响力，乃至造成一定的轰动效应。所以，一旦活动内容确定，则需要围绕活动内容全面设计和制定活动的信息传播策略。这一策略一般包括以下三个方面：

1. 新闻媒介传播

新闻媒介传播即通过新闻媒介发布有关活动消息及相关报道。这一传播方法投入资金少、宣传效果好，最为理想。所以，一个大型公共关系专题活动，在策划时必须考虑到其宣传的"新闻眼"，并据此制订其新闻媒介传播方案。这一方案的内容包括：（1）分几个阶段组织新闻报道；（2）采取什么形式组织新闻报道；（3）重点邀请哪些新闻媒介进行报道。

下面这则范文，是在上海举行的某一大型活动的新闻传播计划。

案例材料 3-9

新闻媒介传播策略

前期宣传

从活动正式举行前 1 个月开始，在上海及中央有关报刊上刊发报道本次活动即将举行的消息和专访，展开活动的前期宣传（造势）工作。

媒介选择：《人民日报》《中国日报》《解放日报》等 6~7 家。

中期宣传

于活动举行前一天，召开新闻发布会，向应邀与会的各大新闻媒介记者介绍活动有关情况，提供活动最新资料，并邀请其参加第二天举行的活动，以便其所在的新闻媒介及时刊（播）发活动消息，以形成广泛的社会舆论效应。

媒介选择：新华社上海分社、《人民日报》、《经济日报》、《申江服务导报》、《上海英文星报》、东方电视台等 20 余家。

后期宣传

活动结束后 1 个月内，在上海和中央若干报刊上组织发表有关"新闻综述"和"新闻观察"之类的文章，对本次活动进行评述，以进一步扩展活动的影响。

媒介选择：《中华工商时报》《解放日报》《上海经济报》等 3~4 家。

---

2. 广告媒介传播

广告媒介传播即通过广告发布的形式来传播有关活动的信息。对一个大型公共关系专题活动来说，广告媒介传播往往构成其传播策略的重要部分，是新闻报道的补充和加强。由于广告的费用投入较大，所以，究竟投入多少广告，采取什么形式组合，均是策划文案这一部分所应谋划和建议的。

广告媒介传播策略范例：

（1）大众媒体广告

于活动开始前一周内，在《××日报》《××晚报》上各刊载通栏广告一次，将活动的时间、地点、主办单位、有关内容广而告之。

（2）户外广告

①在活动地点周围的××路、××路、××路悬挂宣传横幅 15 条，刀旗 40 面，为期 10 天（自活动前 8 天起算）；

②在地铁××站、××站、××站、××站发布地铁灯箱广告60幅，为期20天（自活动前15天起算）。

（3）其他媒介传播策略

即通过宣传单页或宣传册等媒介传播有关活动的信息。这是大型公共关系活动信息传播的补充手段，但由于定向发送，往往能取得比较好的实际效果。

以上三个方面，构成了大型公共关系专题活动的信息的整合传播框架。这三个方面如何配置才能取得最好的宣传效果，策划时应该认真考虑，予以合理安排，并在策划文案中加以明确。所以，把这一部分称之为"信息传播策略"，其中"策略"二字尤为重要。

（七）经费预算

进行公共关系活动经费预算，也就是在计划中将资金、人力和时间进行合理分配，以便有效地开展工作。从财力上保证将公共关系工作纳入正轨。通过估算公共关系活动经费，为以后评估公共关系工作的成果及所取得的效益提供比较科学的依据。根据经费情况，选用恰当的公共关系活动方式和传播媒介，也容易将公共关系的计划方案具体化，形成时间—经费—活动一览表，保证各项具体任务的实施；保证公共关系活动经费按计划支出，防止透支或以权谋私现象发生。

公共关系活动费用的基本构成有10个部分，具体为：

场地费用：场地租金。

物资费用：包括活动使用的各种道具、器材、设备、文具、礼品及布置场地物品所需的费用等。

礼仪费用：包括礼仪性项目的开支，如邀请乐队、仪仗队、文艺演出的演员等。

保安费用：活动期间保卫工作、安全设施等费用支出。

宣传费用：包括用于活动宣传方面的开支，如摄影、录像，广告宣传、宣传品印刷、展示费用等。

项目开支：包括交通运输费、差旅费、办公费等行政性开支或代付费用。

餐饮费：假如活动项目中有宴会或餐饮计划，需要安排这一项目开支。

劳务费：包括公关人员和其他劳务人员的薪水。公共关系活动是知识与劳动均呈密集状态的突击性工作，人员的工资、报酬在整个经费中占有很大的比重。这里的人员开支，主要包括公共关系专家、公共关系文职人员、公共关系礼仪队员、名人、摄影师等参与公共关系活动人员的工资、奖金、补贴等。

不可预算的费用：包括应急费和大型活动常常有的许多不可预算的开支，通常都在这一类费用中列支，一般是以活动费用总额的5%～10%计算。

承办费：假如是委托专业公共关系机构承办的，必须支付承办费，这一费用实际上包括了承办机构的管理费、利润。

以上活动经费预算通常是以编制预算书的形式完成。

目前，大型活动项目的预算书的编制一般都按国际惯例，不能够用一些笼统的编制方法，而应该是实实在在、一项一项列示清楚，尤其是一些代付酒店的费用、购物的费用，许多主办机构要求直接结账和将账单直接交还财务销账，所以预算书要十分具体、准确。

（八）效果预测与评估

效果预测与评估，构成公共关系专题活动策划文案的最后一个要素，即根据规范化要求，在活动方案、实施计划及经费预算完成之后，应事先对这一活动的成败定出一个评估标准。诸如活动各环节的规范操作和呼应，活动应取得的效应，活动参与人数和信息覆盖人数，媒介报道这一活动的发稿数量，政府有关部门和社会公众的反映，以及主办（出资）机构通过这一活动在知名度和美誉度方面的提升等，均可根据不同情况，酌情列入评估标准之中。和效果预测不同的是，这一评估标准应力求予以物化，尽可能定出可检测的客观指标，以便事后评估和验证（注：在实际操作中，有些项目的评估可借助必要的抽样调查来进行）。

评估标准制定的依据来自两个方面：一是对活动效果的科学预测；二是行业根据投入产出比率所形成的对这类活动的一般标准和要求。如公关活动评估标准范文所示：

（1）活动实际参加人数不少于2 000人。

（2）媒介有关活动报道不少于30篇（次）。

（3）活动信息覆盖本地区人口的1/4。

（4）活动现场执行情况不发生任何明显失误。

（5）活动经费使用情况严格控制在预算之内。

（6）活动后公司知名度提升20％。

（7）活动后公司美誉度提升10％。

（九）署名、日期

综上所述，一份公共关系策划书其基本的构成一般来说应为：标题、背景分析、主题、目的、时间、地点、活动方式和实施步骤、传播策略、经费预算、效果评估。除了以上主要部分，公共关系策划书往往还有策划者署名、策划日期、附件等内容。有些重大的策划，其形成的策划书文字篇幅势必比较长，因此在策划书的标题之下，还有目录与序文等。

二、公关策划报告的格式要求

公关策划报告与其他的营销策划报告的格式大致相同，一般说来，营销策划报告常见的格式包括以下部分：

（一）封面

给一份营销策划报告配上一个美观的封面是绝对不能忽略的。有很多人认为营销策划书重在内容，而封面无关紧要，其实这种看法忽略了封面的形象效用。阅读者首先看到的是封面，因而封面能起到第一印象的强烈视觉效果，从而对策划内容的形象定位起到帮助。现在人们对于一本杂志或著作的封面设计非常重视；同样道理，营销策划书的封面也应好好策划一番。封面的设计原则是醒目、整洁，切忌花哨，至于字体、字号、颜色则应根据视觉效果具体考虑。

封面制作的要点如下：

（1）标出委托方。如果是受委托的营销策划，那么在策划书封面要把委托方的名称列出来，如《××公司××策划书》。这里要注意的是不能出现错误，否则给策划者的不良影响将是致命的。

（2）确定一个简明扼要的标题。题目的确定要准确而不累赘，使人一看就能明了。有时为了突出策划的主题或者表现策划的目的，可以加一个副标题或小标题。

（3）打上日期。日期应以正式提交日为准，不应随随便便确定一个日期，同时要用完整的年月日表示，如1998年12月8日。

（4）标明策划者。一般在封面的最下部位要标出策划者。策划者是公司的话，则列出企业全称。

（二）前言

前言的作用在于引起阅读者的注意和兴趣。也就是说，当阅读者翻过封面以后，看了前言能使其产生急于看正文的强烈欲望。前言的文字不能过长，一般不要超过一页，字数可以控制在1 000字以内。其内容可以集中在以下几个方面：首先，可以简单提一下接受营销策划委托的情况。如某某公司接受某某公司的委托，就某年度的营业推广计划进行具体策划。接下来要重点叙述为什么要进行这样一个策划，即把此策划的重要性和必要性表达清楚，这样就能吸引阅读者进一步去阅读正文。如果这个目的达到了，那么前言的作用也就被充分发挥出来了。最后，可以就策划的概略情况，即策划的过程及其策划实施后要达到的理想状态进行简要的说明。

（三）目录

目录的作用是使营销策划书的结构一目了然，同时也使阅读者能方便地查寻营销策划书的内容。因此，策划书中的目录最好不要省略。如果营销策划书的内容篇幅不是很长的话，目录可以和前言同列一页。

列目录时，唯一要注意的是：目录中的所标页数不能和实际的页数有出入，否则反而增加阅读者的麻烦，同时也有损策划书的形象。因此，尽管目录位于策划书的前列，但实际的操作往往是等策划书全部完成后，再根据策划书的内容与页数来编写目录。

（四）正文

正文部分是策划书的核心所在，在这里应阐明对市场环境和企业机会的分析，提出营销策略及行动方案，进行营销费用预算，制订方案实施的具体措施。

上述正文部分是策划书最主要的部分。在撰写这部分内容时，必须注意所写内容的次序性、可行性、可操作性、创意性。

（五）结束语

结束语在整个策划书中可有可无，它主要起到与前言相呼应的作用，使策划书有一个圆满的结束，而不致使人感到太突然。结束语中再重复一下主要观点并突出要点是常见的。

（六）附录

附录的作用在于提供策划客观性的证明。因此，凡是有助于阅读者对策划内容的理解、信任的资料都可以考虑列入附录。但是，可列可不列的资料还是不列为宜，这样可以更加突出重点。

作为附录的另一种形式是提供原始资料，如消费者问卷的样本、座谈会原始照片等图像资料等。作为附录也要标明顺序，以便查找。

案例材料 3-10

杭州华萃食品有限公司"3周年庆典"公关策划报告

主题：感谢消费者

策划单位：华萃公司公关部

策划时间：2012年12月1日

目　录

一、任务概述

二、背景分析

三、公关活动主题

四、活动方案的设计

五、媒体宣传

六、具体的活动安排

七、公关费用预算

一、任务概述

杭州华萃食品有限公司在强烈的公关意识驱使下，借公司成立3周年之际，对公司3周年庆典活动作了较高目标的定位。希望通过举办庆典，展示公司业绩，树立公司形象，拉近与各界公众的距离。对外，进一步强化与社区公众——首先是消费者公众，其次是客户公众、政府公众、媒体公众的沟通和联系；对内，增进员工对公司的荣誉感和向心力，增强团队合作精神，激发公司活力。要求把这次庆典办得既隆重热烈，又力求创新，富于情趣。要求整个庆典活动分为室内和室外两部分进行，目的就是大力宣传企业及其产品和联络与社会各界的情感。

二、背景分析

杭州华萃成立于1999年，是一家年轻的股份制企业。公司主要生产并销售"华萃"牌碳酸饮料及其他休闲食品。由于起步较晚，主打产品又是竞争极度激烈的碳酸饮料，因此，公司从一开始就把公关促销放在重要地位，加上公司始终严把质量关，所以3年来在竞争激烈的市场中得以较好发展，赢得了消费者的认可和客户的大力支持。为了答谢消费者、客户及各界人士的厚爱与支持，公司特借此3周年厂庆之机，举办大型庆典活动。

为了这次庆典活动得以顺利进行，达到预期目标，我们做了相关调查，以下将从市场、竞争、公众等方面给予分析：

（一）市场分析

杭州的饮料市场竞争激烈，可以说是竞争最残酷的领域之一，不仅有可口可乐，百事可乐等世界级品牌抢占市场，还有非常可乐等国内名牌的加入；另外，鲜橙汁、苹果汁、芒果汁等非碳酸饮料产品正慢慢占据越来越大的饮料市场份额。饮料市场的竞争呈现出如下特点：①品牌众多。洋品牌、合资品牌、国内品牌各有千秋。其中，在碳酸饮料市场上洋品牌占有绝对优势。可口可乐、百事可乐凭借其雄厚的资金实力和成熟的营销网络占据了市场的绝对主导地位。②品种繁多。碳酸饮料、鲜果汁、可可奶、茶饮料、蔬菜提取液等拥有各自的消费群。并且，随着人们健康意识的增强，对天然饮品的需求剧增，分流了一部分碳酸饮料消费群。③价格依然比较敏感。饮料市场上高、中、低各种价位都有其生存空间。由于人们生活水平的提高，大家对饮料的需求不再局限于逢年过节，而是贯穿于平时日常生活，因此，饮料消费量增长很快，人们还是希望在保证质量的前提下购买有价格竞争力的产品。

根据以上特点分析，我们在策划公关活动时，要格外注重代理商等渠道客户，使其能更多更好地展示和销售华萃的产品；想尽办法与消费者沟通，联络情感，使客户乐意销售华萃产品，使消费者乐于购买华萃产品。

（二）竞争分析

碳酸饮料业竞争激烈，且主要的竞争对手可口可乐公司和百事可乐公司都是世界级的强势品牌，其市场占有率和号召力非同一般，随着跨国公司全球战略的实施，这两家公司都非常重视中国市场，并将中国重点城市之一的杭州市列为重中之重。华萃不宜与之正面交锋，应该抓住时机搞好这次3周年庆公关活动来宣传企业，树立良好的企业形象，以赢得公众认可。

（三）公众分析

公司3年来之所以有较好发展，完全得益于消费者、客户、政府和媒体等各界公众的大力支持。"华萃"曾多次被评为杭州市的名牌，由于是主场作战，一直深得杭州各界公众的关爱。华萃公司务必要借此机会向社会各界公众表达深深的谢意，并维系和加强与公众间的情感交流。

三、公关活动主题

主题：感谢消费者

表现：华萃的生日，公众的节日

在庆祝华萃公司成立3周年之际，我们把企业的"生日"变成社会公众共同参与的节日。"感谢消费者"理所当然升华为这次庆典活动的主题。这一主题将贯穿于庆典的一系列的活动之中，使整个活动充满"爱"，充满"情"。

四、活动方案的设计

我们首先要明确本次庆典活动的几个主要问题：

（一）活动时间安排

"华萃"庆典活动安排在10月1日—10月9日，为期9天。时机往往会影响活动的效果。公司把庆典活动时间作上述安排，其原因在于：一方面10月8日是公司成立纪念日，通过这样的庆典活动举办，既可以利用这个时机提高员工士气，增强企业的凝聚力，树立公司良好形象，又可以加深公众对公司及其产品的良好印象，提高品牌的知名度和美誉度；另一方面，10月份是可口可乐公司的全球拜访周，把我公司庆典活动与可口可乐公司的客户拜访周结合起来，既可以借机唤起人们对可乐型产品的喜爱，又可以使客户、广大消费者与我公司共同分享欢乐，是一个很好的感情融和手段。

（二）活动地点选择

对主要活动地点几经选择，最后确定在靠近西湖的一个公园内，这个公园地处风景区的繁华地带，可以吸引公众来观赏。并且，该公园还是杭州西湖博览会的参展地之一，可以吸引来自全国的游客及外国友人，为产品开创知名度奠定基础。

（三）活动内容设计

活动是手段，目的是让公众接受活动所包含的意图。这样，就要精心设计活动内容，本次庆典活动内容是这样设计的：

（1）10月1日至7日1周内，公司组成80多个拜访小组，分别拜访全市3 400家客户，征求他们的意见，感谢他们一年来对公司业务的大力支持。

（2）10月8日上午，在杭州西湖饭店宴会厅举行招待酒会，对市内200家重点渠道客户进行答谢，并邀请杭州电视台、杭州广播电台等媒体记者参加，以宣传企业形象。

（3）10月8日，派出4辆广告送货车，分别慰问全市交警，并向他们赠送印有公司标志的遮阳伞，感谢他们长期以来对公司的支持和为全市交通所做的贡献。

（4）10月8日，派出6组小分队分别前去市敬老院和孤儿院进行慰问，以表达公司对公益事业的热衷及回报社会之情。

（5）10月9日，在市内各繁华地段举办消费者免费赠饮活动，以感谢广大消费者对企业及产品的厚爱与支持。

（6）10月9日晚，举办庆祝活动，进行员工卡拉OK比赛和游戏等活动，并评出优秀员工家属，公司领导感谢广大员工家属为公司发展所作出的努力。晚会后，燃放烟火，与全市人民同乐。

五、媒体宣传

本次庆典活动的媒体宣传工作是这样进行的：

（1）利用新闻报道。活动前接到一个喜讯，公司产品在全国可乐饮料质量评比中，获金杯奖第二名、碳酸饮料第一名。公司以此为新闻线索，在10月6日当地各大报纸上发布这一消息。

（2）组织广告宣传。提前一周在杭州电视台及杭州广播电台经济频道黄金时段插播公司庆典广告，10月8日在当地主要报纸上刊登整版祝贺广告，尽量体现组织文化。

（3）利用会展宣传，出资10万元，赞助10月在杭州举办的一年一度的杭州西湖博览会，使公司产品成为大会指定饮品，树立企业形象。为公司产品打入全国市场做前期宣传，树立企业形象。

（4）组织人员宣传。10月8日，组织全体员工挂上绶带，上面写着"杭州华萃食品有限公司向全市广大消费者问好"，拜访客户和消费者。

（5）利用公司网站宣传。在10月1日—10月9日期间，将公司庆典情况通过公司网站，向广大公众作及时报道。

（6）组织采访新闻。邀请当地电台和电视台进行现场采访，把活动内容和公司成就制成采访新闻，在10月8日中午和晚上的新闻节目中播出。

六、具体的活动安排

（一）感谢客户

活动时间：10月1—7日

参加部门：销售部、行政部、财务部、生产部、品控部。以上部门人员组成2人1组的80个拜访队伍

负责部门：销售部

拜访对象：市内3 600家客户

拜访任务：感谢客户、收集意见，每组拜访45家客户

携带物品：绶带、感谢信、拜访登记表，A、B类客户送华萃可乐、古典画

拜访要求：

统一服装 佩带绶带

主动热情 谦虚礼貌

衷心感谢 以情动人

倾听意见 认真记录

不作承诺 反馈信息

（二）招待酒会

时间：10月8日10：00—13：30

地点：杭州西湖饭店宴会厅

内容：祝词，客户销售奖颁奖仪式，经销代理商授权仪式，文艺演出，自助餐

程序：

9：00—10：00准备工作

10：00招待酒会开始。主持：郑副总

10：00—10：15陈总讲话

10：15—10：30陈董事长讲话

10：30—10：50宣布本年度客户销售奖并颁发证书和奖杯

10：50—11：30下一年度公司特邀一级、二级、三级经销代理商授权仪式

11：30自助餐开始

12：00—13：00文艺演出

13：30来宾退场

负责：厂办、公关部

（三）消费者赠饮

时间：10月9日13：30—15：30

地点：市内繁华地段20个现调机点

内容：每点4人，限赠800杯，赠完为止。合计16 000杯（40桶）。

负责：销售部

（四）交警赠饮

时间：10月8日9：00—15：30

地点：市内60个岗亭值班交警

内容：每人华萃可乐500ml装2瓶，合计70箱

负责：销售部

（五）慰问敬老院和孤儿院

慰问时间：10月8日

负责部门：公司工会，3人一组，共分6组进行慰问

慰问对象：全市各区近30家敬老院和20所孤儿院

慰问任务：慰问老人和孤儿，送温暖献爱心

慰问礼物：每位老人送营养奶粉一袋；每位孤儿送营养早餐一份

（六）华萃之夜晚会

晚会时间：10月8日18：00—22：00

晚会地点：阮公墩

晚会内容：祝词，表扬模范家属，自助餐，卡拉OK比赛，游戏，烟火

会场布置：用气球、彩带、鲜花等布置会场，在会场表演区前台搭置花坛摆设，使整个会场充满喜庆气氛；活动过程中播放步步高、合家欢等乐曲，使大家沉浸在欢乐和喜悦的环境中

晚会程序：

16：00—18：00准备工作

18：00晚会开始。主持人：郑副总

18：00—18：10陈总讲话

18：10—18：20陈董事长讲话

18：20—18：40宣布模范家属并授奖

18：40自助餐开始

19：00—20：00卡拉OK比赛

20：00—20：30游戏（邀请员工及其家属共同参加）

20：30—21：00燃放烟火

21：00—21：30宣布卡拉OK获奖者并授奖

21：30—22：00员工及其家属离场

负责部门：厂办、公关部

七、公关费用预算

（一）感谢客户：

（1）A类客户40家：古典画80元/幅，3 200元

（2）B类客户180家：古典画40元/幅，7 200元

（3）绶带和印刷品：4 000元

小计：14 400元

（二）客户招待酒会：35 000元

（三）客户赠饮：6 880元

（四）交警赠饮：3 360元

（五）定点赠饮和调查：13 160元

（六）慰问费用：10 000元

（七）华萃之夜晚会：45 300元

（八）报纸，电视电台广告：34 000元

（九）西湖博览会赞助费用：100 000元

（十）其他费用：3 000元

总计：265 100元

三、典型的公关专题活动策划

公关专题活动策划的主要类型：社会赞助、新闻发布会、庆典活动、宴请、参观、展览会、公关谈判等。

（一）社会赞助

1.社会赞助的含义

社会赞助是一项社会福利性活动，是组织为提高社会声誉而举办的专题活动，如赞助、捐款、设立福利基金仪式、服务等。社会组织通过资金或物资赞助某项社会公益活动，以提升赞助者的社会形象。目前社会组织通过对文体、福利事业和市政建设以及一些社会活动进行赞助，来扩大组织影响、提高美誉度，特别是一些效益比较好的企业，由于具有经济实力，经常被广泛邀请进行赞助。

我们常常可以看到，服装公司为体育代表团赞助服装，饮料厂为体育代表团赞助比赛期间的饮料。社会组织、个人赞助教育事业，对丁提供赞助的组织来说，一方面是为了表达爱心，承担社会责任，关心社会公益事业，树立起良好的组织形象；另一方面也是一次十分有效的宣传机会，而且这比商业广告更具说服力，是其他广告形式所无可比拟的。因此，组织应该重视搞好赞助活动。

2.关于社会赞助

（1）社会赞助的基本类型

①赞助体育活动。以赞助体育设施和大型体育比赛为主。产生的效果：因关注者多、影响最大、效果最明显。

②赞助文化活动。赞助电影、电视节目、文艺表演、知识竞赛、艺术节等。产生的效果：因有利于提高民族科学文化素质，所以能培养公众的感情，提升组织在公众中的知名度。

③赞助教育事业。赞助学校、图书馆、博物馆的软硬件建设。产生的效果：因教育在国民心目中具有崇高的地位，所以赞助者可获得良好的声誉，能快速提升自己的知名度和美誉度。

④赞助社会福利事业。为贫困地区，残疾人、孤寡老人、荣誉军人等提供帮助。产生的效果：因体现了组织高尚的品德和主动承担社会责任的精神，所以社会效果最好，能迅速提升组织的知名度和美誉度。

（2）社会赞助的原则与步骤

①社会影响力原则；②经济效益原则；③社会关注原则；④合法原则。

（3）社会赞助的实施步骤

①研究和确定赞助项目；②成立专门的领导机构，主持赞助活动；③制订赞助计划，计划内容包括赞助的目标、对象、赞助形式、经费预算、赞助主题、传播方式、实施方案；④实施赞助活动；⑤活动评估。

案例材料3-11

北京四通集团有限公司是中国第一家民办现代高科技企业，从创办开始，就以科技领先著称。对教育的资助是这家公司一直坚持的行为。它每年向一所中学提供办学资金25万元，以改善学校的办学条件；是首家向国家科委和团中央主办的"希望工程"捐款突破100万元的企业；北京市连年举办的中小学生计算机程序设计大奖赛，以及每年9月10日的教师节，这家公司都有所投入。

当体育奥林匹克红火的时候，学科奥林匹克却显得比较冷清。北京四通集团敏锐地发现了社会对教育科技的忽略，这家企业独自发起并完成集资捐助奥赛的公关活动。9月12日，中央电视台在新闻联播里报道了当天在人民大会堂举行的四通公司自主中国学科奥林匹克代表队的颁奖活动。第二天，首都各大报纸纷纷报道了这一消息。从这次活动的内容、参加者的层次以及公众对这一活动的关注来看，在中国学科奥林匹克史上都是空前的。四通公司独家发起并圆满地完成了这次活动，这种以促进科技教育发展为出发点的赞助活动具有远见卓识。这种首创精神和善举，赢得了良好的声誉，"四通"的名字又一次给广大公众留下了深刻的印象。

从这个案例来看，四通公司选择了最佳公关角度——重视教育、重视科技发展。作为一家民营高科技公司，为中国学科奥林匹克代表队慷慨解囊，有力地衬托出公司"致力于发展民族科技事业"的形象，使之成为企业定位的有力延伸，成为我国公关史上具有经典意义的专题活动案例。

（二）新闻发布会

新闻发布会是一种两级传播，组织先将信息告知记者，再通过记者所属的大众传播媒介告知公众。以新闻发布会的形式发布消息，其形式比较正规、隆重，规格较高，易于引起社会广泛的关注。

1.新闻发布会的含义

新闻发布会又称记者招待会，是社会组织为公布重大新闻或解释重要方针政策而邀请新闻记者参加的一种公共关系专题活动。它是组织与新闻界建立和保持联系的一种较正规的形式，任何社会组织（如政府、企业、社会团体）都可以举行新闻发布会，也是组织直接向新闻界发布有关组织信息、解释组织重大事件而举办的专题活动。例如，西方国家政府普遍采用新闻发布会的形式发布新闻。

2.关于新闻发布会

（1）新闻发布会的特点

①正规隆重。形式正规、档次较高，参加者有一定的身份和地位。

②沟通活跃。发布信息、相互问答、双方沟通时间长、接触较深。

③传播迅速。发布信息迅速、扩散面广、社会影响大。

（2）选择发布的时间和主题

新闻发布会的目的就是为了造声势，扩大影响，因此，为了吸引更多的记者参加，提高记者的出席率，时间上就应有所选择。新闻发布会的时间一定要掌握好。新闻发布会一般情况下时间也不应过长。半小时左右为宜，最好不要超过一小时。

①发布会一般应安排在下午，这样一方面是为了有更多的时间准备，另外，也更符合记者的生活习惯。许多国家新闻发布会也大多安排在下午。

②要避开周末或假日。

③要避开重要的政治事件和社会事件，因为媒体对这些事件的大篇幅报道任务会冲淡发布会的传播效果。

④如果要请外国记者，应注意避开社会各个重要部门的发布会和记者招待会。如选择与这些部门的新闻发布会时间同时进行，则外国记者出席率会大打折扣。

在选择发布会主题时，可选择一个具有象征意义的标题。这时，一般可以采取主题加副题的方式。副题说明发布会的内容，主题表现组织想要表达的主要含义。

（3）新闻发布会的筹备工作要求

①根据主题准备好各种材料。这些材料包括发言稿、宣传材料，为记者准备的新闻稿，答记者问的备忘录等。

②确定主持人和发言人。发言人应由组织的主要领导人担任；主持人则由公关部负责人担任，两人事先应熟悉发言稿。

③确定所邀请记者的范围。根据发布信息的重要性，确定所邀记者的范围，与组织有密切联系的新闻机构和记者不能遗漏。

④选择合适的会场。基本要求是交通方便、设施完善，最好利用大型会务中心、专业新闻中心、大饭店和大宾馆会议室。

⑤做好预算，留有余地。

（4）会议的程序要求

主要工作程序为：①迎宾、签到；②分发资料，最好将资料用专用会议袋装好备用；③开始会议过程。会议的程序为：主持人宣布会议开始、介绍发言人、来宾和新闻单位；发言人发布新闻、介绍详细情况；记者提问、发言人逐一回答；主持人宣布结束；会后可安排参观、茶话会或自助餐等，以方便记者采访，强化双向交流。

案例材料3-12

"泰坦尼克号"VCD上市新闻活动策划

美国电影"泰坦尼克号"是一部世界电影中实现票房价值最成功的商业电影之一。在影片播出一年后，特别是在盗版VCD充斥市场时，正版"泰坦尼克号"VCD上市前，通过新闻策划等一系列举措，让第一批上市货品在24小时内全部卖出，有效地打击了盗版市场。

宣传公司通过市场调查，决定通过重建市场对"泰坦尼克号"的兴奋感，带动正版VCD的销售。通过理性的辨析，宣传公司将正版VCD带给人们的情感价值，通过电影所宣扬的真心相爱等情感因素，传递给消费者，从而调动消费者对正版VCD的购买意愿。

宣传公司设想，通过宣传引起媒体的关注，使记者争相报道这一热门话题，最终获得商业成功，在中国来一记打击盗版VCD市场的重拳。

1.市场调研

美国巨片"泰坦尼克号"在中国上映后，引起了轰动，也不可避免地出现了大量盗版的VCD光盘，扰乱了商业秩序。宣传公司对盗版VCD市场进行了调查，比较了正版和盗版VCD之间价格的差异，了解到虽然推动消费者购买盗版VCD的重要原因是价格，但对于具有收藏价值的影片来说，消费者也会考虑画质、音质等因素。

在充分了解市场之后，宣传公司制定了相应的策略以重建市场对"泰坦尼克号"的兴奋感，带动正版VCD的销售。正版VCD的影片质量优于盗版，这是不争的事实，但是，宣传公司没有将宣传创意的重点放在理性的角度，而是将重心放在正版VCD带给人们的情感价值，放在男女主人公真心相爱的情感因素上。

2.新闻活动设计与策划

一般情况下，推介一种商品，召开新闻发布会，不外乎将记者招来，开个新闻发布会，吃一顿饭，再发几条消息即可。宣传公司认为"泰坦尼克号"正版VCD的发行要独辟蹊径，要以全新的公关方式引起各种媒体的关注，增强其新闻价值，使之成为记者争相报道的热点、亮点和焦点。

3.方案的实施

（1）通过新闻传媒来借事造势，隆重推出正版VCD光盘。这一活动的主旨是：原汁原味，即无论你看到的、听到的还是吃到的，都与电影中的一模一样。这一主旨鲜明地向消费者传达了正版VCD所含有的附加价值，并在真情、真爱与正版的VCD之间架起一座无形的桥梁。

（2）将上海这一全国商业和娱乐中心定为此次宣传活动的中心，并通过邀请北京和广州的记者来上海参加大型现场活动而辐射全国，并在南京、大连和沈阳等城市同时发布新闻稿。

（3）为了达到持续宣传的效果，将活动分为前期媒体预热活动和正式上市活动两部分。前期活动的重点是调动媒体造势，使消费者对即将上市的VCD有强烈的期待心理。而正式活动是通过媒体的宣传，使"泰坦尼克号"正版VCD成为人们议论的热点话题和争相购买的物品。

（4）发行活动前两天，在上海举行前期新闻发布会，请来上海各界的主要媒体，并于当天在北京、广州等城市几乎同时召开新闻发布会。

（5）在正式上市活动前一天，把国际和国内记者聚集在浦东香格里拉饭店，请"泰坦尼克号"的制片人乔恩·兰道先生介绍电影制作背后的花絮——中国媒体与好莱坞的距离被缩短了。

（6）正式上市活动当天晚上6时，邀请包括政府官员、新闻媒体、行业代表和企业赞助商在内的270位来宾入席。整个晚餐是按照"泰坦尼克号"中的菜单定制的，共12道菜。歌手一曲感人至深的"我心依旧"，使来宾重温此片的浪漫主题。乔恩·兰道先生手捧奥斯卡全像奖奖杯走上舞台，来宾可与其合影留念。

（7）晚餐结束，来宾带着赠送的"泰坦尼克号"正版VCD离开会场。

这是一个成功的新闻活动策划，它的成功之处是多方面的：精心确定了新闻活动的主题，确定了应邀者的范围，选定了合适的地点，选择了适当的时机，活动进程安排得科学有序，会务期间始终笼罩着一种和谐的气氛。通过新闻活动策划等一系列举措，达到了使正版"泰坦尼克号"VCD隆重上市，让第一批上市货品在24小时内全部卖出，并有效地打击盗版市场的目的。

资料来源：谭昆智，汤敏慧，劳彦儿. 公共关系策划［M］. 北京：清华大学出版社，2009.

（三）庆典活动
1.庆典活动的含义
庆典活动是指社会组织利用中外节日或自身重要事件，以庆祝的方式开展的一种公关活动。

2.庆典活动ABC
（1）庆典活动作用
可引起三大效应：引力效应、实力效应和合力效应。
①引力效应，是指组织通过庆典活动吸引公众的注意力。

②实力效应，是指通过举办大型庆典，显示组织强大的实力，以增加公众对组织的信任感。

③合力效应，开展大型庆典，能增强组织内部职工、股东的向心力和凝聚力，提高公众对组织的信任感。

（2）庆典活动的主要类型

①开业庆典，是指一个组织成立或开张时所举办的庆祝活动，如某景区的开业、某旅行社的成立，作用是让公众认识自己（组织）。

②周年庆典，是指组织生日时，为扩大影响而举办的一种传统庆祝活动。组织的庆典往往与地方传统项目相结合，如西班牙举行的西红柿节、云南西双版纳傣族自治州的泼水节等，作用是借此联络各相关组织，扩大社会影响。

③庆功典礼，是指在组织取得了某一重要荣誉时举办的庆祝活动，作用是提高内部员工士气，扩大社会影响。

④节日庆典，是指利用特殊节日，如旅游节、春节等举办的庆祝典礼，作用是扩大社会影响，联络各种社会关系。

（3）庆典的组织程序

①庆典策划。要求：主题明确、题目新颖、别致、不落俗套，以吸引更多公众的注意力。如广州市皮具皮革行业商会十周年活动庆典的亮点是"世界皮具看中国，中国皮具看广州"，社会反映强烈，轰动整个广州。

②确定来宾及发放请柬。来宾组成：政府官员、地方实力人物、知名人士、新闻记者、社区公众代表、客户代表或特殊人物等。总之，来宾要具有一定的代表性。发放请柬要求：请柬提前7~10天发放。重要来宾的请柬发放当天，组织者应电话联系，庆典前一个晚上再电话联系。

③设计庆典活动程序。一般程序：主持人宣布开典；介绍来宾；由组织的重要领导或来宾代表讲话；安排参观活动；安排座谈或宴会；邀请重要来宾留言或题字。

④落实致辞人和剪彩人。致辞人和剪彩人分己方和客方；己方为组织最高负责人，客方为德高望重、社会地位较高的知名人士。选择致辞人和剪彩人应征得本人同意。

⑤编写宣传材料和新闻通讯材料。列出庆典主题、背景、活动内容等相关材料，将材料装在特制的包装袋内发给来宾。对记者，还应在其材料中添加较详细的资料，以方便记者写作新闻稿件。

⑥庆典活动的接待工作。设置接待室，对所有来宾都应热情接待、耐心服务，对重要来宾要由组织领导亲自接待；他们的签到、留言、食宿均应由专人负责。

⑦庆典注意事项。准备要充分：庆典是一项规模较大、十分正规的活动，因此，在举办前，尽量做到设想周到、事事落实。只有准备充分，才能有备无患、应付自如。同时，要选择好时机（时间与机会）。

⑧庆典活动特点。庆典（时间）与节日（机会）结合。要善于制造新闻，造成轰动效应。指挥要有序，头脑要清醒。庆典活动参加人员多，场面热闹，组织不好，容易乱套。所以，组织者必须安排周密，分工明确，指挥有序。要点：在活动前，一定要建立有效的联络系统，从上到下，保持通畅的联络。

⑨庆典鼓动。庆典是一种传播活动，要善于鼓动，才能收到好的效果。必须创造一种和谐热烈的气氛，使参加者的情绪受到感染，在不知不觉中接受传播者的宣传内容。为了达到此目的，鼓动是最好的方法，组织者应具有敏锐的观察力，善于调动大众情绪，不断把气氛推向高潮。

案例材料3-13

北京大学举行百年校庆

1998年，北京大学举行百年校庆。北大未名生物集团策划了给母校的贺礼——发一趟校庆专列。在铁路部门及下属部门的大力支持下，经过充分的准备，1998年4月30日，专列在盛大的欢送队伍的注视下顺利从深圳出发，一路上激昂的情绪始终伴随着乘坐专列的校友们。列车上，"北大往事"演讲最初由一个车厢推举一人参加，后来则是大家踊跃报名，抢着要说。一名校友为百年校庆作了几首歌，一上车，就教大家唱，许多车厢开始对歌。

由三节硬座车厢组成的"长明教室"，使很多人回忆起学校彻夜开放的教室。大家聊天、唱歌，久久不肯睡去。在长5米、宽1米的条幅上签名留念，使校友们激动欢喜，这条签名条幅将送到北大校史馆收存。列车每到一站，车上的校友就敲锣打鼓下车迎接上车的校友，"欢迎北大新生"的横幅令每一个上车的校友倍感亲切。已经六十多岁的老校友说："新生"两个字让我想起了刚入学的情景，仿佛自己又是一个求学青年，再次回到北大的怀抱。

北大百年校庆无疑是一项重大校庆活动。策划者通过发校庆专列，于沿途举办各种活动这一形式，成功地为母校奉献了一份贺礼。列车，既承载着北大人，也承载着北大的历史，这是一趟世纪列车，也是一趟时代列车，尽管有颠簸、有风雨，但它始终勇往直前。另外，专列从深圳出发，更具有时代意义。深圳是中国改革开放的前沿，列车滚滚向前，象征着祖国沿着改革开放之路走向繁荣富强。这一重大庆典活动能够取得圆满成功，是与策划者精心周密的策划分不开的。

资料来源：谭昆智，汤敏慧，劳彦儿. 公共关系策划［M］. 北京：清华大学出版社，2009.

● 做一做

把一个苹果卖到100万！

目的：通过卖苹果的思维练习，理解策划是一种智慧创造行为。

步骤：

1.全班4~5人一组，分成若干小组；

2.给出思考题：以一个普通苹果作为推广对象，在不斟酌任何客观条件的情况下，构想为它增值的方法；

3.以小组为单位进行卖苹果的思维练习，从5元开始起卖，不断提高苹果的"身价"，直至100万元；

4.每组派代表在全班做总结发言。

要求：

每小组需要1个组长和1个记录员；步骤3由小组长控制进程，应逐步提高苹果的"身价"，并由记录员简要记录令苹果增值的方法；小组代表发言着重介绍本小组卖得最贵的那个"苹果"或本小组认为最具创意的增值方法。

✓ 效果评价

本任务的综合评价指标参考表见表3-4。

表3-4   公关策划综合评价参考表

环节	评分标准	分值（分）
锻炼公共关系策划的思维	明确公关策划的背景和目的	30
确定公关策划方案	方案的创新与可行性	40
公关策划方案的写作	写作方案是否专业	30

关键概念

公关策划的定义：公关人员为了达成特定的公关目标，在充分进行环境分析的基础上，利用组织资源与能力，把握公关由头与机会，对所需进行的信息传播活动进行系统、科学的谋划，制订最佳行动方案的过程。

公关策划的特点：目标性、超前性、程序性、创新性、可行性。

公共关系的活动模式：宣传型、交际型、服务型、社会型、征询型、建设型、维系型、防御型、进攻型、矫正型。

公关策划的基本原则：公众利益优先、实事求是、独创性与连续性相统一、计划性与灵活性相统一、与组织整体行为相一致。

公关策划的步骤：确立目标、分析目标公众、设计主题、选择媒介、编制预算、审定方案。

公共关系活动策划方案的构成要素：标题、主题、目的、背景分析、活动方式和实施步骤、传播策略、经费预算、效果评估、署名与日期。

公关策划报告的格式：封面、前言、目录、正文、结束语、附录。

公关专题活动策划的主要类型：社会赞助、庆典、宴请、参观、新闻发布会、展览会、公关谈判等。

挑战自我

谁来认领座椅、凉亭？

2005年1月，松江区政府网站上贴出了一封《座椅、凉亭捐赠倡议书》。这是上海松江区旅游事业管理委员会借鉴国外经验，呼吁运用民间力量、社会捐赠形式来补充和缓解政府对公共设施的资金投入的一种新的尝试。根据计划，旅游事业管理委员会选定了5处景区（点），初设100只座椅和10只凉亭的位置，捐赠一只座椅800元，凉亭10 000元。这5个景区的设施造型有所不同，但椅背、扶手、亭柱上都钉有长长的铜牌，捐赠者可以刻上姓名、单位和想说的话，既不损坏木质又能长久保持，所有捐赠者还将得到由主办方颁发的捐赠证书和捐赠纪念册。上海松江区旅游事业管理委员会在倡议书上呼吁各单位和各界人士奉献爱心，为松江的城市发展和休闲环境添上浓浓的一笔，并通过松江网站、松江报及送递上门的"邮广专送"对此项活动进行了宣传。

令主办方没想到的是，活动的响应者却屈指可数。近两个月，来电来人咨询的尚不足10人，认捐成功的则一个也没有。前来咨询的以企业老板居多。曾经有位建筑商想认捐方塔公园内的10只座椅和1个凉亭，因为他自己是晨练爱好者，觉得刻上楼盘宣传语挺合适，后来因为担心广告效果不明显而作罢。

2005年3月1日，上海《新闻晚报》以较大篇幅刊登了《百座椅遭遇"零认领"》的报道。记者在方塔公园附近向几名市民了解到的情况是：大家对这一形式很新奇，但都表示不会尝试。除经济因素外，还担心木椅破坏，刻好的名字被损坏。

对市民的种种担忧，主办方相关负责人称，公园绿地现已属地化管理，他们将与有关单位协商，落实公共设施的维护问题。他同时表示，推动此项活动最大的难点在于文明程度还不够。如果4月底仍然应者寥寥，主办方将根据捐赠数额的多少，调整这批设施的数量，并可能会采取其他方式筹款加以补充。座椅还是要建，只是似乎有些遗憾。

讨论并完成：

此项活动难以推动的原因是人们的文明程度还不够吗？要让好的创意变成现实，你将如何筹划这个活动？

项目四

公共关系活动实施

项目概述

本项目主要介绍与公共关系活动实施相关的基本概念、知识，这是实施公共关系活动的知识基础，在此基础上，掌握公共关系活动实施技能、提高公共关系素养。

本项目包括四部分：公共关系活动实施过程、公共关系礼仪、公共关系专题活动实施、危机事件处理。其中，公共关系活动实施包括公共关系活动实施含义、实施原则、实施步骤、实施障碍和实施管理；公共关系礼仪包括公共关系礼仪作用、礼仪基本原则和人员礼仪；公共关系专题活动实施包括庆典活动、赞助活动和展览会；公共关系危机事件处理包括公关危机特点及类型、公关危机发生的原因、处理公关危机事件程序、公关危机处理对策。

项目结构

```
                              ┌─ 公共关系活动实施含义
                              ├─ 公共关系活动实施原则
              公共关系活动实施过程 ─┼─ 公共关系活动实施步骤
                              ├─ 公共关系活动实施障碍
                              └─ 公共关系活动实施管理

                              ┌─ 公共关系礼仪作用
              公共关系礼仪 ──────┼─ 公共关系礼仪基本原则
公共关系活动实施 ─┤               └─ 公共关系人员礼仪

                              ┌─ 庆典活动
              公共关系专题活动实施 ─┼─ 赞助活动
                              └─ 展览会

                              ┌─ 公关危机特点及类型
                              ├─ 公关危机发生的原因
              公关关系危机事件处理 ─┼─ 处理公关危机事件程序
                              └─ 公关危机处理对策
```

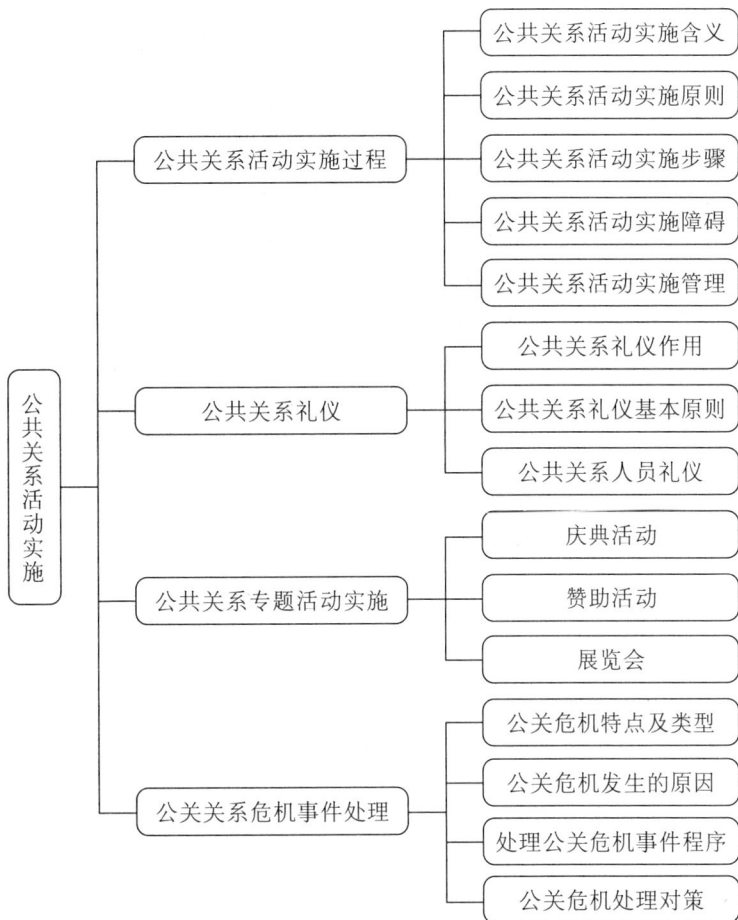

任务一　公共关系活动的实施过程

【任务目标】

知识目标
1.了解公共关系活动实施的特点、原则和具体步骤；
2.明确公共关系活动实施过程管理的原则。
能力目标
1.能按照活动策划方案分步骤实施；
2.对实施过程进行有效监督管理；

3.具备较好的协调组织能力。

素养目标

沉着冷静、不惧困难的意志品质。

【任务导入】

美国平等生活保险公司在策划保健教育宣传的公关活动时，严格遵循统一性的策划要求，及时调整策划过程的程序和步骤。最初，保险公司策划在全国范围内发行一种预防共同性疾病的小册子，但是，他们通过国家公共保健局了解到，50%以上的学龄儿童已经进行了流行病的防疫，而社会人口中的中下层社会集团却严重地存在着对疾病预防漠不关心的问题。这群人生活范围狭窄，文化素养较低，很难进行沟通。于是，保险公司决定改变原来的设想，将原先长篇的宣传文章改编成文字活泼通俗，并附有详细图解的小册子，从而为新的目标公众服务。此后，他们先印刷了140份，在一个居民区散发，进行摸底，了解公众的反应，结果，多数公众表示对这一宣传手册没有能力接受。于是，他们又一次请专业的通俗文学作家将内容缩减到3 000~5 000字，使之更通俗、更浅显易懂，从而符合这些公众的欣赏水平，最终使这次宣传策划获得成功。

讨论并回答：

一项精心策划的公共关系活动方案如何在实施过程中不断调整，从而取得预期效果？

学一学

一、公共关系活动实施的含义

公共关系活动的实施是整个公共关系活动的中心环节，是社会组织为了实现既定公共关系目标，充分依据和利用实施条件，对公共关系创意策划进行实施策略、手段、方法的设计，并进行实际操作和管理的过程。

从一项公共关系活动方案的制订到预期目标的完成之间，还存在着一段相当长的距离，存在着一个复杂的过程，这个过程就是公共关系活动实施。其意义在于：

（1）公共关系的实施是组织实现公关目标的关键环节。

（2）在公共关系的实施过程中可以及时检验和调整公共关系策划方案。

（3）公共关系实施的结果是制订后续方案的重要依据。

公共关系活动实施具有艺术性与文化性、情感性与形象性、关系性与传播性的特点。

二、公共关系活动实施的原则

公共关系活动实施是将公共关系策划方案的目标与内容转化为现实的过程，在此过程中需要依据科学规律，遵循以下原则：

（一）充分准备原则

公共关系活动是一项时效性很强的活动，一般在公共关系策划方案正式实施前，必须做好各种实施准备工作。实施准备是公共关系活动实施成功的基础和前提条件。

（二）策划导向原则

策划导向原则是指在公共关系活动实施过程中，保证不偏离公共关系策划方案目标，因此在实施过程中需要监督检查实施的进程，以便随时调整偏差，保证公共关系目标的实现。

（三）控制进度与整体协调原则

控制是监督检查计划在实施过程中是否与公共关系策划方案的目标有差异或背离，进而纠正或克服。协调则强调在实施的各个环节之间、部门之间及实施主体与公众之间的和谐性、合理性，避免矛盾。

（四）做好方案实施的反馈与调整

做好方案实施的反馈与调整即根据过去实施的情况调整未来的行为。

三、公共关系活动实施步骤

（一）实施的准备阶段

将公共关系活动的内容细化分解为各个项目，并对各项目的时机、时长、进度进行策划和设计，制定具体工作内容的要求和操作方法，制订对公众的行动沟通计划，包括媒体的选择和信息载体制作，将总体预算分配到各个工作内容上。设置实施机构，配置人员，进行相应的培训。

（二）实施的执行阶段

实施人员应注意避免干扰，按照方案严格控制工作进度，落实各项措施，检查进度完成情况。

（三）实施的结束阶段

每一项公共关系活动实施结束，都要对实施执行的情况进行总结，例如，执行中出现的突发情况、经费不足、新闻媒体宣传出现偏差等，以报告形式上报，为效果评估做准备。

四、公共关系活动实施的障碍

（一）实施主体障碍

由于拟定的公共关系目标不正确或不明确而给实施带来的障碍。

（二）沟通障碍

沟通障碍包括语言障碍、心理障碍、观念障碍、习俗障碍及年龄障碍。

（三）实施环境障碍

对公共关系活动实施干扰最大的就是重大突发事件，分人为纠纷危机和不以人的意志为转移的灾难危机。前者诸如新闻媒体负面报道、消费者投诉，后者诸如空难、洪水。

五、公共关系活动实施管理

（一）实施的领导与控制

领导与控制是实施成败的关键，可采用的方法有目标管理法、系统管理法、攻心管理法、行政管理法。

（二）实施控制与反馈

公共关系活动实施中的控制不仅是上级对下级的监督和强制，更是通过反馈结果与目标比对，发现偏差及时纠正。可以采用的方法有前馈控制、中馈控制和后馈控制

✅ 做一做

活动1：公关活动实施分析

百度公司每年年终要举行一次规模隆重的年会，年会有精彩的文艺演出，包括影视明星现场演出，还有各个部门自编自演的节目，活动地点通常是在度假村或大型会议中心。年会中，最高层管理人员始终在场，并主持盛大、庄重的颁奖酒宴，然后放映由公司自己制作的表现那些做出了突出贡献的员工工作情况、家庭生活的影片，公司高层管理人员亲自给这些员工颁奖。在被邀请参加年会的人中，有股东代表、员工代表、商界名人，还有那些做出了突出贡献的员工家属和亲友。整个庆典活动，自始至终都被录制成视频，并通过视频网站传播。

百度公司每年的年会，一方面是为了表彰有功人员，另一方面也是同员工联络感情，增进友情的一种手段。在这种庆典活动中，公司的主管同常年忙碌的员工们聚集在一起，共同参加演出时，不再有职位高低的界限，尤其是公司领导们演出时的"业余"，与工作中的权威形象截然不同，使那些基层员工感觉既亲切又受宠若惊，无形中拉近了与公司领导的心理距离，更增强了员工对企业的"亲密感"和责任感。

问题：

（1）本活动应该如何具体操作？操作中的难点在哪里？

（2）若将本活动进行工作项目分解，工作任务是什么？

分析要求：

（1）学生分析案例提出的问题，提出操作难点；

（2）小组讨论，形成小组公共关系实施方案；

（3）班级交流，教师对各小组公共关系实施方案进行点评。

✅ 拓展空间

按照策划方案实施应用科技学院迎新联欢会活动。

一、活动背景

大一新同学带着青春蓬勃的朝气和远大的志向加入到应用科技学院这个团结友爱的大家庭中，他们在军训中充分发扬了"特别能吃苦、特别能战斗"的精神和团结互助的优良作风，此后他们又积极参加到学院的各项建设活动中，为学院注入了活力与生机。在新生运动会比赛中，他们展现了顽强的意志和强健的体魄，展现了青年一代积极向上的精神面貌。

金秋十月，我院通过举办本场迎新文艺晚会，让全院师生共聚一堂，欢庆国庆及中秋佳节，同时特别表达对新同学的关心与期望，在晚会舞台上展现他们的才华与激情。

1.活动时间：农历八月十五晚七点

2.晚会地点：应用科技学院礼堂

3.晚会组织单位

主办单位：应用科技学院

承办单位：应用科技学院团委、学生会、各社团

4.晚会形式：歌舞晚会

5.晚会工作组

组长：魏红书记　章理科院长

副组长：齐大乐副书记、金真副院长、田利恩老师

成员：学生会主席冷峻、秘书长孙青、社团负责人乔开宁

6.人员安排

详见应用科技学院晚会团委学生会分工方案。

7.工作要求

各工作小组根据《应用科技学院晚会团委学生会各小组工作内容分工方案》完善工作内容，实施具体筹备工作，对未明确或未涉及的内容由主席团会议商议明确。

8.面向对象

本次晚会以我院新生为主、面向全院学生。邀请学校、学生处、教务处和校团委领导、我院全体老师参加。

9.经费预算

经费预算见表4-1：

表4-1　　　　　　　　　　　　　　　**经费预算**

编号	用途	预算（元）
1	租用服装道具、演员化妆费用	4 000
2	礼仪开支（请柬、礼品）	500
3	舞台布置	2 000
4	后勤保障（工作餐、水）	1 000
5	场外布置（氢瓶、气拱、巨型喷绘）	3 000
6	演员开支	600
7	节目开支（酬谢费、培训费）	500
8	宣传费用（展板、海报、视频）	1 500
9	制作2016年年历费用	1 500
10	其他开支	1 000
	总预算	15 600

10.晚会开展后期工作由院团委学生会负责,具体工作内容及分工见应用科技学院晚会团委学生会分工方案。

11.应鼓励同学大胆尝试、勇于创新、善于学习、团结协作、群策群力共同开展本次晚会,在筹备中如遇未尽事宜要及时请示、迅速解决。

应用科技学院

2015年9月20日

效果评价

本任务的效果评价参考表见表4-2。

表4-2 迎新联欢会活动评价参考表

环节	评分标准	分值
确定难点	1.能正确预测实施中可能遇到的障碍 2.对预期的障碍有适当的应对措施	10
任务分解	1.任务划分明确 2.各个环节的步骤顺序合理	20
实施方案	1.有明确的实施起止时间 2.流程图清晰 3.时间进度安排合理 4.预算分配合理 5.有明确的实施机构和人员以及人员职责划分	50
实施管理	1.制定人员管理、沟通管理和进程管理的具体措施	20

任务二 公共关系礼仪

【任务目标】

知识目标

1.掌握公关人员仪容仪表及服饰的基本原则和文明礼貌用语;

2.掌握礼宾次序知识。

能力目标

塑造与岗位相匹配的个人形象,言行举止礼貌得体。

素养目标

具备良好的个人形象和气质修养。

【任务导入】

风景秀丽的某海滨城市的朝阳大街，高耸着一座宏伟的楼房，楼顶上"远东贸易公司"六个大字格外醒目。某照明器材厂的业务员金先生按原计划，手拿企业新设计的照明器材样品，兴冲冲地登上六楼，脸上的汗珠未来得及擦一下，便直接走进了业务部张经理的办公室，正在处理业务的张经理被吓了一跳。

"对不起，这是我们企业设计的新产品，请您过目。"金先生说。张经理停下手中的工作，接过金先生递过的照明器，随口赞道："好漂亮啊！"并请金先生坐下，倒上一杯茶递给他，然后拿起照明器仔细研究起来。金先生看到张经理对新产品如此感兴趣，如释重负，便往沙发上一靠，跷起二郎腿，一边吸烟一边悠闲地环视着张经理的办公室。当张经理问他电源开关为什么装在这个位置时，金先生习惯性地用手搔了搔头皮。虽然金先生作了较详尽的解释，张经理还是有点半信半疑。谈到价格时，张经理强调："这个价格比我们预算高出较多，能否再降低一些？"金先生回答："我们经理说了，这是最低价格，一分也不能再降了。"张经理沉默了半天没有开口。金先生有点沉不住气了，不由自主地拉松领带，眼睛盯着张经理，张经理皱了皱眉，"这种照明器的性能先进在什么地方？"金先生又搔了搔头皮，反反复复地说："造型新、寿命长、节电。"张经理托词离开了办公室，只剩下金先生一个人。金先生等了一会，感到无聊，便非常随便地抄起办公桌上的电话，同一个朋友闲谈起来。这时，门被推开，进来的却不是张经理，而是办公室秘书。

讨论并回答：

金先生的上述表现能得到张经理的认可吗，为什么？

学一学

一、礼仪对于公关活动的作用

现代公关礼仪起着塑造企业形象、沟通有效信息、联络感情和增进友谊的重要职能，社会组织是公关礼仪的一般主体，公关工作人员作为组织的代表，他们的言行举止、风度仪表均需遵循礼仪的要求，这样才能维护组织的公众形象。公关礼仪是公共关系活动的一部分，也是个人和组织形象的一种宣传。

二、公共关系礼仪基本原则

（一）尊重公众原则

公关礼仪最根本的原则就是对公众的尊敬。公共关系工作的对象是公众，只有尊重公众，才能很好地与公众沟通，赢得公众的理解、信任和支持，达到组织的公关目标。尊重公众包括尊重公众的人格、尊重公众的个性爱好和性格特质、尊重公众应当具有的各种公民权利，如信仰、习俗、隐私等，不该问的问题不问，不该知晓的内容不强求知道，不干涉别人的私生活。

（二）公平对等原则

追求和向往平等，是任何人都有的一种共同的人性要求。在公关工作中平等地对待一切公众，是搞好公关工作的基本前提。人与人之间，人与组织之间，组织与组织之间，在正式交往的过程中，都要考虑参加人员的身份、人数、接待规格等方面的礼仪规范，要坚持对等的原则，即礼尚往来。

（三）身份差异原则

平等对待一切公众是公关礼仪的大原则，但在实际应用的过程中，我们还应当考虑一些"权变"，即在公关活动中的差异性原则，包括外事礼宾差异及地位的差异，在实际接待工作中，对首要公众、对德高望重者及其他需要格外照顾的对象重视，礼仪待遇有所差异。

（四）从简实效原则

礼仪是社会文化的产物，是人类生产方式和生活方式的调节剂，当然，随着人类社会的进步，礼仪也是发展变化的。有些社会生活方式都不存在了，建立在其上的一些礼仪也应当自动被淘汰。古老礼仪中也有过于烦琐、不实用的内容，这些内容甚至成为社会发展的桎梏。因此在实际的公关活动中，我们要本着古为今用、洋为中用的原则，去除那些繁文缛节、礼宾教条，以求达到节约时间、节约经费的目的，使公关礼仪更好地为组织塑造形象服务。

三、公共关系人员礼仪

（一）良好的姿态

良好的站立姿态给公众一种挺括、直立和稳重的美感。身体不仅要直立，而且要抬头挺胸，给人一种开阔的感觉，肩不能前倾后斜，背部伸直，手臂在身体的双侧自然下垂，女性也可以双手在身前自然交叉，具有美感。

良好的行走姿态应当洒脱、稳重，抬头挺胸，以胸带动肩肘摆动，整个身体的摆动要自然，和谐而有节奏，迈步不大不小，恰到好处。如果陪同公众，步间距离以公众为准，步子太大，公众不易跟上，太小，又易产生不自然的感觉，身为公共关系人员，应当注意适当地适应公众行走的速度。

良好的坐式姿态应当端正、舒适、大方。通常不应坐满，上身端正挺直，略略向上提着，以显示精神饱满，但也不能过分紧张、僵直。时间过长，可以自然地采取休息的措施，如靠在沙发背上，但不能双脚一伸，半躺半坐，不能跷二郎腿，不可抖动；女性可以小腿交叉，但不可向前直伸。入座后，手不要托着腮帮，可放在别的地方，如桌上。

（二）富有表情的神态

充分发挥眼神的魅力，是公共关系人员良好神态的一个重要的组成部分，因为眼睛是人们心灵的窗户，折射着内心世界的活动。一双灵活机智、炯炯有神的眼睛，对公共关系人员来说是最重要的接待工具。善于运用眼神征服公众，消除社会组织和公众之间的陌生感和不信任感，这是优秀公关人员的基本条件。在待人接物的过程中，眼神的运用十分讲究。如果呆呆地盯着公众，容易把公众逼入尴尬紧张的境地；如果东张西望，公众又会认为公共关系人员对他们不尊重、不重视。正确地运用眼神，应当自然、贴切、恰到好处，既机智环视公众，又不损害良好的气氛。

微笑在公众交往中很重要，运用得当往往会产生意想不到的效果。微笑能沟通公众的心灵，架起社会组织和公众之间友谊的桥梁。恰当的微笑能促进社会组织与公众之间建立起和谐的关系，因此，微笑是公共关系人员应当具备的仪容和风度。微笑在公共关系交往中可分为以下几种：（1）热情欢迎的微笑。当公共关系人员在接待公众时对公众报以微笑，这种笑的意思是"欢迎您光临"，使公众感到温暖有礼。（2）自信的微笑。在当今激烈的市场竞争中，组织难免会遇到影响组织形象的危机事件。公共关系人员在处理这种事情时面带微笑，这是一种自信的笑。充满自信的微笑能让公众对组织产生信赖感。（3）礼貌的微笑。一个懂礼貌的人，常将微笑的面孔展现在众人面前。无论是陌生还是熟悉的公众，公共关系人员都应该慷慨地把微笑送给他们，这是公共关系人员应有的高雅气质，也是一种成熟人格的象征。（4）和睦相处的微笑。与公众相处愉快时，公共关系人员应当以微笑来表示内心的情感；在公众与社会组织发生矛盾，产生误会时，公共关系人员仍保持微笑，有利于矛盾的解决。（5）委婉谢绝的微笑。在公共关系交往中，公共关系人员一般不能板着脸拒绝公众的要求，如果能边摇头边带微笑，虽然拒绝了公众的要求，但却能给公众留下美好的印象。

总之，微笑的礼仪就是要笑得真诚、得体、适度。"诚于中，形于外。"这就要求微笑应当是出自内心的真诚。在公共关系交往过程中，切忌皮笑肉不笑，假笑是很令人反感的。善于微笑是公共关系人员的基本素质，因为微笑是人际交往中最积极友好的表情，是友好、礼貌、合作的表示，也是自信成熟的标志，不仅给人一种和谐的美感，消除公众之间的隔阂与疑惑，而且还能传递令人喜欢的信息和友好的情感。所以，公共关系人员应当学会做一个熟练驾驭微笑的专家。

（三）整洁的容貌

保持容貌整洁是公共关系人员树立良好形象的基础和前提，每个公共关系人员都应当注意给公众留下整洁清爽的印象。

养成良好的卫生习惯。勤洗澡，勤换衣，保持全身整洁、干净。

消除身体的异味。公共关系人员工作前不要吃葱、蒜等有强烈刺激性气味的食品；餐后要刷牙，防止口臭。有体臭、口臭的公共关系人员，应当及时进行治疗，或采取相应的防范措施。

保持容颜的整洁。男性公共关系人员应当经常修面，女性公共关系人员则应适度美容化妆。

保持头发的整洁。公共关系人员应当经常洗头，保持头发整洁，不能有头屑；应当及时理发，经常清理。男性公共关系人员应当避免留长发和大鬓角。女性公共关系人员应当选择合适的发式，刘海儿不要遮住眼睛，不要将头发染成黑色以外的过于醒目的颜色。涉外公共关系人员尤其应当注意这一点，对于金发碧眼的白种人来说，东方人的一头乌发是非常有魅力的。

适度化妆美容。化妆和美容对于公共关系人员来说是非常重要的，尤其是女性公共关系人员，在出席公共场合之前适度美容化妆，不仅可以增添魅力，而且也体现出对活动的重视，这也是公共关系礼仪的要求之一。女性公共关系人员进行化妆和美容应当把握以下几条基本的原则：

第一，与场合相符。不论是着装还是美容化妆，都应当与参加的活动相符合。如果是参加舞会等晚上举行的娱乐性的活动，化妆可以稍微浓一点；若是参加白天举行的公共关系活动，则以淡妆为宜。

第二，与自身的条件相符。化妆不是去创造一个新人，而是在自然状态的基础上美化容颜。油性皮肤的人，应选用粉质化妆品；干性皮肤的人，则应选用油质化妆品。美化眼睛时应当注意，如果眼睛本来是比较突出的，应该用深色的眼影，以缓和突出的眼睛；如果眼睛本来是深凹的，那就用浅色而且明亮的眼影。如果眼睛本来就不十分美丽，就不要用珍珠色眼影，否则会起相反的作用。美化脸颊要注意：鼻子较大的，不要把胭脂抹得太靠近鼻子；鼻子较小的，则应当把较深的胭脂抹在太阳穴偏下处，使脸盘看上去小一点，而且可以使眼睛感觉大一点。胭脂颜色一般以平时脸颊泛红时的色彩为宜，并不一定要与唇膏色彩一样。嘴唇的化妆一般要求是：上深下淡，白天浅晚上深。画唇形不要涂得太满，但也忌把唇画得很小，以避免看上去不自然。唇膏的颜色要与眼影相协调。一般紫色眼影配玫瑰色唇膏，蓝色眼影配粉红色唇膏，咖啡色眼影配橙色唇膏。除了化妆美容外，女性公共关系人员平时还应注意保养皮肤，保持皮肤的自然细腻。

男性公共关系人员在参加公共关系活动时也应当注意修饰打扮，但重点在仪容、仪表和服饰上，切忌油头粉面出现在公众面前，这样容易给公众留下华而不实、不可靠的印象，不利于树立良好的组织形象。

（四）服饰礼仪

所谓服饰，包括服装和饰品两部分。服饰是社会风尚的象征，是个性美的展现。因此，服饰的选择，能够体现出人与服饰、精神与形体的和谐，体现出人的性格特点、文化修养、审美能力和情感需求，也体现出人的地位、财富、成功与否及职业特征。服饰打扮的原则主要有整洁、个性、和谐，服饰的选择要符合个性气质、职业、外貌、年龄，比如超短裙穿在青春少女身上，显得亮丽活泼，而穿在女教师身上，则会引起非议，有损教师的形象。一般情况下，穿着保守些肯定会有利于塑造个人和组织的良好形象。

TPO原则是国际上公认的穿衣原则。TPO是英文Time（时间）、Place（地点）、Object（目的）三个单词的缩写。

T原则，是指服饰打扮应考虑时代的变化、四季的变化及一天各时段的变化。服饰应顺应时代发展的主流和节奏，不可太超前或太滞后；服饰打扮还应考虑四季气候的变化，夏季应轻松凉爽，冬季应保暖舒适，春秋两季应增减衣服并防风；服饰还应根据早中晚气温的变化及是否有活动而调整。

P原则，是指服饰打扮要与场所、地点、环境相适应。在严肃的写字楼里，女士穿着拖地晚礼服送文件，将是什么情景？在工作场所就应穿职业装，回到家里就应穿居家服，不同的场所应选择不同的服饰。

O原则，是指服饰打扮要考虑此行的目的。参加国事活动，服饰打扮自然要稳重大方；而与女友蜜月旅行，则应穿得轻松舒适些。

总之，TPO原则的三要素是互相联系、相辅相成的。人们总是在一定的时间、地点，为某种目的进行活动，因此，我们的服饰打扮一定要合乎礼仪要求，这是工作、事业及社交成功的开端。

（五）见面礼仪

人与人交往的第一步就是见面。见面及见面时的礼节就是公关人员留给公众第一印象的重要部分。例如一位年轻的小姐与一位先生握手，有的小姐自认为很淑女、很懂礼貌，相反表现得却是不懂礼貌，没有见过世面，不够落落大方。见面礼仪包括：介绍、握手、称呼、致意、问候和名片几个重要细节。

1.介绍

介绍就是向有关人士说明有关情况，使双方相互认识，通过符合礼仪的介绍可以使互不认识的人之间解除陌生和畏惧，建立必要的了解和信任。属于社交场合的介绍基本上有两种，即自我介绍和为他人介绍。

（1）自我介绍

自我介绍是跨入社交圈、结交更多朋友的第一步。如何介绍自己，如何给对方或其他人留下深刻的印象，可以说是一门艺术，这与个人的气质、修养、思维和口才密不可分。一个人是否有人缘、魅力或者说吸引力，往往在第一面时就已心中有数。学会自我介绍，可以树立自信、大方的个人形象。

自我介绍时，须先向对方点头致意，得到回应后，可根据情况，主动向对方介绍自己的姓名、身份、工作单位，同时递上事先准备好的名片。如"我是某某，是某某公司公关部经理，很高兴认识您（或很高兴和大家在此见面），请多关照!"

（2）为他人介绍

为他人介绍，首先应了解双方是否有结识的愿望，切不可冒昧引见，尤其在双方职位或地位相差悬殊的情况下。最客气的介绍方法是以询问的口气问，如"××，我可以介绍××和您认识吗?""您想认识××吗?"等等。如对方同意，那么正式介绍时，最好先说诸如"请允许我向您介绍……""让我介绍一下"等礼貌语。介绍时，应面带微笑，说话要简洁。如"尊敬的约翰·威尔逊先生，请允许我把杨华先生介绍给您"。比较随便一些的话，可以略去敬语与被介绍人的名字，如"张小姐，让我来给你介绍一下，这位是李先生"。

介绍的先后顺序应当是：先向身份高者介绍身份低者，先向年长者介绍年幼者，先向女士介绍男士等，特别尊重的一方有了解的优先权。在口头表达时，先称呼应特别尊重的一方，再将被介绍者介绍出来。介绍时，应有礼貌地以手示意，不能用手指来指去。被介绍时，除年长者或妇女外，一般应起立，但在宴席、会谈桌上不必起立，而以微笑、点头表示。

2.称呼

合理地称呼对方，既是对他人的尊重，又反映了公共关系人员的礼仪修养。称呼是一个比较复杂的问题，目前在国际上主要有以下几种称呼方式：

①泛称。这是最简单、最普遍的称呼，特别是面对陌生公众时最常用的称呼方式。

如"小姐""先生""夫人""太太""女士""同志"等。其中，使用频率最高的是头两个，未婚女子可统称"小姐"，已婚女子统称为"夫人"或"太太"，如搞不清对方的婚姻状况，可统称"小姐"；对职业女性可统称为"女士"。

②职务称。如"张经理""孙局长"等。

③职业称。如"王老师""解放军同志"等。

④姓名称。如一般同龄人、好朋友之间，直呼其名，显得更亲密。

⑤亲属称。如"王爷爷""张叔叔"等。

不同国家、民族，其语言、风俗习惯不同，反映在称呼方面，也有不同的礼节。在对外交往中，对男子一般称先生。对英国人则不能单独称"先生"，而称"某先生"。美国人随便，容易接近，很快就可直呼其名。对妇女，一般称夫人、女士、小姐，不了解其婚姻情况的女子可称其为女士。在日本，对妇女一般不称女士，而称"先生"。美国、墨西哥、德国等国家，没有称"阁下"的习惯。要特别注意每个国家都有不同的称呼方式，要先问清，再称呼，否则，容易引起不满或误解。

3.握手

握手既是见面的一种礼节，又是一种祝贺、感谢或相互鼓励的表示。握手的力量、姿势与时间的长短往往能够表达握手人对对方的不同礼遇与态度，显露自己的个性，给人留下不同印象，也可以通过握手来了解对方的个性，从而赢得交际的主动。

①握手正确的姿态

距离对方约一步左右，两足立正，上身微微前倾，面带微笑，伸出右手握住对方的右手。伸出的右手应四指并拢，拇指自然张开，紧握住对方的手，上下摆晃三下就松开自己的手。

②握手的顺序

握手的顺序是指彼此相见时谁先伸手谁应握。它主要根据握手人双方所处的社会地位、年龄、性别和各种条件来确定。一般说来，在社交场合握手的基本规则是：主人与嘉宾相互握手，主人应先伸出手来，宾客待主人伸出手后，方可伸手握之；年长者与年轻者相互握手，年长者应先伸出手来，年轻者待年长者伸出手后，方可伸手握之；身份高者与身份低者相互握手，身份高者应先伸出手来，身份低者待身份高者伸出手后，方可伸手握之；女士与男士相互握手，女士应先伸出手来，男士待女士伸出手后，方可伸手握之。在码头、车站、机场等场合迎接客人，主人应先伸手，表示非常友好地欢迎对方。

握手时应注意：男子在握手前应脱下手套，摘下帽子。男女握手，一般男子只要握一下女方的手指部分即可，多人同时伸手时，注意不要交叉，待别人握完后再伸手。

③握手十忌

忌握手的时间过长或过短。一般以3~5秒钟为好。长时间地用力握着异性的手不放是不礼貌的。

忌握手时冷而无力，缺乏热情。应热情伸手，面带笑容。

忌握手时东张西望，心不在焉。

忌握手时一言不发，应配以适当的敬语或问候语，如"您好""久仰"等。

忌同女士握手时先伸出手。

忌戴手套握手。女士及地位较高的人戴手套握手，被认为是可以的。

忌握手时用力过大，捏得对方咧嘴呼疼。

忌几个人在场时，只同一个人握手，对其他人视而不见。同时多人相互握手时，要注意待别人握完再伸手，不可交叉握手。

忌握手时不讲究先后次序。握手的先后次序是根据握手人双方所处的社会地位、身份性别和各种条件来确定的。

忌伸给对方脏手。如客人到来，主动向自己伸出手，碰巧自己又在洗东西、擦油污，可以一面点头致意，一面摊开双手，说明情况，表示歉意，然后赶紧洗手，热情接待。

4.名片

名片，用于社交场合中的相互了解，并在自我介绍或相互介绍之后使用。在递、接名片时，如果是单方递、接，最好能用双手递、双手接；双方互送名片时，应右手递、左手接；两种情况都要求名片的正面（写中文字样的一面）朝着对方。接过对方的名片应点头致谢，并认真地看一遍，最好能将对方的姓氏、主要职称或身份轻轻地读出来，以示尊重。遇有看不明白的地方也可以请教。将对方的名片放在桌子上时，其上面不要压任何东西。收起名片时，要让对方感觉到，你是将其名片认真地放在了一个最重要、最稳妥的地方。切忌不要接过对方的名片一眼不看就立即收起，也不要将其随意地摆弄，因为这样会被对方感觉是一种不敬。

如果是事先约定好的面谈，或事先双方都有所了解，不一定忙着交换名片，可在交谈结束、临别之时取出名片递给对方，以加深印象，表示保持联络的诚意。

拜访性名片，可用于下列情况：寄送礼物时，可将名片附在其中；赠送鲜花或花篮时，可将名片附在其上；在非正式的邀请中，可用名片代替请柬，并写清时间、地点及内容；拜访好友或相识的人而未相遇，可以名片作为留贴，并附上适当的文字。

感谢与祝贺性名片，可用于当朋友送来礼品或书信时，代作收条或谢贴；当朋友举办重要的庆典活动时，可寄送一张带有亲笔题写的祝语的名片作为对朋友的祝贺。

如果收名片人非单身，祝福语应以夫妇俩人为对象。此外，寄送名片，还可以用于对朋友及其亲属的问候等。

（六）交谈礼仪

交谈礼仪是指人们在交谈活动中应遵循的礼节和应讲究的仪态等。交谈，包括听和说两个方面。

1.听的礼仪

（1）选择一个安静的环境进行交谈，以减少外界噪音的干扰。如果交谈环境不理想，比如外界干扰、噪音太大，或者室温过高、过低，要尽力设法摆脱。同时保持冷静，不受个人情绪和当时气氛的影响。这样才能保证有效地倾听。

（2）设法使交谈轻松自如，不要使对方感到拘束，同时消除心理上的障碍，不要预先存在想法，不可显示出不耐烦的样子，也不要过早地作出判断，过早表态往往会使谈话夭折。要少讲多听，不要随意打断对方。

（3）注意谈话者的神态、表情等非语言传播手段，这些往往会透露出话外之意。

（4）注意自己的"身体语言"。在他人讲话时，应尽可能地以柔和的目光注视着对方，以便与对方进行心灵上的交流与沟通。要学会用声音、动作去呼应，也就是说，要随着说话的人情绪的变化而伴以相应的表情。身体稍稍倾向于说话人，面带微笑。在说话者谈到要点，或是其观点需要得到理解和支持时，应适时适量地点点头，或是简洁地表明一下自己的态度。或通过一些简短的插话和提问，暗示对方对他的话确实感兴趣，或启发对方，以引起感兴趣的话题。这样做，会使对方感受到无声的鼓励或赞许，可以赢得其好感。

2.说的礼仪

说主要是在两个人之间进行，为了礼貌，任何人都不可能也不应该想怎么说就怎么说，必须顾及对方的情感和情绪，防止"祸从口出"，无意伤人，引起不必要的麻烦和矛盾。谦虚慎言，自我克制，不仅能满足对方的表现欲，还可以为自己提供机会，使自己显得更成熟、更稳重、更有涵养。切忌说话时把话说得太满、太绝、太俗、太硬、太横。说话时应注意：

（1）话题应尽量避开个人隐私和一些不宜在友好交谈中出现的事情。

（2）话题应尽量符合交谈双方的年龄、职业、思想、性格、心理等特点。比如，同是四十岁的女士，一位安于现状，不思进取；另一位不甘落后，仍在努力拼搏，你如在第一位女士面前夸奖第二位女士，肯定会引起此女士不快，谈话亦无法继续下去。

（3）应尽量寻找双方都感兴趣的话题，使谈话富有创新性和吸引力，始终在趣味盎然的氛围中进行。所谓"道不同不相为谋"，志同道合是双方走到一起交谈的前提。

（4）再好的谈资也要看对象、分场合。一个关心国家政治经济发展的人和一个只知道埋头做生意的人，大谈政治体制改革、经济发展格局，就好像对牛弹琴，丝毫引不起对方的共鸣，谈话也很难进行。

（5）适度幽默，轻松活泼。恩格斯说："幽默是具有智慧、教养和道德的优越感的表现。"幽默是智慧、爱心和灵感的结晶，是一个人良好修养的表现。日本心理学家多湖辉把幽默称作"语言的酵母"，创造出幽默，就创造出快乐及令人回味的思索。幽默能表现说话者的风度、素养，使人在忍俊不禁之中，借助轻松活泼的气氛赢得对方的好感，完成公共关系任务。善用情感，绘声绘色，要使说话在友好愉快的气氛中进行。

（6）控制声调、表情等因素。20世纪70年代，美国心理学家阿尔培特曾经通过研究，给友好合理的谈话确立了一个公式："7%的说话内容+38%的声调+55%的表情"。的确，只有在说话时语调平静、语音适中，音质柔和饱满，表情轻松自然，面带微笑，才会给人以客气、礼貌的感觉。就拿最简单的一个字"请"来说，如果用不同的声调和表情来说，就会产生不同的感觉、不同的含义。

（7）有勇气，适时说"不"。无论是人际交往，还是公共关系交往，有求必应是每个人都在追求的理想目标。但是由于主客观条件的限制，我们事实上不可能有求必应。在现实生活中，我们常常遇到一些人，或怕伤了对方或自己的自尊心、怕伤了和气或招来不测的后果，也有的是在利益面前经不住诱惑，不愿、不敢说"不"，结果并不一定就好，往往落个"言而无信"或"不负责任"的恶名。说"不"，的确需要勇气，然而为了长远、有效、脚踏实地地发展公共关系或人际关系，公共关系人员应建立起随时说"不"的自信。

（七）接待礼仪

接待工作是公关人员日常工作的一项重要内容，要做好这项工作就要注意把握以下几点：

1.办公室接待礼仪

对于来访者，无论是何人，首先应微笑礼貌地表示欢迎，热情招呼来访者坐下，给来访者端上一杯热茶。然后，委婉而迅速地了解清楚来访者的身份、来访目的和具体要求，以便决定接待的规格、程序和方式。

对于特别重要的来访者，应由公关部经理亲自出面接待并立即传报上级主管乃至最高负责人；按照客人的身份安排对等的接待者是必要的，但通常公关部经理被授权代表组织，甚至代表最高负责人出面接待，可适用于各种级别或不同层次的客人。

对于专业性较强的访问，公关部应立即与有关的专业技术部门联系，积极引荐有关方面的权威人士，并协助做好一切安排。

对于新闻记者或意见领袖，应特别谨慎和热情、周到。首先，采取合作的态度了解清楚对方的意图，不轻易表示赞成或反对的态度；必要的话，回答有关敏感问题之前，应向最高层或有关部门请示；在实事求是提供情况的前提下，尽可能树立组织的正面形象和信心。其次，注意为他们提供各种便利条件，真心实意地协助他们工作。

对于一般的顾客，应耐心地倾听他们的投诉，热情地回答他们的咨询，尽可能解决他们的实际问题，让他们带着满意的心情离去。

对于社区代表或赞助团体，在认真考虑他们的要求后，应根据企业的赞助条例或有关规定，结合企业利益分别对待，无论是接受、商榷或拒绝，都应不失礼节。公关部应具备较好的接待条件，如相对独立、安静、舒适的接待环境，基本的服务设备和用具，供来访者了解情况用的各种宣传性画册等资料，送给来访者留念用的小纪念品等。这本身就表达了对客人的敬意。

2.迎送礼仪

公关接待工作的"善始善终"往往表现在车站、机场、码头的迎送环节上。迎送工作的有关事项如下：

（1）了解客人的基本资料

准确记住客人的名字、相貌特征（如事先有照片的话），弄清楚客人的身份、来访目的、与本组织的关系性质和程度、到来的时间、乘何种交通工具，以及其他背景材料。

（2）确定迎送规格

根据以上资料，结合本组织的具体情况，确定迎送规格。对于较重要的客人，应安排身份相当、专业对口的人士出面迎送；亦可根据特殊需要或关系亲疏程度，安排比客人身份高的人士破格接待，或安排副职、助理出面。对于一般客人，由公关部派员迎送即可。

（3）做好迎送准备工作

比如，与有关交通部门联系，核实客人的班机或车船班次、时间；安排好迎送车辆；预先为客人准备好客房及膳食；如果对所迎接的客人不熟悉，需要准备一块迎客牌子，写上"欢迎××先生（小姐、女士）"以及本组织的名称；如需要，可准备好鲜花等。

（4）严格掌握和遵守时间

无论迎送，均需要提前15分钟赶到车站或机场迎候客人，要考虑到中途交通与天气原因，绝不能让客人在那里等你。如果你迟到了，无论怎样解释，都很难消除客人的不快和对你失职的印象。如送行时客人需办理托运或登机手续，可由公关部派员提前前往代办。

（5）迎接与介绍

接到客人后，即表示欢迎或慰问，然后相互介绍。通常先将前来欢迎的人员介绍给来宾；或自我介绍，并递上名片。客人初到一般较拘谨，应主动与客人寒暄，话题宜轻松自然，如客人的旅途情况，当地的风土人情、气候特点、旅游特色，客人来访的活动安排、筹备情况、有关建议，以及客人可能关心的其他问题。除客人自提的随身小件行李外，应主动帮助客人提行李。

（6）妥善安排

客人抵达住地后，尽可能妥善安排，使客人感到宾至如归。例如，向客人提供活动的日程计划表、本地地图和旅游指南；向客人介绍餐厅用餐时间及主要的接待安排，了解客人的健康情况及特殊需要（如回程机、车、船票）；到达后不要马上安排活动，迎接人员不必久留，以便让客人更衣、休息和处理个人事务；分手前应该约好下次见面的时间及联系方法等。

（八）宴请礼仪

为了表示欢迎、答谢、祝贺，或者融洽气氛、联络感情，公关部门常常要设宴招待客人。根据宴请目的，确定规格、种类。宴请规格对礼仪效果的影响是十分明显的。

1.宴请的种类

宴请的种类和形式较多，但以宴会、招待会、茶会、工作餐为主。

（1）宴会

宴会为正餐，分国宴、正式宴会、便宴和家宴四种，均坐下进食。按照举行的时间，宴会分为早宴、午宴、晚宴。一般情况下，晚宴和家宴最为隆重。

国宴是国家元首或政府首脑为国家庆典或为外国元首、政府首脑来访而举行的正式宴会，因而规格最高。宴会厅内悬挂国旗，奏乐，席间致辞或祝酒。

正式宴会除不挂国旗、不奏国歌以及出席规格外，与国宴基本相同。宾主均依据身份就位。有些宴会对服饰规格、餐具、酒水、菜道、陈设以及服务人员的着装、仪表等都作严格要求。

便宴是非正式的宴会。常见的有午餐、晚餐，有时也有早餐。便宴形式简单，不排座位、不做正式讲话，随便亲切。菜道也可以酌减。西方人的午宴有时不上烈性酒，不上汤。

家宴是在家中设宴招待客人。这种形式亲切友好，往往由主妇亲自下厨，家人共同招待。

（2）招待会

招待会是指各种较为灵活的、不备正餐但准备有食品和酒水饮料的宴请形式。招待会期间不排座位，宾客自由活动。常见的有冷餐会、酒会两种形式。

冷餐会，即自助餐。其特点是不排座位，菜肴以冷食为主，也可有热菜，供客人自取，客人可以自由活动，也可以多次取食，酒水可以放在桌上，也可由招待端送。冷餐会可在室内或庭院、花园等地举行。可设小桌、椅子自由入座，也可不设椅子站立进餐。举办时间在中午12时至下午2时，下午5时到7时。冷餐会有三大优点：可以安排更多的客人，即无论室内室外、客厅或餐厅，只要有位子都可以在冷餐会上派上用场；缺乏人手招待时也毫不影响，客人可自己拿取食物；不受任何正宴礼仪上的约束，无论是用餐前还是餐中，客人都可以自由活动。

酒会，又称鸡尾酒会。这种宴请形式活泼，便于广泛接触交谈。招待品以酒水为主，略备小吃。不设座椅，仅设桌、几以便客人随意走动。酒会举行的时间亦较灵活，中午、下午或晚上均可。

（3）茶会

这是一种简单的招待形式。举行的时间多在上午10时或下午4时左右，以茶或咖啡招待客人。茶会通常设在客厅，而不用餐厅。厅内设茶几、座椅，不排座次。茶会对茶叶和茶具的选用应有所讲究，一般用陶瓷器皿，而不用玻璃杯。

（4）工作餐

这是现代交往中经常采用的一种非正式宴请形式，利用进餐时间，边吃边谈问题。这类活动一般只请与工作有关的人员。工作餐按时间可分为工作早餐、工作午餐和工作晚餐。宴请的菜肴、程序从简，甚至采用快餐形式或由参加者各自付费。

2.宴请活动的组织工作

（1）确定宴请的目的、名义、对象、范围与形式

宴请的目的多种多样，既可以为某人，也可以为某件事。如为某人某团赴约谈判，为某展览、展销、订货会的开幕、闭幕，为某工程的破土与竣工等。总之，目的需要明确。

对象主要是依据主客双方的身份，即主宾双方身份要对等。

邀请范围是指请哪方面人士、哪一级别，请多少人；主人一方请什么人出陪，这要考虑宴请的性质、主宾身份、惯例等多方面因素，不能只顾一面。邀请范围确定后，就可草拟具体邀请名单。

采用何种形式，在很大程度上取决于习惯做法，即根据习惯和需要选择宴请形式。目前，无论是国际或国内，礼宾工作都在简化。宴请的范围趋向偏小，形式也更加简便，更注重实际效率和效果。酒会、冷餐会被广泛采用。

（2）确定宴请的时间、地点

宴请的时间对主、宾双方都应适宜。一般不要选择对方的重大节假日、有重要活动或有禁忌的日子。宴请时应先征求对方的意见，口头当面约定较方便，也可用电话联系。

宴请地点的选择，一般讲，正式的、隆重的宴请活动安排在高级宾馆大厦内举行。其他可按宴请的性质、规模大小、形式，主人意愿及实际可能而定。原则上选定的场所要能容纳全体人员。

（3）发出邀请及请柬格式

各种宴请活动，一般都发请柬，这既是礼貌，也是提醒客人备忘之用。请柬一般提前一到两周发出，有时还需要再提前，以便被邀人及早安排。

请柬的内容包括活动形式、举行的时间、地点、主人的姓名。请柬行文不加标点，所提到的人名、单位名、节目名等都应用全称。中文请柬行文中不提被邀请人姓名，其姓名写在请柬封面上。请柬可以印刷也可以手写，但手写字迹要美观清晰。请柬信封上被邀请人的姓名、职务，书写要准确。

（4）订菜

宴请的酒菜根据宴请形式和规格及规定的预算标准而定。选菜不应以主人的爱好为准，主要考虑主宾的爱好与禁忌。如果宴会上有个别人有特殊要求，也可以单独为其上菜。无论哪种宴请，事先都应列菜单，并征求主管负责人的同意。

宴请的菜肴一般都较丰盛。如在中餐宴席上，除冷盘和甜点外，还有鸡鸭鱼肉虾等数道热菜。最后是汤、冷食和水果。一般都备有精致的菜谱，分别放在第一主人及第二主人的下手。上菜的先后与菜谱相符。

中餐宴会菜肴的道数，并不一定依主宾身份的高低而定。一般国宴在礼仪规格、场面上，虽然都十分宏伟壮观，但菜肴并不一定十分丰富。而一些企业间的互相宴请，其费用标准之高、菜肴道数之多、山珍海味之丰盛、选料之精，往往是国宴无法相比的。

西餐宴请的菜肴与中餐不同。一般菜肴道数不多。其选料、丰盛程度及可口美味诸方面，实在无法与中餐相比。西餐一开始先喝汤，然后陆续上两三道菜，这些菜或是肉类与蔬菜搭配，或是水产品（如鱼类）与蔬菜搭配，之后就是甜点、冷饮（如冰激凌）等。至于咖啡，可离席而饮。西餐常以生菜（即色拉）、奶酪配之。

（5）席位安排

正式宴会一般均排席位，也可只排部分人的席位，其他人只排桌次或自由入座，无论哪种做法，都要在入席前通知到每位入席者，现场还要有人引导。

国际上的惯例，桌次的高低依离主桌位置远近而定，右高左低。同一张桌上，席位高低以离主人远近而定。外国习惯，男女穿插安排，以女主人为准，主宾在女主人右上方，主宾夫人在男主人右上方。我国则习惯于按各人本身的职务排列，如夫人出席，通常把女方安排在一起，即主宾坐男主人右上方，其夫人坐女主人右上方。

有关宴会座位的具体安排，大致可分为下列几种情况，如图4-1、图4-2、图4-3、图4-4所示。

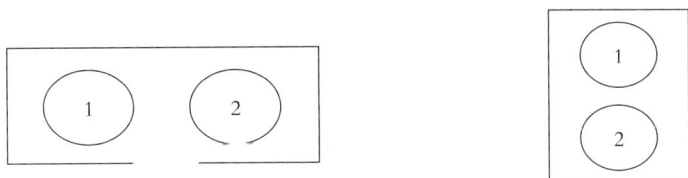

图 4-1 宴会座位安排（1）

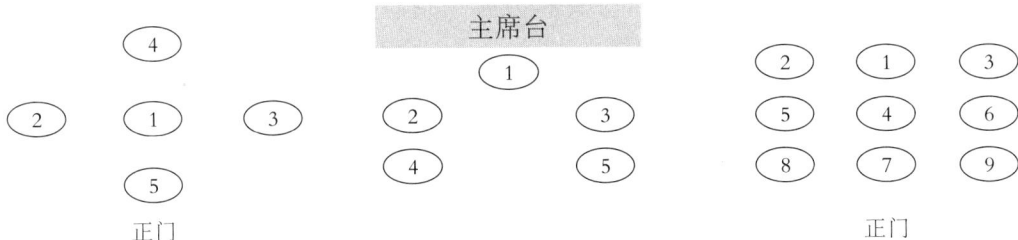

图 4-2 宴会座位安排（2）

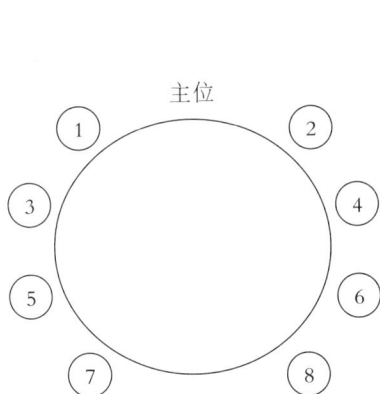

图 4-3 宴会座位安排（3)

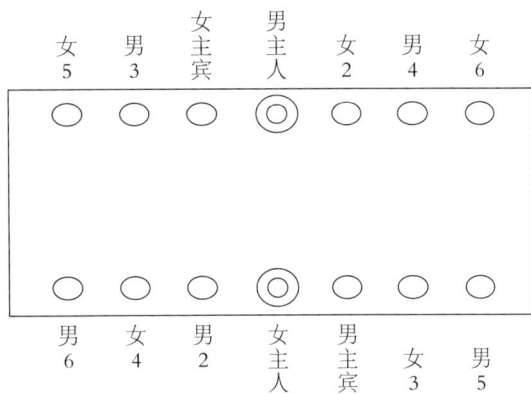

图 4-4 宴会座位安排（4）

（6）现场布置

宴会厅、休息厅的布置取决于活动的形式、性质。官方的和其他正式的活动场所的布置应严肃、庄重、大方。不要用彩灯、霓虹灯装饰，可以少量点缀鲜花、刻花等。

宴会上可用圆桌、长桌或方桌。桌子之间距离要适当，各个座位之间距离要相等。

冷餐会常用方桌靠四周陈设，也可根据情况摆在房间中间。座位要略多于全体人数，以便客人自由就座。

酒会一般摆小圆桌或茶几，以便放花瓶、烟灰缸、干果、小吃等，只在四周设些椅子供妇女和年迈体弱者用。

（7）餐具的准备

总的来说，根据宴会的人数、菜道数的多少准备足够的餐具。餐桌上一切用品都要十分清洁、卫生。桌布、餐巾都应浆洗洁净熨平。各种器皿、筷子、刀叉等都要预先洗净擦亮，如果是宴会，还应备好每道菜撤换用的菜盘。

（8）宴请程序及现场工作

主人一般在门口迎接客人。客人握手后，由工作人员引导到休息厅，无休息厅可直接入宴会厅，但不入座。休息厅内应有相应身份的人员照料，由招待人员送饮料。

主宾到达后，由主人陪同进入休息厅与其他客人见面。如其他客人尚未到齐，可由其他迎宾人员代表主人在门口迎接。

主人陪同主宾进入宴会厅，全体客人就座，宴会即开始。吃完水果，主人与主宾起立，宴会即告结束。

主宾告辞，主人送至门口，主宾离去后，原迎宾人员顺序排列，与其他客人握别。

（九）礼宾次序

礼宾次序是指国际交往中对出席活动的国家、团体、各国人士的位次按某些规则和惯例进行排列的规则。在涉外交往中，礼宾次序是一个政治性较强而又较为敏感的问题。

常见礼宾次序排列方法有：按身份与职务的高低排列、按通知代表团组成或抵达日期先后排列、按字母顺序排列。东道国在致各国的邀请书中要明确注明用哪种方式排位，通常是综合运用。

在日常公关活动中，礼宾次序的基本原则包括：右高左低、中座为尊、距离定位、交叉排位，如图4-5所示。

人数为奇数

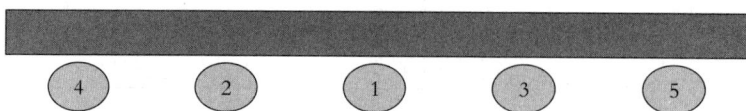

人数为偶数

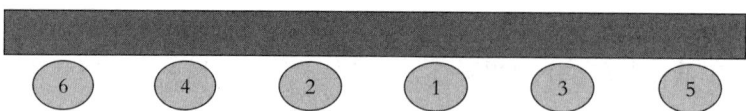

图4-5　礼宾次序

做一做

活动2：公关活动礼仪训练

A公司为了提升企业形象，准备赞助某高校足球联赛，已经制订出活动策划方案，现在委派你组建项目团队，代表公司与足球联赛组委会接洽，磋商合作事宜。各组同学讨论分工，首先与对方电话预约拜访时间和对象，然后现场拜访商谈。组委会应做好接待工作。

注意事项：遵守电话礼仪；拜访时的着装和言行得体；拜访人员与拜访对象职务相当；通过拜访达到预期目的。组委会要注意接待规格和礼宾次序。

✅ 拓展空间

商务宴请礼仪模拟实训

一、公司宴请礼仪（中餐）

（一）人物

公司运营总监、总监秘书、行政经理、公司前台、嘉宾A、嘉宾B、嘉宾C、嘉宾D

（二）地点

希尔顿酒店三楼宴会厅

（三）模拟场景

某公司需要组织一个公司的十周年庆典，庆典在希尔顿酒店举行，宴会厅在3层，有电梯直达。要求嘉宾下午6点到场。请各自按照抽取的身份分工进行以下内容的模拟：

公司组织方：

（1）怎样对客户进行邀请（会务礼仪）?

（2）如何安排中餐宴会的细节（桌次、座次安排）?

（3）如何接待（公务接待、电梯礼仪、名片礼仪、商务礼仪）?

（4）如何着装（职场着装）?

（5）如何送客?

嘉宾方：

（1）怎样答复邀请（会务礼仪）?

（2）如何着装（职场着装）?

（3）怎样就餐（就餐礼仪）?

（4）怎样告别（公务接待）?

二、公司宴请礼仪（西餐）

（一）人物

公司总经理、总经理秘书、行政经理、公司前台、嘉宾A、嘉宾B、嘉宾C、嘉宾D

（二）地点

希尔顿酒店三楼宴会厅

（三）模拟场景

某公司准备和国际某著名企业建立合作伙伴关系，需要和对方公司进行谈判，会议谈判及宴会在希尔顿酒店宴会厅举行，有电梯直达。要求嘉宾下午6点到场。请各自按照抽取的身份分工进行模拟：

公司组织方：

（1）怎样对客户进行邀请（会务礼仪）?

（2）如何安排中餐宴会的细节（桌次、座次安排）?

（3）如何接待（公务接待、电梯礼仪、名片礼仪、商务礼仪）？

（4）如何着装（职场着装）？

（5）如何送客？

嘉宾方：

（1）怎样答复邀请（会务礼仪）？

（2）如何着装（职场着装）？

（3）怎样就餐（就餐礼仪）？

（4）怎样告别（公务接待）？

✓ 效果评价

本任务的效果评价参考表见表4-3。

表4-3　　　　　　　商务宴请礼仪模拟实训活动评价参考表

环节	评分标准	分值
电话预约	1.时长3分钟以内 2.自我介绍简洁明了，使用文明礼貌用语 3.音量、语速适中，准确表达意图 4.明确预约时间、地点、对象	30
出门迎接	1.称呼得体，自然微笑 2.正确握手、介绍 3.按礼宾次序引导来访者进入会议室	30
磋商洽谈	1.座次符合礼宾次序 2.奉茶/饮品 3.就拜访主题展开磋商，沟通良好，达成意向协议并签约	30
送客	1.表情亲切自然 2.握手送别	10

▶ 任务三　公共关系庆典活动实施

【任务目标】

知识目标

1.掌握庆典活动的概念和分类知识；

2.掌握庆典活动实施的步骤和原则。

能力目标

熟悉庆典活动的具体流程，具备组织实施具体庆典活动的能力。

素养目标

团队合作性和协调精神强，灵活处理活动中的突发事件。

【任务导入】

杭州某饮料厂借"六一"儿童节策划了一个大型活动，活动中有这样一个项目——如果参加者有四代同堂的家庭，其成员生日都是6月1日，就可获得该厂5万元的奖励。活动前，该厂公关部曾做过预测，估计这样的家庭不会超过一家，因此只准备了5万元奖金。没想到的是，活动中出现了6个这样的家庭，手忙脚乱中，公关人员提出6家平分这5万元，但6个家庭都不答应。双方争执不下，结果整个活动搞得一塌糊涂，饮料厂也因此在很长一段时间中陷于处理"后事"的尴尬之中。

讨论并回答：

你认为该厂的庆典活动出现的问题是否可以避免？发生后又应当如何处理？如果你策划实施一次庆典活动，你准备分哪几个步骤完成？

✅ 学一学

一、庆典活动的概念

庆典即隆重的庆祝典礼，历史上任何事情都有它的一周年、十周年、一百周年等等。庆典是社会组织本身的重大节目或事件庆祝活动的总称。常见的有奠基典礼、落成典礼、开幕典礼、周年纪念、节日庆典，签字仪式、颁奖仪式和授勋仪式等。

二、举行庆典活动的意义

（1）创造良好的宣传机会。

（2）增强组织内部的凝聚力。

（3）通过举办庆典，组织内部成员会自觉地提高主人翁责任感和使命感，共同参与，促进彼此沟通和交流，消除矛盾，创造和谐的气氛和向心力。

三、庆典活动的类型

（1）节日庆典（元旦、"五一"劳动节、"五四"青年节、国庆节、春节等）和某一组织的成立或成立纪念日庆典（厂庆、司庆、校庆、店庆等）。

（2）开土、竣工典礼和开幕式。

（3）为表彰先进、为某些具有突出成就的人或知名人士授予勋章、奖章、称号和荣誉证书等活动，旨在表彰、奖励杰出、有贡献的人才，给他人树立表率和榜样。

（4）特别"日""周""月""年"典礼或仪式。

（5）签字仪式。

四、庆典活动的组织与安排

1.拟定出席人员名单

一个正规的庆典活动的宾客应包括政府部门负责人、主管部门负责人、社区代表、同业和协作单位代表、社团负责人、公关专家、新闻记者、顾客代表及员工代表等。

2.拟定典礼的程序

典礼的一般程序为：宣布典礼开始、宣读重要来宾名单、致贺词、致答词、鸣炮剪彩。

3.确定主持人

主持人一般为组织的主要领导或负责人。

4.确定剪彩人员

剪彩人除本单位负责人外，还应邀请来宾中地位高、有一定声望的知名人士共同剪彩（适用于新设施、新项目开工、奠基仪式）。

5.安排好各项接待事宜

事先拟定参加庆典的人员，再确定接待、剪彩、放鞭炮、摄影摄像、录音扩音等相关服务人员，务必确定在典礼开始前各就各位。最好安排一个临时接待室，以便早到的相关人员休息、待命。

6.确定主席台和第一排人员名单，安置醒目的标志牌

庆典仪式最重要的位置是主席台与第一排人员，应事先做好标志牌，写上嘉宾姓名，以便各就各位；站立的庆典，还要在主要宾客站立的地方铺上红色地毯，以示庄重。

7.安排助兴节目

为增添热烈、欢快的气氛，应安排锣鼓、歌舞等节目，节目可由本单位员工参与演出，从而培养员工们的归属感和职业自豪感。

8.组织参观

在庆典仪式结束后，组织宾客参观本单位的工作现场、厂容厂貌、生产设施、商品陈列等，这是让公众了解、认识组织的大好时机，也是展示自我、传递信息的绝佳途径。

9.安排专人接待新闻记者

大规模活动，必须设立新闻中心，安排专人接待新闻记者，并为他们提供一切方便条件，以便信息发布、传递的安全、及时。

10.举行座谈会

庆典结束后，为广泛征求建议与意见，召开座谈会，掌握第一手资料，总结经验教训，密切组织与公众之间的关系，不断改进工作中出现的失误与不足，从而达到尽善尽美。

做一做

活动3：实施庆典活动

北京联合大学应用科技学院创建于2008年，由北京联合大学国际语言文化学院、网通软件职业技术学院合并成立，是北京联合大学专门从事高等职业教育的一所二级学院，位于风景优美的北京市昌平区十三陵景区石牌坊。建院以来发展迅速，目前是北京市职业教育分级试点单位，面向北京市快速发展的现代服务业，培养服务于文化创意产业、商贸服务业和高新技术产业一线的高素质技能型人才或高素质技术服务型人才。开

设的专业有：电子信息工程技术、软件技术、计算机多媒体技术、市场营销、电脑艺术设计、视觉传达艺术设计、广告设计与制作、会计、电子商务、金融保险、市场营销（医药）、商务英语、应用西班牙语、商务日语等。其中，金融保险专业是北京市高职高专教育教学改革试点专业；电子商务专业是北京市级优秀教学团队。

学院与阿里巴巴、用友、网易、多柏、文思创新、同仁堂、幸星、世纪工厂等多家企业建立合作关系，与多所国外大学有交流合作项目，优秀学生推荐参加专升本考试，通过考核后按照北京市规定升入本校相关专业学习两年，完成学习后获得本科毕业证书，符合学位授予条件者获得学士学位。学生也可以参加学校组织的赴美国、英国、日本、新西兰、古巴、西班牙等国家继续学习的"2+1""2+1+1""3+1""3+1+1"等项目。

2014年是建院6周年，学院领导经过研究，决定举办6周年院庆暨2011届毕业典礼活动，并确定了"我为应科争光，应科以我为荣"的活动宗旨。目的是对内增强全体师生、员工对学院的自豪感和荣誉感，对外显示学院的实力和发展前景。学院早在2011年1月就成立了院庆筹备委员会，设秘书组、新闻组、接待组、信息组、联络组，每组的组长都由学院的中层以上干部担任，筹备会给予他们充分的权力和空间，自主设置院庆项目及相关事宜，重大项目需由院庆筹备委员会讨论审核。

秘书组负责庆典仪式的活动和筹划，制定议程，拟定邀请重要来宾的名单，并撰写相关文书，直接接收筹委会领导、协调、监督。

新闻组负责庆典活动的新闻稿采编，并上传至学院网站。

接待组负责组织学生志愿者，统一着装，迎接宾客、来宾签到、赠送纪念品、茶水服务、活动签到、参观解说，并要求在大门口列队迎送客人。

信息组负责编写校友录及宣传册。

联络组主要负责与校本部及兄弟学院的沟通协调工作。

对于6周年院庆，学院领导非常重视，制订了一整套方案，专门拿出30万元经费用于筹划庆典。在庆典仪式上安排了剪彩活动，校庆日晚上还将举行盛大的庆祝晚会。同时，为使院庆活动更具学术气氛，院庆期间还将举行"学校发展战略研讨会"和"职业教育学术报告会"，既体现隆重热烈，又让人觉得意蕴深刻。

任务与要求：

1.假如你是情景中应用科技学院6周年院庆的秘书组成员，请拟出参与院庆活动的重要领导和来宾名单。

2.制定校庆活动庆典仪式的程序。校庆活动庆典仪式的程序应结合情景内容，不包括庆祝晚会、学术报告会、学校发展战略研讨会和职业教育学术报告会。

3.模拟演示庆典仪式的大会场景。

注意事项：

庆典活动既是社会组织面向社会和公众展现自身的机会，也是对自身的领导和组织能力、社交水平以及文化素养的检验。因此，举办庆典活动时，公共关系人员应做到准备充分、接待热情、头脑冷静、指挥有序。一般说来，庆典活动应注意以下事项：

1.确定庆典活动主题，精心策划安排，并进行适当的宣传。

2.拟定出席庆典仪式的宾客名单，一般包括政府要员、社区负责人代表、同行代表、员工代表、公众代表、知名人士、社团。

3.拟定庆典程序，一般为：签到、宣布庆典开始、宣布来宾名单、致贺词、致答词、剪彩等。

4.事先确定致贺词、答词的人员名单，并拟好贺词、答词，贺词、答词都应言简意赅。

5.确定关键仪式人员，如剪彩、揭牌、托牌等；除本单位领导外，还应邀请德高望重的知名人士。

6.安排各项接待事宜，事先确定签到、接待、剪彩、摄影、录像、扩音等有关服务礼仪人员。

7.可在庆典活动中安排节目，如舞龙等；还可邀请来宾题词，以作为纪念。

8.庆典结束后，可组织来宾参观本组织的设施、陈列等，增加宣传的机会。

9.通过座谈、留言形式，广泛征求意见，并综合整理、总结经验。

◉ 拓展空间

参加一次社会庆典活动，可以是开业典礼、毕业典礼、婚礼等，完成一份调查报告。

◉ 效果评价

本任务的效果评价参考表见表4-4。

表4-4　　　　　　　　　　庆典活动评价参考表

环节	评分标准	分值
前期准备	1.庆典活动内容符合活动主题 2.拟定重要来宾名单，并发放请柬 3.提前联系拟定致辞人/剪彩人，贺词简洁 4.提前做好宣传预热 5.预订会场，会场布置满足庆典需要	50
庆典现场	1.提供良好的来宾接待服务 2.活动现场秩序良好 3.活动流程明确，安排合理	30
收尾	1.采写庆典活动盛况，并通过媒体发布，扩大影响范围 2.制作纪念光盘、手册等赠送来宾	20

任务四　公共关系赞助活动实施

【任务目标】

知识目标

1.掌握赞助活动的概念和分类知识；

2.掌握赞助活动实施的步骤和原则。

能力目标

熟悉赞助活动的具体流程，具备组织实施具体赞助活动的能力。

素养目标

团队合作性和协调精神强，灵活处理活动中的突发事件。

【任务导入】

赞助活动策划书

尊敬的赞助商：

我校将于2013年11月举办全校性运动会，我校学生会外联部是此次运动会指定宣传策划部门，对商家赞助我校比赛的可行性有较深入的了解，现在就让我们为贵公司作此赞助策划方案。

一、可行性分析

1.本次运动会得到了学院团委和学校相关部门的大力支持，规模大、参与者多，能吸引众多师生来观看，深受同学欢迎，能够推动学校宣传事业的发展，必引起全校性的轰动。

2.在校大学生人流量大，而且本校的消费能力较高，为贵公司宣传的成效更明显。

3.本次活动得到师生关注，贵公司的产品也将得到大力的宣传。

二、宣传方式

1.横幅：为期一周的大横幅宣传，在学校内悬挂横幅（横幅内容为运动会的内容和公司的相关宣传——赞助商名称），活动前三天粘贴在运动场等人流量最多的位置，悬挂时间是一天24小时不间断。

2.我们将在运动会的宣传海报中点明贵公司为赞助单位（前期宣传）。

3.立式广告牌。在运动会期间作为独立的宣传方式在学校内进行宣传（由贵公司提供）。

4.在比赛举行期间，裁判员和保安志愿者佩戴有赞助商标志的帽子。

5.彩旗与气球方阵。比赛期间在会场主干道、主席台等显著位置放置印有赞助商名称的彩旗和气球进行宣传。

6.调查问卷：比赛期间，在场外协助贵公司进行一次校园市场调查（调查问卷和小礼品由贵公司准备并提供）。

7.比赛期间赞助商可在校内指定位置设立企业宣传展示台。

三、宣传效应

通过展台、横幅、广告牌等方式，在活动期间进行密集的全方位宣传，配合运动会热烈的气氛，更能让受众在积极、愉悦的状态下接收宣传信息，不仅留下深刻印象，还能对贵公司产生好感，有利于贵公司在我校进一步巩固市场地位，树立积极的品牌形象。

四、活动经费预算

场地租用费	500元
广告牌	300元
横幅	150元
气球与彩旗（含印字）	200元
礼品	300元
宣传人员	300元
帽子	250元
预计赞助费用总计	2 000元

五、赞助活动意义

增加校企间的交流与合作，共同学习，共同发展。扩大公司在我校的影响，通过全面的宣传，提高公司产品在我校的市场占有率。通过赞助相关活动树立企业形象，提高公司的社会效益。

我们真心地希望能够以此次活动为契机，和贵公司建立更长久的合作关系，帮助贵公司不仅在校内，而且在社会上实现最大的效益。我们将在以后的工作中为贵公司提供更大的支持。

讨论并回答：

你认为这份赞助活动策划书的亮点是什么？

⊙ 学一学

一、赞助活动的概念

所谓赞助活动，是指社会组织以不计报酬的捐赠方式，出资或出力支持某一项社会活动、某一种社会事业。赞助的兴起与时代的发展密不可分。随着商品的极大丰富与企业竞争的加剧，商家采取各种传统沟通手段大力开展宣传活动，人们处在各种各样的广告包围之中，久而久之对硬性的广告越来越不感冒，甚至产生逆反心理。在此情况下，赞助这种以提高公司品牌形象为目的的软性沟通，因为其宣传商业目的的隐蔽性，以及信息易于接受性，越来越受到企业的重视。

二、赞助活动的特点

1.商业目的的隐蔽性

赞助始源于不以营利为目的的资金或产品／服务支持，赞助行为通常让受众联想到企业慷慨解囊的高尚行为或是为了某种信念而奉献的热情，激发起受众对企业品牌理念的尊敬和内心价值观的认同。尽管当今很多商业广告也将商业目的做得十分隐晦，但这一效果还是商业广告无法企及的。

2.制造品牌联想

当赞助商与被赞助的事件相联系时，人们通常会将赞助事件的特质赋予赞助的品牌。特别当赞助品牌与事件有共同之处时，这一点无疑会提升品牌形象，稳固和加深品牌个性。现今商场竞争激烈，很多顾客已不满足于技术卓越的产品，他们寻找的是与自己的情感或理想有共鸣的品牌。与此同时，更多的利益相关群体也会关注到企业的价值观和经营理念。这些因素正在越来越成为企业整体战略中不容忽视的内容。这一特征，正是赞助的最大魅力所在。

3.商业效果潜在性

赞助宣传的是品牌，其并不能直接产生商业效果，同时，品牌是一个长久的投入，品牌提升所带来的销量利益在短期内难以衡量。

4.风险较大

因为赞助营销的利益是潜在的，其商业效果需要通过其他营销方式去充分发掘，同时活动本身在举办过程中可能会出现问题，从而会影响到品牌形象，因此赞助具有相当的风险性。

三、赞助活动的实施步骤

1.确定专人负责

企业参加赞助活动，要组织一个负责赞助的班子，指定负责人，具体负责处理赞助活动的有关事宜。

2.确定赞助政策

赞助机构首先要根据企业经营管理方针政策，结合企业的公共关系目标、企业具体情况以及发展趋势，确定企业赞助政策。

3.进行前期研究

（1）研究企业赞助是否具有积极的社会意义和广泛的社会影响。

（2）研究赞助的价值、受赞助单位与本企业经营方向和经营政策的关系，看企业互利互惠的原则是否得到实现。

（3）研究赞助数目的多少。

（4）要想方设法吸引新闻界注意，使之予以报道，扩大影响。

（5）通过调查研究，要坚决杜绝赞助那些以社会公益事业为名、实为骗人骗财的勾当。

（6）适当地提出赞助要求，比如在受赞助的运动场周围树广告牌，电视节目中出现表明企业赞助的文字，在运输工具设备上印出赞助单位名称等。

四、测定、评估效果

赞助活动结束，要对其效果进行测定。最后写出文字报告存档，为以后赞助活动提供参考。

五、注意事项

赞助是把企业实力和价值观以一种非功利的形式传达给受众。对于很多受众来说，企业对活动的赞助是对自己关注领域的支持，要比灌输式的产品广告更易于接受；反过来，如果企业的赞助活动太直接地宣传产品和服务，则会将赞助等同于广告，发挥不出赞助的那种微妙的宣传作用。因此，企业提供赞助时必须有清晰的诉求，明确自己希望传递的信息，又要很巧妙地选择传递方式和渠道让信息到达目标受众。

（1）赞助活动从属于公司的品牌整体管理战略，有效的赞助营销要求企业有整体战略引导下的清晰的品牌概念，选择能传达自身品牌特点和价值观的赞助对象。

（2）公司要通过多种沟通渠道的组合充分发掘赞助的潜在价值，只有对组合传播策略加以运用，公司才能利用品牌曝光度，将产品或理念推介出去。

（3）通过对赞助合同条款的设定和后续监察，对赞助对象进行约束和控制，从而优化赞助的效果，降低赞助的风险。

（4）建立与某种活动的长期稳定的赞助关系可以非常好地传达稳定的价值信息。当企业长期赞助某项活动时，人们一接触到这项活动就会自然想起赞助商及其理念，一贯性价值的传递也是公司软实力的重要体现。

做一做

活动4：赞助活动策划书

根据本院的实际情况将下面的赞助活动策划书（见表4-5）补充完整。

表4-5　　　　　　　　学院六周年院庆赞助活动策划书
_____学院学生会外联部

一	客户名称：
二	承办方：_____学院学生会
三	时间：2017年5月11日—18日
四	地点：_____学院
五	院庆活动内容概述

六	赞助活动可行性分析
七	公众目标
八	赞助活动具体内容
九	预估效果
十	资金预算（明细）

✅ 拓展空间

某眼镜店主要消费群是学院路上的各个高校学生和教职工。为了在新生中提振人气和知名度，该眼镜店每年9月都有一部分预算用来赞助学生活动。而9月—11月正是各高校社团活动最密集的时间段，各个学校的学生社团都想获得赞助经费，但该眼镜店预算有限，仅能资助一次活动，假设你所在的学生社团想得到该眼镜店赞助，请你和你的团队制定一个赞助活动策划书，并带着你的策划书去竞争该眼镜店的赞助费。

✅ 效果评价

本任务的效果评价参考表见表4-6。

表4-6   活动策划评价参考表

环节	评分标准	分值
院庆活动内容概述	1.写明活动时间、地点、性质 2.写明活动参与人员和规模 3.指出赞助活动与院庆活动在哪个环节有交集	15
可行性分析	能提供赞助活动顺利进行的保障	5
公众目标	活动面向的公众应合情合理	5
赞助活动具体内容	制定的宣传或活动措施要具体、有可实施性，能得到企业认可	40
预估效果	预估效果有合理依据，并对企业有吸引力	5
资金预算	1.有费用明细 2.各项支出分配合理 3.总费用在企业预算范围内	30

▶ 任务五 公共关系展览会活动实施

【任务目标】

知识目标

1.掌握展览会活动的概念和分类知识；

2.掌握展览会活动实施的步骤和原则。

能力目标

熟悉展览会活动的具体流程，具备组织实施具体展览会活动的能力。

素养目标

团队合作性和协调精神强，灵活处理活动中的突发事件。

【任务导入】

人民网北京4月28日电（记者李昉） 北京联合大学艺术设计系服装与服饰设计专业的29位入围设计者载着全体毕业生的设计梦想，承载着设计者对社会和未来的多面思考和独特的个性展现，于4月27日下午13：30在751 D·PARK第一车间带来了一场充满魅力的服装盛宴。本次展演是北京联合大学第二次在2014中国国际大学生时装周的舞台进行优秀毕业生作品展示。

入围同学的设计作品紧扣本次毕业设计"新·设汇"的主题，通过混搭的材质运用、大胆的廓型设计、色彩的灵活搭配以及创新的设计理念，达到风格多样的"新·设汇"的视觉效果。在展现服装魅力的同时，也通过原创设计展示当下流行理念和社会需求，传达出北京联合大学坚持"学以致用"的校训，注重学生技能培养，创新人才培养模式的改革成果。

2014届服装与服饰设计专业的毕业作品，无论从设计理念还是工艺的制作等方面，水平均有很大提高。宏华数码·2014中国国际大学生时装周这个平台，不仅激发了同学们的毕业创作灵感，增加了相互学习的机会，更促进了不同院校间的交流。

讨论并回答：

还有很多高校也都举办了艺术类专业的毕业生作品展，展出地点有的在校内，有的在校外；有的是本校独立承办，有的是多所高校联合举办。你认为艺术类毕业生作品展览会有什么意义？怎样才能办好一场展览？

✔ 学一学

一、展览会的概念

展览会是以实物、文字、图表、模型、幻灯、录像等来展示组织成果，树立组织良好形象的综合性、公关专题活动。办好展览会，能够达到吸引公众兴趣和注意，实现有效推销组织形象的目的。展览会也是新企业和新产品推销自我的最佳公关媒介之一。

二、展览会的特点

1.复合性

展览会是一种复合性的传播方式，可运用文字说明、图片、宣传品、模型、实物、幻灯、录像、电影、电视、广播等，配之以计算机网络、新闻发布会、洽谈会、公众代表座谈会和个别访问等活动方式，从而具有面对面、立体性和复合性的特点。

2.双向性

展览会是一种直接的双向沟通，能使举办者与参观者、客商进行面对面直接交流，既能使公众直观了解自己的产品，又能把握公众对自身产品的态度、认知，针对性强，收效明显。

3.形象性

展览会是一种高度集中和高效率的传播方式，一般以实物展出为主，并进行现场的示范、表演和讲解，让观众看得见、摸得着，具有栩栩如生的形象感。

4.高效性

展览会是一种能够高度集中和高效率的传播沟通方式，其中往往集中了许多行业的不同展品，也可能荟萃世界各地各种品牌的同类产品，为参观者提供了比较选购的机会；同时，展览会也给新企业、新产品提供了脱颖而出的良机，不少参展者也正是通过参展建立了自身的良好形象，树立了品牌，打开了销路。贵州茅台酒、安庆胡玉美蚕豆酱、泸州老窖等均是参加了巴拿马展览会而名扬四海的。

5.新闻性

展览会作为一种综合性的大型活动，往往能成为新闻媒介追踪的对象，成为新闻报道的题材。会展一般都预先做广告、搞宣传，还请政府要员、知名人士前来庆贺，制造新闻效应，扩大其社会影响。同时，会展组织还利用这一良好契机抓紧与新闻单位建立良好关系，以扩大活动的社会价值。

三、展览会的类型

1.按照展览的性质，可分为贸易展览会和宣传展览会

贸易展览会是一种开拓市场和促销的实物展览会，特别是既"展"又"销"。展出实物产品，并当场出售商品。目的是做实物广告，促进商品销售。诸如"迎春节天河牌羽绒服制品展销会""迎中秋清真月饼大展销"等。

宣传展览会主要是宣传某一思想、观点、成就等，通常通过展出照片、图表、资料和相关实物等形式来进行。诸如"××企业改革成果展""××品牌五十周年巡回展"等。

2.按照展览会的内容范围，可分为综合性展览会和专题性展览会

综合性展览会主要是全面介绍一个国家、地区或组织的全面情况，要求内容全面，具有整体性和概括性。如国际博览会、中日贸易交易会、××古城街等。

专题性展览会是围绕某一专题、某一专业或某类产品所举办的展览会，要求主题鲜明，内容集中，有一定深度，又称为纵向展览会。如"××汽车博览会""××市房地产交易会""××省园艺博览会"等。

3.按举办地点，可分为室内展览会和露天展览会

室内展览会因在室内举行，不受自然条件（天气）的影响，可隆重设置，时间灵活，但布置复杂，费时费力。一般较为精致、价值高的商品展览，如珠宝首饰、高档电器等商品展选择在室内展览。

露天展览会因在室外举行，不受空间限制，可随心所欲的设计安排，但受天气影响较大，布置工作要简单得多，花费较少。一般商品，诸如农副产品（各种蔬果、花卉）在露天展览较为妥当，经济划算。

4.按举办期限，可分为长期性、周期性和一次性展览

长期性展览是指展出内容较固定和稳定的展览，如北京的故宫博物院、埃及金字塔、美国迪士尼乐园、香港海洋世界热带动植物展等。

周期性展览是定期举行的展览，如哈尔滨冰雕展、广州迎春花卉展、芜湖秋季菊花精品展等。

一次性展览是临时设计的专题展览，如宁夏土特产品展销会、福建茶叶展销会、大连服装展示会等。

四、展览会的组织实施步骤

1.会前准备

（1）调查研究，分析论证举办会展的必要性与可行性；

（2）确定会展主题和目的，筹备会展的总体设计规划方案。

2.确定参展单位、项目和类型

通常用广告和邀请函等形式吸引和邀请参展单位，明确会展宗旨、项目类别、参展人数和费用预算等。

3.选定会展的时间、地点

会展要考虑季节、时令性，选择地点要考虑交通、环境和辅助设置易配置等基本因素。

4.确定会展的费用预算

具体列出会展的各项费用，进行独立核算，力争做到有计划有步骤地分配会展的各项经费，防止超支和浪费。

5.成立专门对外发布新闻的机构

要制订好新闻发布计划，诸如确定发布内容、时机和形式等，公关人员还应发掘会展中具有新闻价值的材料，写成新闻稿发表，以扩大社会影响力。

6.做好会展标志性设计和纪念品

一般大型会展均设计标志，准备相当数量的纪念品，以强化参观者的视觉印象。

7.做好展厅指示

布置展厅时，公关人员要考虑在入口处设立咨询台和签到处，贴出会展的平面图，并在展厅和出口处设置留言簿。

8.策划和组织开幕仪式

许多大型会展需要安排专门的开幕剪彩仪式，事先确定剪彩嘉宾，安排好开幕式的新闻采访活动等。

9.培训会展的工作人员

会展工作人员的素质和展览技能，对整个活动效果的影响十分关键。因此，必须对参与会展工作的讲解员、接待员和服务员进行良好的公关技能训练，并就展览内容进行必要的专业知识培训与示范演示。

10.会展效果的评估

会展效果的评估过程，就是举办单位收集信息的过程，便于以后工作总结，为下一次的会展提供借鉴。评估检测的方法多种多样，常见的方法有：

（1）根据订货情况来检测，一般来说，经济效益与订货额成正比，与会展成本成反比。

（2）根据召开的座谈会，收集公众的意见和想法。

（3）根据会后拜访或调查问卷来检测。

五、注意事项

1.精心策划，新颖独特

会展的成功首先取决于新颖独特的策划。若想在众多活动中脱颖而出，主题鲜明、风格别致、形式独特，是关键条件。

2.操作熟练，带动成交

组织展出的产品，应当能够实地操作、演示，要求公关人员不仅要对产品结构、质量、特点了如指掌，而且要能进行现场实地演示和操作，以真实的情境实践带动产品销售，树立参观者对产品的信赖感和亲近感。

3.赠送材料，满足需要

在会展中，参观者一进入展厅，最渴望了解本展览会的相关背景、资料，此时，公关人员应及时赠送相关宣传材料，既能使参观者对展出情况和相关商品有所了解，又能使他们得到精神的满足。

4.热情接待，良好服务

会展中，要使参观者一进入展会就产生兴趣，需要讲解人员进行认真、专业化的讲解，动听的语言、丰富的专业知识和饱满的热情态度是取得成功的关键。服务人员应当热情诚恳地欢迎，礼貌待人，主动为参观者提供产品和相关业务方面的咨询服务，力争让参观者有一种宾至如归的良好感觉。

做一做

活动5：完成参观评价表

组队参观一场展览会并调研，完成参观评价表（见表4-7）和汇报PPT。

表4-7   参观展览会评价表

展会名称	
展览期间	
参观时间	
展会地点	
展会主题	
展会类型	
展会规模	_____家参展商，展厅面积_____平方米

展馆标摊租赁价格	展会配套活动

展馆配套设施

展馆安全和消防措施
展馆卫生状况
展馆服务区情况
展馆周边交通和住宿情况
场馆平面图及参观路线
展馆评价与建议
展馆总体评价　☆☆☆☆☆
展会亮点
存在的问题与建议
粘贴你认为设计较好的展商宣传资料、展台设计（图片）并简单说明

注意事项：学生在现场参观要严格遵守展会现场秩序，注意人身安全，服从指导教师安排，认真做好参观笔记，如实完成调研报告和PPT。

✓ 拓展空间

本次参观后请你从主办方的角度考虑，完成下一届展会策划案，包括时间、地点和改进措施。

✓ 效果评价

本任务的效果评价参考表见表4-8。

表4-8　　　　　　　　　　　　参观效果评价参考表

环节	评分标准	分值
参观展览会评价表	1.内容填写真实、完整 2.善于观察，能抓住展会亮点，发现问题 3.能把握细节 4.有自己独到的见解	50
汇报PPT	1.格式美观，逻辑清晰，有条理 2.对展会基本情况做整体展示 3.集中展示展会中的亮点，并解释说明 4.集中展示存在的问题，并解释说明 5.展示并解说部分设计较好的宣传品及展台	50

▶ 任务六　公关危机管理

【任务目标】

知识目标
1.了解危机的特点与类型。
2.了解危机发生的原因。
3.掌握危机事件处理程序。
4.掌握危机处理对策。
能力目标
熟悉危机处理程序和对策，具备处理危机事件的能力。
素养目标
团队合作性和协调精神强，灵活处理危机事件。

【任务导入】

CEO如何成为危机公关榜样？

通用汽车公司因点火开关故障而深陷危局。但这家汽车巨头的女CEO玛丽·巴拉在危机中勇于承担的表现收获了很多赞誉，她的人气不降反升，堪称危机公关的正面榜样。

"为王者无安宁。"

——威廉·莎士比亚，《亨利四世》（Henry IV）

领导不好当。莎士比亚早就说过了，公司CEO也深知个中滋味。在某段时期，掌舵者的日子会比平时更加难熬：那就是危机期间。

此时此刻，通用汽车公司（General Motors）正处于一场严重的危机之中。这场由点火开关故障引发的丑闻还在持续发酵，通用汽车已经接受了多轮国会质询，并发布了一份冗长的内部报告，详细说明这次的错误有多严重。此外，一个专项赔偿基金有可能让通用汽车付出高达4亿到6亿美元的代价。美国交通部和国家公路交通安全管理局也发来了一份3 500万美元的罚单。司法部或将启动的调查有可能使通用汽车面临刑事指控或巨额罚款。通用汽车已经承认，这一错误直接导致13人死亡，这个数字还有可能继续上升。

经历如此多负面新闻之后，通用汽车CEO玛丽·巴拉依然收获了许多褒奖，她的人气不降反升，这种结果出乎所有人的预料。

上个月接受国会质询期间，参议员们似乎每次发言，都免不了对巴拉大加赞赏一番。

"愿上帝保佑你，你做得很好。"加州民主党参议员芭芭拉·博克瑟由衷地赞扬道。

那么，为什么巴拉没有像她执掌的这家公司，或者其他许多深陷危机的公司领导人那样，成为千夫所指的对象呢？

看起来最主要的原因是，她呈现出了一副真诚悔悟的形象，从一开始就诚意十足，而不是不屑一顾，或躲在暗处，不向媒体和公众发声。

"通用汽车不仅在践行最佳做法，而且还为汽车业未来的召回事件树立了一个更高的行业标准，实际上，他们正在撰写一部全新的危机应对手册。"利维克危机管理公司（Levick）副总裁菲利普·埃尔伍德这样说道。

埃尔伍德指出，通用汽车一直在积极致力于清除导致点火开关故障的体制问题——解雇了15位员工，重组诉讼业务流程，并开创了一个名为"为安全发声（Speaking up for Safety）"的项目。他认为后者相当于"一种内部举报人保护法"。

巴拉一直处于所有这些行动的中心。这些行动并没有移交给其他高管来处理，也不是在某个周五下午通过新闻通稿对外发布的。巴拉站在台上，对媒体和公众详细解释她认为通用汽车是如何失败的，该公司将采取哪些改进措施等问题。她的行动看上去毫无矫饰，也显示出她为此感到痛心：这家她供职了几十年的公司竟然允许这种事情发生！

埃尔伍德还表示，巴拉在这场危机袭来之前已经积聚的高人气，可能对她很有助益。

"玛丽·巴拉在今年1月15日被任命为新任CEO的消息的确令人振奋，"他说，"她由此成为一家美国汽车巨头的首位女性首席执行官，悬挂在女性高管头顶的玻璃天花板被悄然粉碎。毫无疑问，此举给通用汽车打了一剂防疫针。"

通用汽车的危机还远远没有结束，但如果巴拉延续她的应对策略，她就很有可能被载入史册，成为一位CEO如何挽狂澜于既倒、扶大厦之将倾的典型例证。

讨论并回答：

你从玛丽·巴拉的危机公关壮举中领悟到了什么？

学一学

一、公关危机的特点及类型

（一）公关危机的含义

公关危机，是指由于组织自身或者组织外部社会环境中某些事情的突然发生、执行操作不当而引起的对企业有负面影响甚至带来灾难的事件和因素，对组织声誉及相关产品、服务声誉产生不良影响，导致组织在公众心目中的形象受到严重破坏的现象。它和危机公关有着本质的区别。公关危机是一种现象，而危机公关，是指在组织出现公共关系危机时，公关人员或组织领导所采取的遏制危机蔓延，并解决的一系列手段和方法。

（二）危机的特点

1.必然性和普遍性

危机的必然性是指危机是不可避免的，只要有公共关系就会有公共关系危机。这是因为：

首先，由于人们主观认识的局限性和客观规律的隐蔽性，使人们认识规律、驾驭规律的能力必然会存在偏差，所以任何的错误都可能导致危机。

其次，公共关系是一个层次众多的大系统，包括了许多彼此联系的复杂的子系统，是一个多输入、多输出、多干扰的主控系统，不确定因素的复杂性增加了危机产生的必然性。

再次，信息传播是公共关系不可或缺的因素。公共关系过程，是一种信息传播过程，更是一种控制过程。从信息论的角度看，就是信源通过信道向信宿传递并引发反馈的过程。信息传递的过程中由于噪音的干扰势必产生失真现象，失真即有误差，误差导致错误，错误导致危机。

最后，任何策划和决策都以信息为基础，而且方案的执行过程也是一个信息传播的过程，信息经过多层系、多渠道、多阶段的传输之后，其失真现象必趋严重，导致系统的稳定性减弱，一旦震荡加大，危机便接踵而至。

所以，任何一个社会组织在它的发展过程中都会遇到性质不同、表现形式各异的危机。1985年，美国莱克西肯传播公司对美主要企业领导人的一项调查表明，89%的领导人认为"企业发生危机如同死亡和税收一样，都是不可避免的"。

2.突发性和渐进性

公共关系危机事件是一种突发性事件，但往往是渐进式形成的。它的发生常常是在意想不到、没有准备的情况下突然爆发的，它是不可预见的或不可完全预见的。由于公共关系系统是开放的，每时每刻都处在与外界的物质、能量、信息的交换和流动之中。其任何一个薄弱环节都可能因某种偶然因素而致失衡、崩溃，形成危机。它具有突发性特征，也具有不可预测性的特征。从本质上讲，公共关系危机的爆发是一个从量变到质变的过程。危机从其自身发展来说，一般有四个阶段：前兆期—加剧期—处理期—消除期。

前兆期：危机的隐患初露端倪，向组织发出警告。大量事实表明，它是一个转折点，这时危机处在一个不稳定的状态，此时重要的是如何使这种状态向好的方面转化，扼制住它向坏方向转化的可能，化险为夷，转危为安。如果对前兆期的危机信号熟视无睹，它就会膨胀，到一定程度后，就会形成组织公共关系危机的爆发，并迅速蔓延，产生连锁反应，使公众与组织关系突然恶化，使企业措手不及。

加剧期：危机的加剧期已经到来，就不会自行消失。这时，问题暴露，公众投诉，媒介追踪，声誉大降。这个时期，企业或社会公众已较清楚地了解到底发生了什么事情。有关当事人介入行动，同时安排抢救工作。一旦进入危机加剧阶段，任何控制危机的努力都会变成对损失程度的控制。

处理期：处理期是危机灾难发展到顶峰的时期，抢救工作进入关键阶段。在此时期，公关机构设立信息中心，按时把抢救工作的最新消息传送给媒介人士。抢救期短则一两天，长则持续几个星期或更长时间。在发表各种消息时，一定要坚持"公开事实真相"的原则，以避免新闻媒介和社会公众的猜疑、质询。危机的处理期一般包括调查情况、自我分析、安抚公众、联络媒介等工作。

消除期：消除期是指评估工作开始，抢救工作告一段落。在这一时期，除着手准备详细的调查报告外，主管部门和公关部门都还需要做一些具体的事，妥善处理危机后期工作，安抚人心。同时，要依靠公共关系手段消除影响，矫正形象。

3.严重性与建设性

危机事件作为一种公共事件，任何组织在危机中采取的行动和措施失当，都将使企业的品牌形象和企业信誉受到致命打击，甚至危及生存。因此，为了应对各种突发的危机事件，西方现代企业一般都将其纳入管理的内容，形成了独特的危机管理机制。例如，伦敦证券交易所为避免企业危机对股市的冲击，就做出了新规定，要求上市公司必须制订危机管理计划，建立危机管理机制，并要定期提交危机预测分析报告。

危机在本质上或事实上对社会组织产生的破坏性是巨大的，必须尽力防范和阻止。但是既然危机爆发了，暴露了组织存在的问题，便是给组织提供了一个检视自我应对风险能力的机会，危机的恰当处理也会带给组织新的收获。从辩证法的角度来看：危机=危险+机遇。

公共关系危机爆发之后，组织的公共关系系统处在不稳定的状态中，有效的公共关系工作必定会在原本无序的公关状态中建构更牢固的公共关系大厦，使无序走向有序。

认识危机的建设性，才会采取主动姿态，沉着冷静，满怀信心地面对危机，从中寻找和抓住任何可能的机会；认识危机的建设性，才有可能认识到公共关系危机在破坏公共关系良好状态的同时，也为组织建立富有竞争力的声誉，树立组织的形象并为组织的重大问题的解决创造了机会。

4.紧迫性和关注性

公共关系危机总是在短时间内突然爆发，使组织立刻处于备战状态，要求公关人员第一时间全面掌握事实真相。危机爆发所造成的巨大影响，又令人瞩目，它常常会成为社会和舆论关注的焦点和讨论的话题，成为新闻界争相报道的内容，成为竞争对手发现破绽的线索，成为主管部门检查批评的理由。

总之，组织公共关系危机一旦出现，它就会像一颗突然爆炸的炸弹，在社会中迅速扩散开来，对社会造成严重的冲击；它就会像一根牵动社会的神经，迅速引起社会各界的不同反应，令社会各界密切注意。

（三）公关危机的类型

1.根据存在的状态划分

（1）一般性危机

一般性危机主要是指常见的公共关系纠纷。从某种意义上说，公共关系纠纷还算不上真正的危机，它只是公共关系危机的一种信号、暗示和征兆。只要及时处理，做好工作，公共关系纠纷就不会转向公共关系危机，也不会造成危机局面。

（2）重大危机

重大危机主要是指企业的重大工伤事故、重大生产失误、火灾造成的严重损失、突发性的商业危机、大的劳资纠纷等。它是公共关系从业人员面临的必须及时处理的真正危机。如产品或企业的信誉危机、股票交易中的突发性大规模收购等，公关人员必须马上应对处理，最好在平时就有所准备。

2.根据同企业的关系密切程度以及归咎的对象划分

（1）内部公关危机

发生在企业内部的公共关系危机称为内部公关危机。内部公关危机发生在企业之内。或者，这种危机的发生主要是由该企业的成员直接造成的，危机的责任主要由该企业内部的成员承担。

（2）外部公关危机

外部公关危机是与内部公关危机相对而言的。它是指发生在企业外部、影响多数公众利益的一种公关危机。本企业只是受害者之一。

从这一角度具体划分公关危机的类型时，内部和外部是相对的。因为有些公关危机的发生，内部和外部原因都有，所承担的责任大小也相差不多。故对具体公关危机的划分与处理必须具体分析，恰当处理。如，谣言引起的危机；政府政策引起的危机；有关团体或机构公布某些信息而导致的危机；由于恐怖破坏活动引起的危机；涉及法律问题（如打官司）而引起的危机；涉及种族、宗教、文化差异、性别歧视等社会问题而引起的危机；涉及一些有争议的问题而引起的危机；恶意收购带来的企业重组危机；组织的计算机网络被"黑客"袭击而导致的危机；自然灾害或其他不可控因素导致的危机；环保问题引起的危机。

3.根据给企业带来损失的表现形态划分

（1）有形公关危机

有形公关危机给企业带来直接而明显的损失，凭借肉眼即可观测到这些损失。如房屋倒塌、爆炸、商品流转中的交通事故等造成的人员伤亡或财产损失。

（2）无形公关危机

无形公关危机是指给企业带来的损失表现得不明显的危机。给任何一个企业的形象带来损害的危机，皆属于无形公关危机。如果不采取紧急有效的措施阻止，已受损害的企业形象将使企业蒙受更大的损失。

二、危机发生的原因

分析危机发生的原因，对于制定正确的预防和处理对策有着十分重要的意义。企业危机产生的原因很多，一般来说，大致可以分为组织内部原因和组织外部原因。

1.组织内部原因

（1）组织素质低下

组织素质包括组织领导素质和职工队伍素质，特别是组织领导人员，如果不能正确处理组织长远利益与近期利益的关系，往往会出现管理的短期行为，这将扩大组织素质与现代生产经营活动客观要求之间的差距。组织可能会因为自身素质低而被社会淘汰。

（2）缺乏危机意识

有很多企业在得到一定成绩，稳步发展时往往沾沾自喜，对危机丧失了警惕，走向了灭亡。如使三株跌入万丈深渊的其中一个原因就是：三株人观念落后、缺乏危机意识。一个经理一年没下过几次市场，办事处在什么地方也不知道，连手下一个已上班4个月的办事处主任都不认识。"居安不思危"是三株人最真实的写照。也正是这种陈旧的、没有危机意识的观念，为日后三株的经营埋下了事故隐患，阻碍了三株的发展，造成了三株的溃败。

（3）经营决策失误

这是造成经营性危机的重要原因。组织不能根据内外部条件的现状及变动趋势正确制定经营战略和公关战略，使组织的生产经营活动得不到公众的支持，从而遇到困难无法经营，甚至使组织走向绝路。

（4）法制观念淡薄

现代社会是法制社会，企业是否具有法律意识，是否知法、守法，是否将企业的经营活动置于法律的监督、保护之下，这对于正确开展经营活动、规范企业管理行为、树立良好的企业形象有十分重要的意义。然而，事实上，有的企业法律观念淡薄，置国家法律于脑后，霸气十足，随意践踏公众作为人的起码权利，最终酿成危机。

（5）公关决策失误

如果决策失误，发生误导，就会人为地造成危机。陈旧的观念、落后的管理、一般化的公共关系活动虽然不会给组织造成致命的伤害，但也提高不了组织的知名度。在市场竞争中，组织公关活动如果不能发挥应有的作用，本身就孕育着危机。

（6）活动组织不力

企业要想取得公共关系活动的成功，就得做好公共关系活动的组织工作，准备工作做得越充分越扎实，公关活动的成功率就越高，反之，就会引发危机。

（7）纠纷处理不当

企业在与外部公众的交往过程中，在与消费者的交易过程中，由于各自利益的不同有可能引起摩擦和纠纷，企业如果反应得当，就能使摩擦和纠纷消于无形，反之，就会引发危机。

2.组织外部原因

（1）不可抗力

不可抗力原因可以分为天然性自然灾害和建设性破坏灾害两个方面。天然性自然灾害是不以人的意志为转移的，它往往给组织带来意想不到的打击。正所谓"人在家中坐，祸从天上来。"建设性破坏灾害是一种人为的灾害，它是指人类出于短视、疏忽、决策失当等原因，没按客观规律办事所酿成的破坏。

（2）体制和政策因素

国家的经济管理体制和经济政策是企业难以控制的外部因素，它对企业的经营和发展产生着重大影响和制约作用。一般来讲，任何企业都希望国家经济管理体制和经济政策有利于本企业的生存和发展，如果体制不顺，政策对企业发展不利，那么企业就可能在经营活动中遭遇很大风险，出现严重问题，甚至陷入一种欲进不能、欲退不忍、欲止不利的困境。在这种情况下，出现公共关系危机是完全可能的。

三、公关危机处理原则与步骤

（一）公关危机处理原则

1.承担责任原则

危机发生后，公众会关心两方面的问题：一方面是利益的问题。利益是公众关注的焦点，因此无论谁是谁非，组织应该承担责任。即使受害者在事故发生中有一定责任，组织也不应首先追究其责任，否则会各执己见，加深矛盾，引起公众的反感，不利于问题的解决。另一方面是感情问题。公众很在意企业是否在意自己的感受，因此组织应该站在受害者的立场上表示同情和安慰，并通过新闻媒介向公众致歉，解决深层次的心理、情感问题，从而赢得公众的理解和信任。

实际上，公众和媒体往往在心目中已经有了一杆秤，对组织有了心理上的预期，即组织应该怎样处理，我才会感到满意。因此组织绝对不能选择对抗，态度至关重要。

寓言小故事4-1

北风对人们称赞太阳是万物之灵，一直愤愤不平，认为它自己才是这世界上最厉害的。于是北风向太阳挑战：谁能使得行人脱下外衣，谁就是强者。

比赛开始后，北风使出浑身解数，刺骨的寒风使行人紧紧裹住自己的衣服。风刮得越猛，行人衣服裹得越紧。

最后北风不得不承认失败。而太阳却把温和的阳光洒向行人，行人慢慢地热起来，脱掉了外衣。

2.真诚沟通原则

组织处于危机漩涡中时，是公众和媒介的焦点。组织的一举一动都将受到质疑，因此千万不要有侥幸心理，企图蒙混过关，而应该主动与新闻媒介联系，尽快与公众沟通，说明事实真相，促使双方互相理解，消除公众的疑虑与不安。

真诚沟通是处理危机的基本原则之一。这里的真诚指"三诚"，即诚意、诚恳、诚实。如果做到了这"三诚"，则一切问题都可迎刃而解。

（1）诚意

在事件发生后的第一时间，公司的高层应向公众说明情况，并致以歉意，从而体现组织勇于承担责任、对消费者负责的态度，以赢得消费者的同情和理解。

（2）诚恳

一切以消费者的利益为重，不回避问题和错误，及时与媒体和公众沟通，向消费者说明进展情况，重拾消费者的信任和尊重。

（3）诚实

诚实是危机处理最关键也是最有效的解决办法。我们会原谅一个人的错误，但不会原谅一个人说谎。

寓言小故事4-2

> 一天，鸟的王国举行盛大舞会。一只母鸡觉得自己长相难看，于是去偷了一些孔雀的羽毛，小心翼翼地粘在自己身上。果然当晚她大出风头。
>
> 但正当她兴高采烈地跳舞时，身上粘的羽毛接二连三地掉了下来。母鸡看见自己原形毕露，在众鸟嘲弄和鄙视的目光中落荒而逃。

3.速度第一原则

好事不出门，坏事行千里。在危机出现的最初12~24小时内，消息会像病毒一样，以裂变方式高速传播。而这时候，可靠的消息往往不多，社会上充斥着谣言和猜测。公司的一举一动将是外界评判公司如何处理这次危机的主要根据。媒体、公众及政府都密切注视组织发出的第一份声明。对于组织在处理危机方面的做法和立场，舆论赞成与否往往都会立刻见于传媒报道。

因此组织必须当机立断，快速反应，果决行动，与媒体和公众进行沟通。从而迅速控制事态，否则会扩大突发危机的范围，甚至可能失去对全局的控制。危机发生后，能否首先控制住事态，使其不扩大、不升级、不蔓延，是处理危机的关键。

寓言小故事4-3

> 公牛被老鼠咬了一口，非常疼。他一心想捉住老鼠，老鼠却早就安全地逃回到鼠洞中。公牛使用角去撞那面墙，搞得筋疲力尽，躺倒在洞边睡着了。老鼠偷偷地爬出洞口看了看，又轻轻地爬到公牛的肋部，再咬他一口，赶忙又逃回到洞里。公牛醒来后，伤痕累累，却无计可施。老鼠却对着洞外说："大人物不一定都能胜利。有些时候，微小低贱的东西更利害些。"

4.系统运行原则

在逃避一种危险时，不要忽视另一种危险。在进行危机管理时必须系统运作，绝不可顾此失彼。只有这样才能透过表面现象看本质，创造性地解决问题，化害为利。

危机的系统运作主要是做好以下几点：

（1）以冷对热，以静制动

危机会使人处于焦躁或恐惧之中。所以组织高层应以"冷"对"热"、以"静"制"动"，镇定自若，以减轻组织员工的心理压力。

（2）统一观点，稳住阵脚

在组织内部迅速统一观点，对危机有清醒认识，从而稳住阵脚，万众一心，同仇敌忾。

（3）组建班子，专项负责

一般情况下，危机公关小组的组成由组织的公关部成员和组织涉及危机的高层领导直接组成。这样，一方面是高效率的保证，另一方面是对外口径一致的保证，使公众对组织处理危机的诚意感到可以信赖。

（4）果断决策，迅速实施

由于危机瞬息万变，在危机决策的时效性要求和信息匮乏的条件下，任何模糊的决策都会产生严重的后果，所以必须最大限度地集中决策使用资源，迅速做出决策，系统部署，付诸实施。

（5）合纵连横，借助外力

当危机来临时，应充分和政府部门、行业协会、同行组织及新闻媒体充分配合，联手对付危机，在众人拾柴火焰高的同时，增强公信力、影响力。

（6）循序渐进，标本兼治

要真正彻底地消除危机，需要在控制事态后，及时准确地找到危机的症结，对症下药，谋求治"本"。如果仅仅停留在治标阶段，就会前功尽弃，甚至引发新的危机。

寓言小故事4-4

一只鹿被猎狗追赶得慌不择路地跑进一个农家院子，恐惧不安地混在牛群里躲藏起来。一头牛好意地告诫他说："在我们这里，当然你能躲过猎狗。但你在这里不一定是安全的。因为如果有人经过这里，你就等于是自投罗网。"这时，主人进来了，一边埋怨牛饲料分配得不好，一边走到草架旁大声说："怎么搞的，只有这么一点点草料？牛栏垫的草也不够一半。"当他在牛栏里走来走去检查草料时，发现露出在草料上面的鹿角，于是把鹿杀掉了。

5.权威证实原则

自己称赞自己是没用的，没有权威的认可只会徒留笑柄，在危机发生后，组织不要自己整天拿着高音喇叭叫冤，而要"曲线救国"，请"有重量级"的第三者在前台说话，使消费者解除对自己的戒备心理，重获他们的信任。

寓言小故事4-5

　　狮子听说人类叫他森林之王，非常得意，于是决定去验证一下自己在森林中的威信。狮子遇见了一只猴子，于是大声问道："我是森林之王吗？"猴子吓得魂飞魄散，连连称是。接着狮子遇见了一只狐狸，又大声问道："我是森林之王吗？"狐狸早已吓得屁滚尿流，一个劲儿地说："如果你不是森林之王，那还会是谁呢？"狮子更加骄傲起来，觉得普天之下莫非王土了。

　　这时迎面走过来一头大象。狮子气势汹汹地问道："森林之王是谁？"大象没有答话。而是伸出长鼻子，把狮子卷起来，重重地摔了出去。

（二）公关危机处理步骤

　　危机是一种客观存在的现象，它会不时地出现在组织面前，这样，对危机进行处理就会显得更为迫切。公共关系危机处理的程序一般有下面几个环节：

　　1.快速成立危机处理机构

　　在危机爆发之初，往往是危机处理的最佳时刻，进一步恶化，就有可能进入漫漫无期的持续阶段，甚至可能进入危机剧烈阶段，最后导致组织破产。面对稍纵即逝的时机和刻不容缓的关头，组织的当务之急是在第一时间启动危机处理领导小组的工作，让它充当组织危机管理的核心，协调指挥，全盘把握。

　　2.果断隔离危机

　　隔离危机就是切断危机继续蔓延的各种渠道，使其不能继续发展和扩大。在公共关系工作中，危机险境的隔离应重点做好公众的隔离和财产的隔离，对于伤员更是要进行无条件的隔离救治，这也是危机过后有可能迅速恢复组织形象的基础。

　　3.危机调查与诊断

　　危机处理小组组建后，由相关负责人奔赴现场，通过收集信息了解危机的各个方面，进一步确认危机事件的性质和引起危机爆发的原因，了解危机发生的详细经过，了解危机的受害者及受害情况等，以形成对危机的正确认识。

　　根据对危机的调查，组织通过危机诊断判断出危机产生的真正根源，对于不同程度的危机采取不同的处理方法，弄清病因，对症下药。

　　4.制订危机处理方案

　　危机处理小组确立之后，首要的工作便是根据现有的资料和情报以及组织拥有或可支配的资源来制订危机处理方案。方案必须体现出危机处理目标、程序、组织、人员及分工、后勤保障和行动时间表以及各个阶段要实现的目标。其中还要包括社会资源的调动和支配、费用控制和实施责任人及其目标。方案制订完成并获通过后，策应小组便立即开始进行物质资源调配和准备，而核心小组成员则要立即奔赴危机事件现场，展开全面的危机处理行动。

　　5.集中力量执行处理方案

　　这是危机处理的中心环节，公众和舆论不仅要看组织的宣言，更要看组织的行动。由于应对危机的资源和时间是有限的，如果平均地使用力量，就可能出现顾此失彼的现象，或者是没有抓住危机中的主要矛盾而导致重大的损失。因此，应对危机行动应有主次之分，通过前面的危机评估和危机诊断环节，找出主要危机或者危机的重点，首先解决危害性较大、时间要求紧迫的问题，再着手解决其他问题，这样的危机处理才是有效的。

6.消除危机后果

危机处理方案实施后，还要继续进行坚持不懈的工作，从物资、人身、心理等方面采取措施，妥善安排，尽可能地消除危机造成的消极后果。

7.总结经验教训

危机事件解决方案的达成和实施，并不意味着危机处理过程的结束。对组织来讲，除了痛定思痛外，还应当对自己在危机中的行为进行评价和反思，写出总结报告，汲取教训，提出防止危机重演的计划和措施。这种迅速消除危机后果的方法是极为有效的。

四、公关危机预防与处理对策

（一）公共关系危机的预防

1.树立危机意识

我们来看一个中国古代的案例：扁鹊见蔡桓公，立有间，扁鹊曰："君有疾在腠理，不治将恐深。"桓侯曰："寡人无疾。"扁鹊出，桓侯曰："医之好治不病以为功。"居十日，扁鹊复见，曰："君之病在肌肤，不治将益深。"桓侯不应。扁鹊出，桓侯又不悦。居十日，扁鹊复见，曰："君之病在肠胃，不治将益深。"桓侯又不应。扁鹊出，桓侯又不悦。居十日，扁鹊望桓侯而还走。桓侯故使人问之。扁鹊曰："疾在腠理，汤熨之所及也；在肌肤，针石之所及也；在肠胃，火齐之所及也；在骨髓，司命之所属，无奈何也。今在骨髓，臣是以无请也。"居五日，桓侯体痛，使人索扁鹊，已逃秦矣。桓侯遂死。

蔡桓公死亡的主要原因在于其没有危机意识，扁鹊多次提醒，其无动于衷。而具体到组织，也要树立危机意识：危机是不可避免的。张瑞敏说过：永远战战兢兢，永远如履薄冰。比尔·盖茨也说过：我们离破产永远只有十八个月。

没有危机意识的个人，将随时面临困难；没有危机意识的组织，将随时面临经营的困境。危机预防的起点是要培养组织全体员工的忧患意识，组织领导人首先就要具备强烈的危机意识，能把危机管理工作做在危机实际到来之前，并为应对危机做好组织、人员、措施、经费上的准备。

2.设立应对危机的常设机构

常设机构可以由以下人员组成：组织决策层负责人、公关部负责人和公司一些其他主要部门的负责人。这些成员应保证其畅通的联系渠道。当危机发生时，该机构自然转型为危机领导核心。

3.建立危机预警系统

一套完善的危机管理的动态机制可分为危机发生前的危机预防机制和危机发生后的危机救治机制。危机预防机制可具体分为危机预警机制和危机预控机制。危机预警机制包括了危机迹象的监测、危机迹象的识别、危机迹象的诊断和危机迹象的评价。危机预控机制包括思想准备、组织准备、物质准备、基础设施准备以及危机处理准备。危机发生后的危机救治机制包括危机发生后的积极的强制干预措施、稳定民心及全员参与。

4.制订危机管理方案

对于一个组织来说，有效的公关危机管理可以防止危机的出现或改变危机发生的过程。实施公关危机管理时，应考虑以下几个方面的问题：检查所有可能造成公司与社会发生摩擦的问题和趋势；确定需要考虑的具体问题；估计这些问题对公司的生存与发展的潜在影响；确定公司对各种问题的应对态度；决定对一些需要解决的问题采取的行动方针；实施具体的解决方案和行动计划；不断监控行动结果；获取反馈信息，根据需要修正具体方案。

5.组织内部媒体公关培训

在发生危机时，组织能否冷静自如、坦诚大度地面对媒体、巧妙地回答媒体的问题，是化解危机公关的关键。预先对组织领导者以及公关人员进行这方面的培训是非常重要的。

6.建立并维护良好的媒体合作平台

定期与媒体进行沟通，获得媒体的信任与支持。

7.危机模拟训练

适当时候进行危机预演，让内部人员熟悉发生危机时必须要做的事情。

（二）公共关系危机处理的具体对策

1.组织内部对策

迅速成立处理危机事件的专门机构；判明情况、制定对策；通告全体人员、统一口径，协同行动，共渡难关；安抚受损人员及相关人员；奖励有功人员。

2.针对受害者的对策

认真了解受损情况，实事求是地承担责任，并诚恳道歉；冷静听取受害人的意见，做出赔偿损失的决定；避免发生不必要的争执；给受害人以同情和安慰；派专人负责受害者善后工作，并给予重视。

案例材料4-1

处理顾客投诉

某饮料组织遇到顾客投诉称饮料液体出现不明沉淀物，饮料还在包装所示保质期内，作为公关部经理你该如何处理这件事？

业务分析：顾客投诉是每一个组织皆会遇到的问题，它是顾客对组织管理和服务不满的表达方式。顾客对组织产品质量或服务上的不满意，书面或口头提出解决问题的要求其实也是组织有价值的信息来源。

业务程序：遇顾客投诉，组织要做好接待工作：第一，要安抚顾客情绪；第二，要对顾客投诉事件快速做出反应；第三，要利用移情效应表示你对顾客投诉的理解；第四，对顾客进行必要的补偿，包括心理补偿和物质补偿；第五，要跟踪事件处理结果及在投诉事件解决后一周内听取顾客反馈。

业务说明：处理客户投诉并不是靠对原来错误或失误的罚款来进行的，其中很重要的一点是要将自己放在客户的位置上，设身处地地为客户着想，急客户之所急。而且要一切"向前看"，以解决问题为主，查根源、找责任为辅，这样才能处理好顾客投诉。

3.针对新闻界的对策

统一新闻传播口径，说明事件要简明扼要；设置临时记者接待场所；主动向新闻界提供事实真相和相关的信息，并表明自己的态度；在事实结果没有明朗之前，不对事件作推测性的报道，与新闻界密切合作，表现出主动和信任；不轻易说"无可奉告"，以客观公正的态度表明自己的看法，不带有主观情绪；借助新闻媒介表达自己的歉意，并向公众做出相应的解释；为避免失实的报道，重要的事情要以书面材料形式发给记者；当记者发表不符合事实的报道时，应尽快要求更正，表明立场。

4.对上级主管部门的对策

事故发生后，及时、主动向组织的主管部门汇报，汇报应实事求是，不能文过饰非，更不能歪曲真相，混淆视听；事故处理中，定期汇报事态的发展情况，争取上级主管部门的指导和支持；事故处理后，对事件的处理经过、解决方法和今后的预防措施要及时总结并向上级详细报告。

5.对消费者及其团体的对策

事故发生后，组织要及时通过各种可以利用的渠道，如零售网络、广告媒介等，向消费者说明事件的经过、处理办法及今后的预防措施；热情接待消费者团体及其代表，因为他们代表消费者的利益，在新闻界很有发言权，应热情并慎重接触。

6.对业务往来单位的对策

要尽快传递事件发生的信息，以书面形式通报正在采取的对策，如有必要可以派人当面解释。在事件处理过程中，定期向各界公众传达处理经过，对于由事件给业务往来单位造成的损失，采用书面形式，要表示诚恳的歉意。

7.对组织所在社区居民的对策

要及时进行咨询服务，让社区公众了解真相，对于给社区居民造成损失的要道歉和赔偿。

做一做

活动6：请你为学校食堂编写一份食品中毒应急预案

业务分析：组织危机管理预案的制订目的是为了阻止某种危机事件发生，并在危机真正发生后，尽量避免危机扩大。危机管理预案要求制订者不仅要预见到危机发生的各种可能性，而且要针对这些问题提出切实可行的解决方案。

业务程序：第一，分析所有可能造成食品中毒的问题和趋势；第二，确定问题及等级；第三，明确参与部门的目标、职责及性质；第四，具体的解决方案，如中毒事件发生后患者送哪家医院、转移路线等；第五，不断监控行动结果，获取反馈信息，根据需要修正具体方案。

业务说明：制订危机管理预案好比人体进行计划免疫，组织作为一个组织系统，通过制订预案未雨绸缪，可以在危机管理中做到有备无患。

⊙ 拓展空间

剖析某一组织公关危机处理的得失

背景资料：

2009年2月2日，国家质检总局指出蒙牛特仑苏牛奶违法添加了安全性尚不明确的OMP，并责令蒙牛禁止这一添加行为。国家主管部门叫停知名乳企热卖的高端牛奶产品，特仑苏OMP安全风波骤起。此前，OMP是蒙牛特仑苏高端牛奶的主打卖点，现在却被主管部门叫停，蒙牛该如何应对？

2月11日，当事件被媒体曝光后，蒙牛方面坚持"速度第一"原则，借助媒体发布《蒙牛关于OMP牛奶的回应》，坚持"OMP安全"观点，称其安全性受到了FDA等国际权威机构的认可。但蒙牛的单方回应并没有扭转被动局面，而自特仑苏上市以来对于OMP安全性的质疑声，在事件的助推下成为舆论的主流，尚未完全走出"三聚氰胺"行业阴影的蒙牛面临很大的舆论压力。此时，家乐福、沃尔玛超市等各地终端卖场对特仑苏采取了下架、退货等应对措施，特仑苏销售受阻。

作为知名组织，蒙牛在进行危机应对时坚持系统运行原则，在迅速回应的同时，也与有关上级主管部门进行积极沟通，以期获得第三方的权威证实。经过一系列努力，2月14日，卫生部就该事件回应，称经六部委专家联合认定OMP并不会危害健康，从而为特仑苏牛奶平反。与此同时，蒙牛方面也得到了多个有关国际组织的声援与支持，特仑苏OMP的安全性得到了多方的权威证实，至此事件得到平息，产品销售得到恢复。

事件点评：蒙牛特仑苏OMP风波是一起典型的食品安全危机事件，主打高端产品被国家主管部门叫停，这对于任何一家组织来说都是致命的。蒙牛对于事件的应对策略可圈可点，抓住了"OMP安全性"的关键点，坚持系统运行原则，在做好媒体沟通的同时，积极与有关主管部门沟通，最终得到了权威证实，事件得以圆满解决。

要求：

（1）参考背景资料，收集一个公关危机案例并进行深入剖析。

（2）案例剖析应包含案例陈述、案例分析及案例启示。

（3）以PPT的形式展现，全班进行交流。

条件：

（1）全班按每组5-6人分组，每组合作完成一个案例剖析。

（2）有可上网的实训室及多媒体教室。

效果评价

本任务的效果评价参考表见表4-9。

表4-9 案例分析评价参考表

环节	评分标准	分值（分）
危机的确定	能结合案例正确指出企业的危机是什么	20
危机处理遵循的原则	能结合案例确定企业处理危机时遵循的原则	30
危机处理的步骤	能结合案例指出企业处理危机的步骤	30
危机处理的对策	能结合案例说明危机处理的对策	20

关键概念

公共关系活动实施是公共关系"四步法"中比较重要的一个环节，起着承前启后的作用。通过公共关系活动实施可以调整和完善公共关系策划，它也是制订后续方案的重要依据。在公共关系活动实施中须遵循几个原则：首先，要做好实施前的准备工作；其次，要做好实施工作的整体协调和目标控制；最后，应当注意借助新闻媒体的宣传，以此保障公共关系活动的成功实施。

公共关系实施过程分三个阶段：实施前的准备、实施方案的执行、实施活动的总结。在此过程中，公共关系活动实施机构的相关人员需要借助一定的控制方法，以保证实施方案的顺利执行。

挑战自我

全班同学作为一个公关团队，分工合作，为你的班级策划一次公关主题活动，在校内树立一个积极向上的班级形象。可自行选择活动类型，并明确活动主题，设计活动方案并实施，制订活动危机预案。通过对同学和老师进行调查，总结活动效果。

项目五

公共关系活动效果评估

项目概述

    本项目主要介绍公共关系活动的最后一步,即检测公共关系活动的效果。公共关系活动效果评估可以总结成功的经验和失败的教训,为下一步开展公共关系工作提供依据,使组织的公共关系工作成为有计划的持续过程。

    本项目包括三部分:公共关系活动效果评估的内容、公共关系活动效果评估的标准与方法、公共关系评估报告的撰写。其中,公共关系活动效果评估的内容包括公共关系活动效果评估的意义、内容、程序;公共关系活动效果评估的标准与方法包括评估标准、方法;公共关系评估报告的撰写包括报告的分类、报告的撰写格式及注意事项。

项目结构

```
                                                          ┌─ 公共关系活动效果评估的意义
                        ┌─ 公共关系活动效果评估的内容 ──┤─ 公共关系活动效果评估的内容
公                     │                                  └─ 公共关系活动效果评估的程序
共                     │
关                     │
系                     │                                  ┌─ 公共关系活动效果评估的标准
活 ────────────────────┤─ 公共关系活动效果评估的标准与方法 ┤
动                     │                                  └─ 公共关系活动效果评估的方法
效                     │
果                     │
评                     │                                  ┌─ 公共关系评估报告的分类
估                     └─ 公共关系评估报告的撰写 ────────┤─ 报告的撰写格式
                                                          └─ 注意事项
```

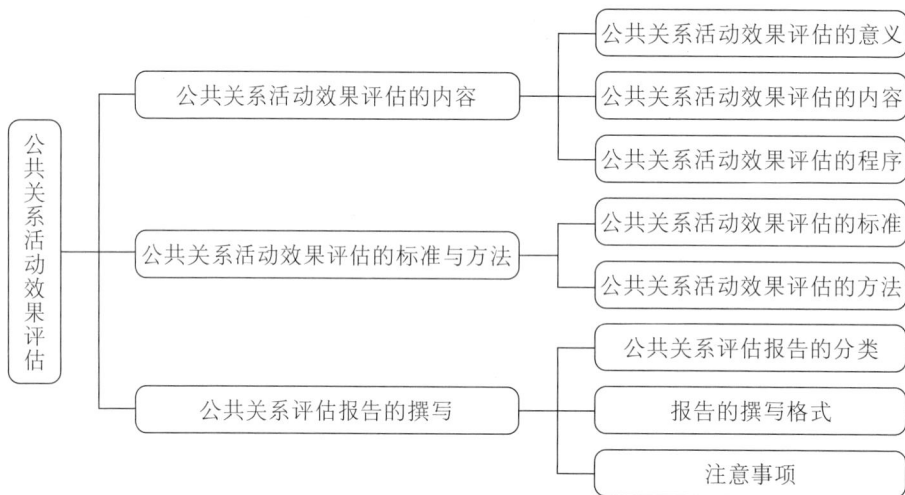

任务一　公共关系活动效果评估的内容

【任务目标】

知识目标

1.了解公共关系活动效果评估的意义、内容和程序；

2.熟悉公共关系活动效果评估中的要点。

能力目标

能根据公共关系的活动内容进行正确的分类，培养对不同类型公关活动效果进行预估的能力。

素养目标

关注细节，认真严谨的优秀品质。

【任务导入】

1985年，美国可口可乐公司因为销售额比百事可乐公司低而处于竞争的劣势。为了增强产品的市场竞争力，可口可乐公司决定把老配方打入冷宫，宣布改用新配方。然而，可口可乐公司采用新配方并没有赢得社会的广泛欢迎。公司曾对19万名消费者进行尝试调查，其中55%的消费者喜欢用新配方制成的饮料，据此，公司就以新配方进行生产，没想到激起许多人的强烈抗议。公司每天接到无数抗议信和抗议电话。一位女顾客在信中说："我一生只有两件事最重要：上帝和可口可乐。但是，你们现在夺走了一件。"不少顾客认为，老可口可乐风味独特，新可口可乐淡而无味。当年6月份，在美国旧金山竟发生了"全国老可口可乐饮户协会"举行的一场抗议新可口可乐的大示威。

在其他地方，有十几万人签名要求恢复可口可乐老配方。有些顾客组织了"老可口可乐俱乐部"，发动老可口可乐爱好者上街游行示威，甚至向法院提出控告。他们认为可口可乐公司改变配方是轻率之举，盲目创新，忽视传统价值。更为重要的是，从当年5月份改用新配方以后，可口可乐销量大跌。在公众的巨大压力下，7月份，可口可乐公司召开紧急会议，决定恢复老配方生产。7月10日宣布恢复老配方并冠以新商标——"古典可口可乐"，同时，也采用新配方生产可口可乐新品种，以满足不同顾客的需要。这样一来，便形成了新老可口可乐两面夹击百事可乐的攻势。于是，可口可乐公司的股票每股猛涨了2.75美元，而百事可乐公司的股票却相应地下跌了0.75美元。

由此可见，通过对组织开展的公共关系活动的结果进行总结、衡量和评价，可以总结经验、吸取教训，为组织的决策部门提供进行新决策的客观依据，还可以对组织内部的成员起到激励作用。

讨论并回答：

1.你如何看待文中可口可乐的公共关系活动？

2.公共关系活动评估的意义是什么？

✔ 学一学

一、公共关系活动效果评估的意义

公共关系的评估是公共关系四步工作法中的最后一步。评，即评价；估，为估量。评估之意是对某事某物的切实评价、估量。近年来，评估的使用频率很高，在建筑、环保部门评级等方面均普遍使用评估的手段。公共关系评估是根据特定的标准，对公共关系策划、实施过程、实施效果进行检查分析与总结的一种活动。一段时期以来，一些人仅仅把公共关系评估看作是在公共关系计划付诸实施之后，运用可行性分析等手段对实施的效果进行比较分析的一项工作，因此，在整个公关工作程序中，公共关系评估是最容易受到忽略的。正如公关学者切斯·K.拉赛尔所说的一样，许多公关的唯一致命弱点，就是没有使最高决策层看到这一活动的明显效果。目前，我国大多数社会组织领导人缺乏对公共关系评估正确全面的认识。公关人员要说服社会组织的决策者投资1万元进行效果评价，恐怕要难于当初说服其投资100万元开展某项活动。

在整个公共关系活动程序中，公共关系评估控制着公共关系实践活动的每一个环节，它在公共关系实践活动的每一个阶段都起到了重要的指导意义。

（一）分析和评估对组织的公关工作具有导向作用

美国一位公共关系的先驱者埃瓦茨·罗扎特恩早在1920年就曾经说过，当最后一次会议已经召开，最后一批宣传品已经散发，最后一项活动已经成为历史的记录时，就是你在头脑中将自己和自己所采用的方法重新过滤一遍的时刻。这样你就会清理出经验和教训，供下一次借鉴。任何公关活动的结束都需要进行总结，通过对公关活动的计划、实施、效果的分析评价，其经验和教训都会为下一个公关活动和环节提供借鉴。"总结经验、吸取教训"是公关活动评估的重要意义所在。

（二）评估是激励内部公众士气的重要形式

公关活动的开展对良好组织形象的树立起到很好的作用，然而公共关系工作实施的效果本身往往表现为一个复杂的局面，既涉及公众利益的满足，也涉及公众利益的调整，一般说来，内部员工一般很难有全面深刻的了解和认识。所以，当一项公共关系计划实施之后，通过公关活动评估，将公共关系方案的目标、措施和效果向内部员工解释和说明，才能使他们体会到公关活动的重要性，同时也能认清本组织的利益和实现的途径，自觉地将实现本组织的战略目标与自己的本职工作紧密地联系在一起，增强凝聚力。

（三）公关活动评估可以为企业管理提供决策参考

通过公关活动评价，组织可以评估出经过公共关系之后的企业形象的状况，评估出企业形象各因素（如员工素质、产品质量、服务方针等）与期望值的差距，为企业经营管理决策提供参考。此外，还可以使组织的领导人看到开展公关工作的明显效果，从而使他们能更加自觉地重视公关工作。

（四）公共关系评估可以衡量公共关系活动的效益

通过评估，可以衡量经费预算、人力、物力的配备与开展公共关系活动之间的平衡性，衡量公共关系的效益。在进行公共关系之后，有必要对于是否达到目标、实现目标的程度如何、开展传播是否有效、投入与收效等进行认真评估。这是公共关系实务不可忽视的一个重要步骤。

二、公共关系活动效果评估的内容

从理论上说，公共关系评估的内容包括公共关系活动项目的方方面面。从这个意义上说，公共关系活动项目就是公共关系评估的内容。但在具体的操作中，公共关系评估的内容可以根据要求而有所侧重。概括起来，主要包括以下几个方面：

（一）公共关系工作程序评估

公共关系工作程序评估，就是要对公共关系工作的各个具体步骤的合理性做出客观估计或研究。公共关系评估是一项连续不断的活动，一旦进入公共关系工作过程，评估活动也就开始了。公共关系工作程序评估的内容和要点主要包括以下几项内容：

1.公共关系调查过程的评估研究

公共关系调查过程评估，应着重注意的方面是：

（1）公共关系调研的设计是否合理？

（2）公共关系工作信息资料的搜集是否充分合理？

（3）获得信息资料的手段是否科学？

（4）公共关系调研对象选择是否具有典型性和代表性？

（5）公共关系调研工作组织实施的合理程度如何？

（6）公共关系调研的分析和结论是否科学和合理？

（7）沟通信息的表现形式是否恰当？

例如，在竞选活动中，公共关系活动的策划者要研究竞选者的言论以及各种新闻媒介对其讲话及其本人的评论，并通过选举过程中选民们对这个竞选者的反应来看公共关系活动是否成功。评估与竞选活动有关的公共关系工作时就要分析以下内容：第一，公共关系活动中准备的信息资料是否符合问题本身；第二，目标及媒介的沟通活动是否在时间、地点、方式上符合目标公众的要求，有没有对沟通信息和活动产生对抗性行为，有没有制造事件或采取其他行动配合这次公共关系活动；第三，相对任务而言，人员与预算资金是否充分等。这种评估分析的结果，可以作为进一步审定或调整公共关系计划与战略和改进实施方案的重要参考资料。

2.计划制订过程的评估研究

公共关系计划制订过程的评估，应着重注意的方面是：

（1）各项准备工作、沟通协调工作是否充分？

（2）计划目标是否科学？

（3）计划实施的总体安排、步骤是否可行？

（4）日程安排是否科学和可行？

3.实施过程的评估研究

公共关系实施过程的评估，应着重注意的方面是：

（1）信息的准确度如何？信息的表现形式如何？信息的发送数量如何？

（2）信息被传播媒介采用的数量如何？质量如何？

（3）接收到信息的目标公众有多少？其成分如何？各类公众与组织的关系有多大？

（4）确实注意到该信息的公众数量有多少？在公共关系评估调查中，有时所得到的结果是令人惊讶的。

一位调查人员调查了一家医院，发现医院的员工了解到院方公告的人数不到50％，而其余的员工根本没有收到任何有关公告的信息。这就是说，组织在传播信息时不能仅仅注意信息的内容，还必须在信息传递的方式上加以改进。调查"确实注意到信息的公众数量"，可以明确哪些人知晓组织释放出的信息，他们的数量有多少，他们了解到了什么内容。

阅读程度测定法的创始人丹尼尔·斯塔奇（Daniel Starch）认为，人的阅读理解程度可分为三个层次：第一是注意层次，被测验者只是注意到有这样一则广告，或者说他们已经见到这样一则广告；第二是认知层次，被测验者对广告的内容略有了解，但是不能够回忆起广告人的名字；第三是熟知层次，被测验者能够回忆起广告内容的50％以上。我们可以根据这三个层次来制定不同的检测标准，以确定"确实注意到该信息的公众数量"。

4.实施效果的评估要点

公共关系实施效果的评估，应着重注意的方面是：

（1）了解信息内容的公众数量

了解信息内容的公众数量就是要对开展公共关系活动前后公众对组织的认识、了解和理解等变量进行比较。例如，在公共关系活动开展前后，对同一组公众进行重复测验，以确定活动开展前后的差别。或者在一组公众当中开展公共关系活动，而在另一组公众当中不开展这项活动，然后再将两组测验结果加以比较。这种方法也可用于所有实施效果评估的项目之中。另外，在沟通活动结束后，了解公众观点和态度的变化也可采用这种方法。

（2）改变观点、态度的公众数量

这是评估实施效果的一个更高层次的标准。因为"态度"所涉及范围很广，内容丰富而复杂，而且不容易在很短时间内发生变化。例如，经营电力的公用事业公司举办的节能宣传活动，可以使用户增加对"使用隔热天花板可以节省空调电费"的认识，但这并不意味着他在态度上立即就变为一个节能的倡议者。

评价一个人的态度，要根据一段时期内他在所有有关问题上的立场和观点而定，而不能仅凭一时一事来判定一个人的立场和态度发生了重大变化。态度与观点、知识的关系可以这样表述：态度的变化可能会随着知识与观点的变化而变化；在一个人知识与观点未发生变化的情况下，也可能发生态度的变化。

（3）发生期望行为与重复期望行为的公众数量

人们行为的改变会受到多种因素的影响，这就如同态度与知识、观点的关系一样，在行为与知识、观点之间，在一定条件下也会发生联系。可以认定的是，行为发生变化的人在行为发生改变之前，肯定接受了某些信息或在某些方面被说服了。

在掌握了发生期望行为的公众数量之后，还应该注意了解重复期望行为的公众数量。例如，对戒烟运动，我们不能单纯计算在开展这一运动的第一天内戒烟者的总数，因为这并不能充分地说明这一运动的影响效果。一天或一下午有戒烟行为并不能表明这些人将永远根除吸烟的习惯。对这些运动的影响效果的评估要根据戒烟运动开展以后几个月甚至几年的持续观察数据来得出。

评估一项公共关系活动在改变人们长期行为方面取得的效果，需要较长时期的观察，并要取得足以说明人们行为调整后不断重复与维持期望行为的有力证据。

（4）达到的目标与解决的问题

这个评估标准是公共关系活动效果评估的最高标准。公共关系计划目标的实现，可以表现为取得理想的效果、筹措资金的数额达到预期的指标、在立法方面取得胜利等。有时，公共关系活动产生的结果并非完全与计划的目标相一致，但是这些结果同样是积极的，这时就可以认为是实现了计划目标的某些方面。在这种情况下，这些结果也应该作为评估公共关系活动效果的根据。

例如，前面提到的节约能源宣传活动，其目标是为了减少总的能源消耗量。其结果却表现为人们增加了对节约能源的兴趣、增长了这一方面的知识，甚至改变了使用电器的习惯。从表面来看，这次运动的结果与既定的目标不一定完全吻合，但这些结果也是可以在一定程度上说明这次宣传活动是成功的。

（5）对社会经济与文化发展产生的影响

这种影响要同其他因素一起共同起作用，并在较长的时间里以复杂的、综合的形式表现出来。因此，对这种影响效果的评估并非是公共关系人员所能完成的。这是留给社会学家和心理学家的课题。我们这里提出这个问题，主要是为了使公共关系活动效果评估的理论体系完整化，并希望在思想上引起人们对这个问题的重视。对于那些通过自己的职业行为履行社会责任，并对社会经济及文化的发展产生积极作用的公共关系人员，后人将给他们以公正的评价。

（二）公共关系活动类型评估

按公共关系活动形式，可把公共关系划分为日常公共关系活动和专项公共关系活动两大类。按公共关系计划制订时间的长短，可把公共关系划分为年度公共关系活动和长期（3~5年）公共关系活动。公共关系活动类型评估的内容及要点如下：

1.日常公共关系活动效果评估

日常公共关系活动效果评估的内容包括：

（1）组织的全员公共关系运作情况；

（2）领导者开展内外部公共关系活动的情况；

（3）全体员工的公共关系意识和行为表现情况；

（4）组织的各部门在经营管理各环节上的公共关系投入情况；

（5）组织内部公共关系协调状况；

（6）公共关系网络和日常的组织沟通情况；

（7）组织外部公共关系和人际协调情况；

（8）组织的知名度和美誉度情况；

（9）公共关系人员的工作状况；

（10）公共关系人员与领导工作配合和沟通状况等。

2.专项公共关系活动效果评估

专项公共关系活动效果评估的内容有：

（1）项目的计划是否合适；

（2）其目标与组织总目标、公共关系战略目标是否一致；

（3）项目的目标是否已经实现；

（4）传播沟通策略和信息策略是否有效；

（5）公共关系协调状况如何；

（6）对公众产生了哪些影响；

（7）组织的形象有何种改变；

（8）项目预算是否合理；

（9）组织管理工作的成效如何。

3.年度公共关系活动效果评估

年度公共关系活动效果评估包括以下内容：

（1）年度公共关系计划目标是否实现；

（2）年度公共关系计划方案是否合理；

（3）实现状况如何；

（4）年度内日常公共关系工作成效如何；

（5）年度内单项公共关系活动的类型、数量及成效分析；

（6）年度公共关系活动经费预算和使用情况及合理程度；

（7）内外部公共关系的开展以及成效；

（8）公共关系机构与公共关系人员的绩效情况；

（9）组织的公共关系应变能力如何等。

4.长期公共关系活动效果评估

长期公共关系活动效果评估包括某一长期公共关系项目以及公共关系长期工作的成效分析，它是一个总结的过程，需要将日常工作评估结果、专项活动评估结果、阶段性工作评估结果一并吸收进来，进行系统的分析，从而获得一个总的结论。

另外，长期公共关系活动效果评估还包括对公共关系活动的经历进行客观评估。同时，也应将前几种公共关系活动效果评估的内容和要点加以归纳和分析。但是，要特别注重公共关系战略的得失问题、公共关系变动规律问题、公共关系与经营管理的关系问题等。

（三）公众关系状态评估

对主要公众关系状态进行评估研究，旨在通过各类公众关系的变化来评估以往公共关系工作的成效。公众关系状态分析应分两步进行，即内部公众关系与外部公众关系。

1.内部公众关系评估

内部公众关系评估的内容包括：

（1）组织的政策在沟通中被全员接受的程度；

（2）员工的士气；

（3）组织的凝聚力；

（4）组织中的各种工作关系处理情况；

（5）双向沟通带来哪些生机和活力；

（6）影响员工关系的因素测评；

（7）沟通渠道需做哪些改进；

（8）传播策略以及目标有何欠缺；

（9）公共关系贯穿于各种经营管理活动的各个环节是否有障碍等。

2.外部公众关系评估

外部公众关系评估的内容包括：

（1）消费者关系评估，要弄清消费者的态度和行为变化的特点，评估组织对消费者关系的影响；

（2）消费者关系的传播沟通以及人际协调方面的工作成效；

（3）媒介关系评估，要弄清媒介态度是冷漠还是热情、积极支持与否，采取何种沟通策略以及取得何种成效；

（4）社区关系评估，要了解各类社区公众对自己以及有关活动的看法；

（5）政府关系评估，要了解政府的支持情况、组织与政府的沟通效果、政府关系的沟通协调策略等。

（四）公共关系机构工作绩效评估

对公共关系活动分项评估与对机构的工作绩效进行评估，有利于弄清公共关系机构和人员的工作效率、实际能力、策略手段等。定期对这些内容做出评估分析，对改进机构工作效率和提高水平很有益处。

公共关系机构工作绩效评估主要包括以下几个方面的内容：

（1）市场营销分析；

（2）广告研究；

（3）新闻宣传；

（4）专题活动；

（5）管理绩效。

总之，上述的公共关系评估类型，在内容上互有交叉，其区别只是评估的角度不同。公共关系评估工作可视具体需要，选取其中的一类或几类进行。

三、公共关系活动效果评估的程序

（一）建立统一明确的评估目标

确定统一明确的评估目标是公共关系评估的第一步，是公共关系评估的依据，有了明确的目标才能便于检验公关计划与实施结果，精确地收集到有用的资料以作评估之用。虽然因为公共关系活动本身具有动态性，以至于这一评估目标更多的是定性的而非定量的，但公关人员仍需定出一个统一的评估目标，不能轻易地更改。这就需要评估人员在制定目标时将有关问题，如评估重点形成书面材料，以保证评估工作的顺利进行。此外，还要详细规定调查结果的运用，否则在评估过程中不同人员对于目标如果不够明确，可能会在调查中收集许多无用的材料，影响评估的效率与效果。

（二）得到组织高层认可后，将评估过程纳入公关计划中

公共关系评估是一个复杂的过程，需要周密的安排和多方面的配合和支持，因此，组织高层的认可和支持是必不可少的。评估不是公关计划的附属品或计划实施后的事后思考和补救措施，而是整个公关计划的重要组成部分。因此，只有在高层重视和认可后，对评估给予足够的重视，将其纳入计划之中，才能对评估工作有全面的考虑。

（三）在公关部门内部成员中达成对评估工作的共识

公共关系评估是公共关系活动的最后一个环节，却贯穿于公共关系活动的始终。要让评估工作高效率地顺利进行，就必须在组织内部人员中树立高度的评估意识。同时，部门负责人要认识到，即使是公关人员本身，也不能一下子就把公关活动没有实物性结果的性质和它的可测量效果联系起来，要给他们足够的时间认识效果评估的作用和现实性，并允许他们通过自己的亲身体验加深这一认识。

（四）力求将项目目标具体化

公共关系评估是一个定性分析和定量分析相结合的过程，虽然公共关系活动的效果具有长期性、不易量化的特点，但在项目评估过程中，应该尽可能将项目目标具体化。例如，谁是目标公众、哪些预期效果将会发生以及何时发生等。如果缺少了具体的评估项目，项目评估就无法进行。同时，可测量的具体目标还可以使公关计划的实施过程更加明确化与准确化。

（五）选择适度的评估标准

根据组织设定的目标，选择最能测知目标达标率的评估标准。如果一个组织将"公众了解自己支持当地福利机构，以改善自己的形象"作为公关的目标，那么评估这样的公关标准就不应该是了解公众是否知道当地哪一家报纸报道了这一消息，占用了多大的篇幅，而应该了解公众对组织的认识情况以及观点、态度和行为的变化。

（六）确定收集依据的最佳途径

在收集有关评估资料方面，没有绝对的唯一最佳途径。调查并非总是了解公关活动影响的最佳途径，有时组织活动记录或者进行小范围的实验也能提供这一方面的大量材料。在这一方面，方法的选择取决于评估的目的、提问的方式以及前面已经确定的评估标准。

（七）保持完整的计划实施记录

保持完整的计划实施记录，能够充分反映公关人员的工作方式和工作效果，尤其重要的是反映计划的可行性程度，哪些策略是有效的，哪些策略是无力的或者无效的，哪些环节衔接比较紧密，哪些环节还有疏漏或欠缺。

（八）及时有效地使用评估结果

评估结果的运用是对公共关系评估目标的实现。评估结果的运用务必要及时，公关活动的每一个周期都要比前一个周期表现出更大的影响力，这是因为运用对前一个周期评估的结果来对后一个周期进行了调整的缘故。由于评估结果的有效运用，问题确定及形势分析将会更加准确，公关目标将会更加符合组织发展方向的要求。

（九）将评估结果向组织管理者报告

将评估结果向领导者汇报，一方面可以保证组织管理者及时掌握情况，有利于进行全面协调，另一方面也向领导者证明公关活动在持续地保持与组织目标一致，以及其在实现组织目标过程中的重要性。汇报一般采用正式报告的形式，如定期备忘录、小组或委员会议、汇报会、年度汇报等形式。

（十）丰富公关专业知识内容

通过具体项目效果评估所得到的资料经过抽象化分析，可以得到对指导这一活动有普遍意义的思想、方法与原则，通过学习原则与知识，不断丰富公关行业的理论与实践，也让公关人员对这一活动及其效果有更多的理解与认识。

✓ 做一做

活动 1：公关活动效果评估分析

2013 年 3 月 15 日，某南方网站报道农夫山泉瓶装水中出现黑色不明物。对此，农夫山泉回应称，含有天然矿物元素的瓶装水在运输储存过程中，有时会受到温差等影响而析出矿物盐，并不影响饮用。3 月 22 日，中国广播网报道，有消费者投诉农夫山泉瓶中有不少棕红色的漂浮物。经销商在未取走问题样品的情况下回复表示，自己是从湖北丹江口工厂进的货，经过厂家检测得出的结论是，棕红色的不明物质为矿物质析出所致，水可以正常饮用。农夫山泉总裁办主任钟晓晓在接受采访时也坚称，农夫山泉生产工艺肯定没有问题。

3 月 25 日，某南方网站再次报道农夫山泉丹江口水源地污染，报道称，在农夫山泉取水点周边水域岸上，遍地是各种各样的生活垃圾，其中不乏大量疑似医用废弃药瓶，俨然"垃圾围城"之势。对此，农夫山泉回应称，媒体所报道的不整洁区域距离其公司取水口下游约 1.4 公里，对取水质量并无影响。此外，农夫山泉取水口水源水符合

DB33/383-2005《瓶装饮用天然水》天然水源水质量要求。4月9日，《国际金融报》报道，农夫山泉在广东万绿湖水源地、浙江千岛湖水源地和湖北丹江口水源地均采用的是"DB33/383-2005"标准，而该标准是浙江地方标准。但令人奇怪的是，广东也有本省的饮用天然水标准，但广东万绿湖水源地的产品却未采用该标准，仍采用对水质要求较低的浙江标准。4月9日，华润怡宝在钓鱼台国宾馆发起"2013中国瓶装水企业社会责任倡议书"，向国内瓶装饮用水企业发起全面承担企业社会责任的倡议，旨在倡导做有责任的企业，做有责任的品牌。

陷入"标准门"之后，农夫山泉一直保持沉默。4月11日，农夫山泉终于在其官方微博做出郑重声明：农夫山泉饮用天然水的产品品质始终高于国家现有的任何饮用水标准，远远优于现行的自来水标准。农夫山泉产品的砷、镉含量低于检测限值，含量低至无法检出。霉菌和酵母菌亦均无法检出。此外，农夫山泉还将矛头指向了华润怡宝。农夫山泉在声明中指出，近期针对农夫山泉的一系列的报道是蓄意策划的，隐藏在幕后的就是国有控股饮用水企业——华润怡宝。农夫山泉罗列了一系列华润怡宝的"罪证"，并表示，"作为国有控股的饮用水企业，利用民众对食品安全和环境污染的恐慌心理作为行销手段，以达到打击竞争对手、扩大市场份额的目的，这一做法令人遗憾"。

农夫山泉所列证据包括已被删除的华润怡宝此前推出"中国饮用水之殇"网页和广告的截图，以及"华润怡宝用'大自然搬运过来的水，你还敢喝吗？'将矛头直指农夫山泉公司广告语'大自然的搬运工'"等。农夫山泉引用21世纪网的调查新闻标题，暗示21世纪网参与其所谓"策划"，对此，21世纪网已发表严正声明予以驳斥。农夫山泉还邀请电视、报纸和网络媒体以及消费者对农夫山泉水源、生产过程和产品品质进行全面的实地访问和监督，拟邀请人数不少于5 000人。

4月11日晚，华润怡宝发布声明称："我司从未以任何方式对农夫山泉声明中所提到的做法予以任何形式的参与；作为一家有社会责任的企业，我司一贯反对任何企业不正视自身问题，推卸自身责任，利用媒体转移公众视线将自身危机转嫁给竞争对手的任何行为；我司保留对农夫山泉采取法律行动的一切权利。"

4月16日，华润怡宝声明称，为维护自身合法权益，已向深圳市南山区人民法院对农夫山泉提起诉讼，该诉讼已于2013年4月15日被该院正式受理。同时，农夫山泉也将矛头对准了曝光媒体。《京华时报》等媒体报道农夫山泉水质标准低于国家标准。4月14日，农夫山泉进行回应，称《京华时报》所谓的"相对于农夫山泉从未从严修订标准的是，其从宽修订标准却显得非常积极"完全是置事实于不顾，颠倒黑白，并称《京华时报》无知，甚至在15日的微博中放出狠话："你跑不掉，也别想跑。"对此，"京华时报官方微博"16日上午发博回应，"标准面前，你跑不掉，也别想跑"。

4月15日，农夫山泉声明称其标准中甲苯、亚硝酸盐指标限值是严于自来水标准的，并称"就一两项指标就判定整个标准谁高谁低是毫无法律依据的"。对此，中国民族卫生协会健康饮水专业委员会马锦亚表示："我们看一个标准的高与低，更重要的是关注其中对人体有害的指标，哪怕你只有一项低于国家标准，你的标准就是不如国标。"4月18日，马锦亚表示，农夫山泉不仅没有正视自己的问题，还公开指责该协会是"莫名其妙的协会""信口雌黄",决定将农夫山泉从协会中除名。

4月19日,《京华时报》发表声明称,对于本社指出的农夫山泉执行的地方标准在部分指标上低于国家标准一事,农夫山泉不正视自身存在的问题,反而反复通过强调"产品品质高于国家标准"来混淆视听,转移视线,并通过言语恐吓、制造舆论影响等手段,打压媒体责任,挑战新闻媒体的舆论监督职责,严重侵犯了本社名誉权。本社保留对农夫山泉股份有限公司的上述行为采取法律行动的一切权利。从4月10日开始,《京华时报》连发多篇文章,报道农夫山泉的"标准门"。与此同时,农夫山泉也连续四次回应。

在此过程中,北京市桶装饮用水销售行业协会下发《关于建议北京市桶装饮用水行业销售企业对"农夫山泉"品牌桶装水进行下架处理的通知》,要求北京市桶装饮用水行业各销售企业即刻对农夫山泉桶装饮用水产品做下架处理。

5月2日,农夫山泉官网上更是发出了题为"《京华时报》&农夫山泉到底谁在说谎"的文章,指责《京华时报》在发难前,从未就自来水问题采访过农夫山泉方面。5月6日,农夫山泉发布消息称,已经向法院提起诉讼,向《京华时报》索赔6 000万元。当天,农夫山泉在北京召开了长达3个小时的新闻发布会,会场上,农夫山泉与《京华时报》正面交锋对质,现场激辩,场面一度混乱。期间,曾有现场工作人员对《京华时报》记者喊"滚出去"。发布会上,农夫山泉一方表示,指责其产品水质不如自来水是无稽之谈,阐述其执行的DB33/383-2005浙江标准是科学可靠的地方标准,表示其虽未在产品包装上标识GB19298-2003卫生(安全)标准,却并不代表农夫山泉未执行此强制标准;公司更列出早前在美国所做的水质监测报告,以证其清白。而《京华时报》一方认为,农夫山泉所执行的浙江地方标准中有多项指标低于国家标准,且不认同农夫山泉关于国家卫生(安全)标准和质量标准的解释。在现场,双方就"标准"一事,各执己见。钟睒睒还在发布会现场宣布,将关闭农夫山泉位于北京的工厂。对于如此结果,钟睒睒在会上表示,很遗憾仅仅因为一个行业协会的决定导致农夫山泉的产品在北京下架。钟认为,对这样的市场环境,农夫山泉只能选择退出,公司关闭北京工厂是为"维护其品牌尊严"。从4月10日到5月7日,连续28天、74个版面,《京华时报》对农夫山泉的追踪报道"锲而不舍"、一步未停。对此,钟睒睒直指《京华时报》"开辟了一家媒体批评一个企业的新闻纪录"。

5月7日,《京华时报》再次投入包括头版在内的7个整版,继续猛烈抨击农夫山泉。《京华时报》在报道中称,农夫山泉在京停产是因其质量不符合标准,北京质监局已经介入调查;需要明确的是北京质监部门依法监管市场,而不是农夫山泉主动"退出"。报道还针锋相对地提出,农夫山泉在16个省市的媒体上曾刊登公告"谩骂京华时报"。"从2013年4月16日到2013年5月6日,农夫山泉在全国10多个省市数十个渠道刊登含有谩骂京华时报内容的公告,1个月内超过120个版面……这些公告明显针对京华时报依法依规的舆论监督横加指责,其刊登范围之广,时间跨度之长,史所罕见,中外罕见。"

资料来源:游昌乔. 2013十大品牌危机公关案例之一——农夫山泉"标准门"风波 [EB/OL]. [2014-01-15]. http://pr.brandcn.com/gongguananli/140115_365550_2.html.

问题：

1.请对农夫山泉在"标准门"风波中的公共关系活动效果进行评估。

2.如果你是农夫山泉的公共关系部经理，你准备如何应对？

分析要求：

1.学生仔细阅读材料，针对案例提出的问题进行思考；

2.小组讨论，形成小组方案；

3.班级交流，教师对各小组方案进行点评。

✔ 拓展空间

2013年11月9日，是中国足球界一个值得庆祝的日子，恒大足球队主场逼平韩国的首尔FC队，成功夺得本届亚冠联赛的冠军。在那个举国欢庆的日子，恒大冰泉借机强势上市，之后，恒大冰泉的广告攻势非常猛，形成了电视、网络视频、户外、分众传媒等多种形式的立体广告传播。依据上面材料，并查阅相关资料，试对恒大集团在亚冠赛之际推出恒大冰泉的行为进行公共关系活动的效果评估。

✔ 效果评价

本任务的效果评价意见表见表5-1。

表5-1　　　　　　　　　　　　任务的效果评价意见表

内容	评分标准	分值（分）
准备环节	1.人员分工合理 2.归纳整理材料有序	10
活动内容 评估	1.程序严谨 2.活动类型明确 3.活动状态判断准确 4.机构工作绩效评估全面深入	50
方案发表	1.逻辑严谨 2.口齿清晰	20
合作能力	成员配合默契	20

▶ 任务二　公共关系活动效果评估的标准和方法

【任务目标】

知识目标

1.掌握公共关系活动效果评估的标准；

2.熟悉公共关系活动效果评估的方法。

能力目标

能够熟练地进行公共关系活动的评估。

素养目标

具有创新精神，适应时代变革要求的新方法。

【任务导入】

2005年中国的演出市场上，最为引人注目的现象就是湖南卫视的"第二届超级女声大赛"了。然而，湖南卫视举办的第一届超级女声虽然产生了一定的影响力，但并没有引起太大的关注。可这一次却达到了轰动全国的地步。除了早期的春节联欢晚会，估计还没有哪一个电视节目会像"超级女声"这样，让那么多的中国家庭的电视机同时集中到一个电视台，让那么多媒体跟踪报道，成为全国城乡那么多百姓街头巷尾议论的话题。

在第二次大赛的背后，蒙牛才是最大的赢家，蒙牛通过出资打造"超女"平民偶像，已经打破了"品牌＝美女"的营销怪圈。酸酸乳"酸酸甜甜"的滋味与"想唱就唱"的率性黏结在一起，改变了人们心中的主流观念。"蒙牛酸酸乳"把销售系统和媒介系统进行了一次整合。产品的包装、卖点的宣传单页、终端的路演推广均和媒体宣传步调一致，把消费者的关注度集中到一点。

蒙牛聘请第一届超女大赛季军张含韵为酸酸乳产品的形象代言人，并为其量身定做广告曲《酸酸甜甜就是我》，在电视广告、广播上做大量的宣传；蒙牛的一切活动，如产品包装、海报、电视广告、网络广告、广播广告都与"超女"挂钩；蒙牛的300多场街头演唱及派发的200多万张DM，在很大程度上增强了"超女"的知名度。

"超女"引来了更多人的关注，带来了湖南卫视收视率和社会声望急剧上升，同时蒙牛乳业集团也获得了巨大的收益。"超级女声"其实就是"超级女生"，蒙牛要将牛奶饮料变为时尚饮品，他们的对象都是"年轻人"这个时尚一族，它适应了年轻人对时尚疯狂追求这个时势。蒙牛不遗余力地投钱于"超级女声"，推广"蒙牛酸酸乳"品牌，是为了突破在纯牛奶市场的价格竞争，从原先"做大"转为"做大"与"做强"并重。由于连年的价格战，传统的纯牛奶市场利润已越来越薄。酸奶这个增长点已经被整个行业瞄上，酸奶是乳制品种类中相对利润最高的品种。蒙牛乳业对"超女"仅仅两年的投资，"酸酸乳"就博得了巨大的知名度：酸酸乳如影随形跟着"超女"比赛转战全国，"超女"既然成为当年热门的文化与商业词汇，"酸酸乳"也顺理成章在"粉丝"中口口相传。

根据当时某营销咨询公司的调研组6月份在上海的调查数据，蒙牛酸酸乳已经成为"酸性乳饮料"的消费者第一提及品牌，在10~25岁女性的目标受众之中，酸酸乳的第一提及率高达45%。

讨论并回答：

1.蒙牛公司策划"超女"公共关系活动的目的是什么？

2.如何评估蒙牛酸酸乳的"超女"公关活动的效果？

✅ 学一学

一、公关效果评估的标准

公共关系评估标准是评估人开展公共关系工作绩效评估的依据，也是评估中最难的内容，目前尚未制定出通行的适合所有公共关系活动、项目和实践的评估标准。本书在对公共关系评估工作进行研究的基础上，根据公共关系过程的不同阶段，提出了公共关系评估的标准及内容。

（一）策划过程的评估标准

主要考察公关准备工作的情况是否已经按照要求通过一定的形式表现出来，通常有以下三条评估标准：

1.工作材料是否充分

这是在公关活动尚未开始时完成的事情。评估的主要任务实际上就是，检验是否遗漏了对项目有影响的因素。比如，在确定公关目标公众时，是否遗漏了关键的公众，哪些信息和资料还需要改进，所需材料是否都准备充分，所有关键因素和各项工作是否都已经确定等，这些都需要给予正确的评估，以保证实施阶段公关工作的正常进行。

2.信息内容是否恰当

分析公关活动中准备的信息资料是否符合目标公众及媒介的要求，沟通活动是否在时间、地点、方式上符合目标公众及媒介的要求，有没有对沟通信息和活动的对抗行为，有没有制造事件或其他行动配合这次公共关系活动，活动人员与预算资金是否充分等。

3.表现形式是否有效

这一环节是准备过程评估的最后一个环节，其重点是看信息表现形式的有效性如何。例如，检验有关信息传递资料及宣传品设计是否运用得当，提出的创意有无水平，图表的设计、活动的主题、图片及展示方式的选择是否合理新颖等。

总之，策划过程的评估必须对资料的充分性、合理性、有效性进行认真的分析，策划方案与组织的总体公共关系目标一定要吻合，为下一阶段有效地进行计划实施和沟通信息传播问题的评估奠定基础。

（二）实施过程的评估标准

这个阶段中通常有四个不同层次的评估标准。

1.信息发送的数量

信息发送的数量指实施公关活动时所进行的广告、广播、宣传活动、讲话次数、开会次数、发布信息的多少，以及其他宣传材料以及新闻发布的数量。换句话说，这一评估过程需要了解所有信息资料的制作情况、其他宣传活动的进行情况。

例如，在2008年北京奥运会会徽发布仪式的媒体报道中，8月3日至4日，来自中央、市属和其他国内主流媒体的近150名记者和来自35个驻京境外新闻机构的100多名记者出席了会徽发布仪式，对活动进行报道。国内主流报纸人民日报、光明日报、经济日报、中国青年报、法制日报、新华每日电讯、中国日报（英文）、工商时报和中国体育报等，均在头版显著位置刊发了消息并配发了图片，先后刊发报道28篇、图片29张；国家通讯社新华社8月3日、4日两日，发稿24篇，全国数百家报纸予以转发，其中的长篇通讯《舞动的北京》创新华社近几年通讯类转载率新高（193家）。新华网仅8月3日当晚，就发出流动播报23条；市属报纸日报、晚报、北青、晨报和信报8月3日至8日共刊发报道56条、图片93幅、专版9块，其中，头版头条报道3个；《香港文汇报》《大公报》8月4日一天刊发报道14篇、图片28幅，大公报在《北京奥运专刊》中还制作了平面大众媒体中最大的对开版专版，刊出了平面大众媒体中最大幅面的会徽图片。全球共产生了635篇次的平面和电视报道，《金融时报》、《南华早报》和《亚洲华尔街日报》等全球主流媒体利用头版对此次活动进行了正面详尽的报道，全球各大主要电视台和广播电台预留了充分黄金时段反复播放现场发布的壮观场景。媒体的热烈反响是会徽发布活动取得空前效果的最好印证。

2.接受信息的公众数量

将收到信息的各类公众进行分类统计，从中找出目标公众的数量。如果发现目标公众对组织信息材料接受不足，还可以采取一些补救措施，如公关人员可以将这些传播媒介上发表的材料复制出来，并整理成册，有目的、有针对性地送交到目标公众中的关键人物手中。当然这并不是说，公众数量居于次要地位，而是在与公众结构进行重要性比较时，公众数量只起一个基础性的作用。实际上，只有目标公众达到一定的数量后，公关方案才能付诸实施，目标公众的结构才被提上公关评估的日程。在这里，接受传单信息的人数、参与某项事件的人数、出席会议和展览的人数，都可以作为这种评估的参考数据。如从报刊的发行量、一张报纸的平均阅读人数上，推知其理论上的接收人数。假定1张报纸有3个人阅读，那么这张报纸发行数量为50万份，其理论上的接受信息的公众数量就有150万人。例如：根据独立第三方专业媒体评估机构Media Edge:cia的报告，发布仪式后的头三天实现的报道量分别是：8月3日，发布当天，被超过150家国际媒体争相报道，其媒体发行量总和为270 076 351人次；8月4日，被超过140家的国际媒体报道，实现了3 068 030 916人次的媒体印象；8月5日，被超过160家的国际媒体报道，实现了11 493 766人次的媒体印象；截止到8月10日，共实现了37亿人次的媒体印象。

3.关心信息的公众数量

了解实际接受信息的公众数量，即真正关心信息的公众。他们对信息接受到哪个程度，对信息有多少了解。广播电视的收听收视率的调查，是常见的一种对关心信息的公众数量加以评估的方法。

4.政府和媒介公众关注的程度

基层公关活动关系到政府公众的权威和安定，可以根据政府和媒介公众关注的程度，来判断基层社会的公关活动过程是否有效。根据公关活动的性质和涉及公众数量的多少，可以将上级政府关注的程度分为不关注、比较关注、非常关注、特别关注四个等级，寻找实际关注程度与预期关注程度之间的关系，可以确定公关活动是否成功。根据公关活动的新闻性和社会意义，可以将媒介的关注程度分为不报道、一句话新闻、消息报道、人物专访、事件报道、公关专题报道、深度访谈等级别，依此来判断媒介公众关注的程度。

（三）实施效果的评估标准

实施效果的评估是一种总结性评估，主要检查公关活动对公众的影响和所取得的效果。其评估标准有以下几点：

1.检查了解信息内容的公众数量

要看目标公众通过公关活动对活动内容有什么了解，了解的程度是否加深，了解的内容是否全面，从而比较公关活动前后公众对组织信息的容量。为了检测出公关活动的效果，可以采取区域公众比较的方法。根据地域和管理单位，可以先将公关活动有意识地限制在一定区域范围内，然后逐渐推广到另外一个区域，比较这个区域范围内的公众对信息内容了解的人数差异和程度差异，测定该项活动在何种广度和深度上增进了公众对组织及有关信息的了解，以评估促进公共关系活动的有效开展。

2.发生期望行为和重复期望行为的公众数量

行为发生变化的人们在行为改变之前，肯定接受了某些信息或在某些方面的观点发生了变化。在掌握了发生期望行为的公众数量之后，应注意了解重复期望行为的公众数量。例如，为了响应上级政府的号召组织社区舞会，我们不能单纯计算在开展这一活动的第一天内参加舞会人数的总数，因为这并不能充分说明这一活动的影响效果。对这些活动的实施效果的评估要根据活动开展后一段时间或一个、几个周期的持续观察数据。评估一项公共关系活动在改变人们长期的行为方面所取得的效果，需要较长期的观察，并取得足以说明人们行为调整后不断重复与维持期望行为的有力证据。

3.达到的目标与解决的问题

这是公关活动效果评估的最高标准，主要是看公关工作的决策是否达到了预期的目标。不过有时候，公关活动产生的结果并非与计划目标一致，但是这些结果同样是积极的，可以认为是达到计划目标的其他表现方式。例如，组织群众参加社区舞会活动，其目标是响应上级政府锻炼身体的号召，营造和谐的社会环境；可在活动进行了一段时间后，社区舞会参与的人数并不多，甚至越来越少，但基层群众也不再老待在家里，而是按年龄、兴趣组织成了各种兴趣小组。从表面看来，这次活动结果与既定的目标不完全吻合，但是结果也足以说明，这次活动是成功的，因为它同样陶冶了情操，加强了基层群众之间的交流和团结，社区的和谐气氛得到了进一步改善。

4.对社区治理和人们生活产生的影响

这种影响同其他各种因素共同起作用，并在较长时间里以复杂的、综合的形式表现出来。

5.基层公关活动的社会评估

这是留给研究者特别是社会学家和心理学家的题目。我们这里提出这个问题，主要是因为社区不仅是群众生活的基础单位，而且已经成为政府部门关注的重要问题，且已经开始进入到学者研究领域，社区已经成为整个国家和公民生活的一个重要部分。为了使社会基层的公关活动效果评估理论实现体系化和科学化，并引起人们从思想上认识这个问题，对于那些通过自己的职业行为履行社会责任，并对社会经济及文化的发展产生积极作用的公关人员，社会将给他们以公正的评价，并以概括性的理论或模式形式表现出来。

6.公共关系效果评估的关键指标

公共关系效果评估的关键指标主要包括覆盖率、有效率、千人成本、准确性、传播力度、传阅率、公关指数提升、销售提升等方面。

（1）覆盖率

覆盖率是广告效果评估中常用的一个词汇，用在公关中也一样，特别是对传播活动的效果评估，应当搞清楚覆盖到了多少人群，如果不清楚覆盖率，做出来的媒体计划以及活动都是盲目的。如果全然不顾所宣传媒体的覆盖率，即便该媒体的质量好，这样的传播也必然是有问题的。所谓的覆盖率也不仅仅是指一家媒体的覆盖率，比如一家企业的市场遍布全国，通过中央媒体的宣传是不是就能达到覆盖率100%呢？结果未必如此。一家发行量才5万的中央媒体，肯定不如一家发行量10万的区域媒体的覆盖率，前提是企业在哪个区域有市场。因此，当某次宣传结束后，我们可以用一个粗糙的公式来表达覆盖率：

覆盖率=传播受众/市场所属区域的受众

传播受众就是我们通过媒体影响到的受众，包括直接影响和间接影响；而市场所属区域的受众是指企业所拥有的市场范围，假设企业只在北京有市场，就不要把宣传做到华南去，或者可以考虑用中央媒体在全国范围内做。

（2）有效率

有效率是指虽然覆盖到了却没有达到预期的效果，其中有可能重复覆盖，或者是无效覆盖。比如，在北京市场做宣传，选择《娱乐信报》，《娱乐信报》的发行量号称20万，首先，这20万人里面不是全部有效的——这20万什么人都有，我们需要的只是其中一部分，比如只有5万是有效的。其次，这5万人是不是全部都会看到我们的信息，这和版面有一定关系。所以，针对不同的企业，每份报纸杂志都会有其不同的有效率，企业当然要选有效率高的。通常，很多的企业顾到了有效率，又忘记了覆盖率，我们需要的是两者兼顾。这里最好能考虑到品牌发展指数，即品牌在一个地区的销售占总销售的比率除以该地区占总人口的比率，用以评估品牌在该地区的相对发展状况。比如偏远山区的消费能力是不能和城市相提并论的，在某些地区发行量很大的媒体，由于经济发展落后也有可能有效率仍然很低。所以我们要避免犯光看发行量、不问有效率的错误。通过测量有效率，即可得出有效受众，它的作用可以直接用来表述宣传效果。

（3）千人成本

这也是广告术语，即媒体每接触1 000人所需支付的金额，其计算方式有两种：

千人成本=总成本/总受众

千人成本=总成本/有效受众

显然，第一个计算方式是被公关公司普遍采用的，因为它通过分母的基数降低了千人成本，但这不能反映问题。真正能反映问题的是第二个公式，"钱要花在刀刃上"说的就是这个，只有考虑了有效率的千人成本才是有意义的。进一步细化的话，还可以结合千人购买率、千人利润率，来计算以某个成本进行传播值得不值得。比如通过宣传，每千人中预计会有10人购买产品（即1%购买率），每件产品的利润是10元，那么千人利润总额就是100元，宣传推广的成本当然不能大于这个数。通过千人成本的指标，还能计算出企业推广需要的总费用，以企业的总目标受众除以千人成本，就是宣传总费用。企业在做年度宣传预算的时候，可以此为依据进行推算，费用要求达不到时选择重点市场进行建设。

（4）准确性

失之毫厘，谬以千里。准确性的评估是不可缺少的一个内容，达到覆盖率、有效率，还是效果不好，原因可能就是准确性差。信息被有效覆盖了，不等于被有效传递了。准确性包括的主要内容有传播定位的准确性、媒体策略的准确性、发布内容的准确性、传播方法的准确性等。定位的准确性不用说了，一件产品如果没有找好卖点，一个企业没有在产业中找到自己的位置，传播的主基调不正确，这些都会造成效果低下。媒体策略的准确性，主要是指发布时间、发布周期，比如促销信息的发布、新品的上市，特别是一些策略性发布，对于媒体策略的要求是十分严格的，如果不准确，效果必然要大打折扣。准确性是无法量化的一个东西，这是考核公关公司实力的一个重要因素，很多竞标书上都会把策划方案的策略、定位作一个很高的要求，原因就在于此。而对公关评估，自然不能缺少这一环，因为计划赶不上变化，一开始认为正确，也许就是错误的。

（5）传播力度

业内也有人称之为爆破力。当然，这不能全部说明问题，爆破力只能说明在某段时间内的爆破，但传播力度还包括长时间的影响。针对爆破力而言，主要是指在某段时间内让企业的信息迅速充满媒体，并持续一段时间，这也是公关常用的一种方法，通常的事件营销就属于此类。通过对信息的占领，可以一下子吸引关注，并加强人们的记忆或者好感，从而达到公关的目标。关于爆破力的统计，可以选取一段时间，以媒体发布的数量、转载的数量、媒体跟进报道的数量进行分析统计，其中媒体跟进报道的数量能集中体现传播力度。除了一段时间内的传播量，还有一些能有效"量化"传播力度的标志，如网站的首页、平面媒体头版或者头条等等。很多企业比较注重在网站上的首页，或者频道首页，以及一些版面的头条或者关键位置——这都能表明传播力度。此外，关注度也是传播力度的一个表现，比如在一段时间内，行业内共发生了几个值得一提的新闻，给这些新闻排个名，再结合自己企业在市场的排名，就知道传播的力度够不够。对于一个企业而言，制订了年度计划，亦可回顾一下有没有哪个新闻值得一提，如果没有，说明没有传播力度。现实中一些企业年年做宣传，但是所做的宣传都不值得一提，就像小学生写流水账一样，这就是没有力度的原因。

（6）传阅率

在统计覆盖率的时候，虽然传阅率也会被统计进去，但这个仍然是很容易被忽略的问题，特别是在网络时代。搜索引擎的兴起，使得网络上文章内容被二次、三次阅读的远大于当日发布时的阅读量。特别是一些选购、评测、体验类的文章，被搜索到然后再被阅读，从而起到影响消费者购买决定的作用十分明显。因此，当人们在购买汽车、IT等产品时，通常要上网查一查相关信息，这时候传阅率就显得比覆盖率更为重要。因此，在效果评估时，以搜索引擎的搜索结果作为评估手段也已经成为重要的手段。比如，应用百度搜索"相机选购"，在宣传之前第一页搜索没有相关品牌的内容，而做完宣传之后出现了相关的内容，这表明传阅率很大，效果当然也会很好。另一方面，所发的消息如果能引起媒体的广泛报道，这也算作传阅率。所以传阅率既可以通过人们对同一张报纸的多次阅读来做统计，也可以通过搜索引擎上被搜索到的多次阅读来做统计，还可以通过以后续媒体自发跟进的报道来做统计。通常传阅率并不被计入公关服务的收费项目，因此长期被忽视，但它无疑是公关效果的重要组成部分。

（7）公关指数提升

上面我们讲的多是以传播为主的一些效果评估，当然公关绝不仅仅是传播，比如一些公众关系维护、项目游说、危机处理也都属于公关的范畴，对于这些内容的效果评估显然需要特殊的方法，而公关指数就是一个较好的评估方法。比如，很多企业都需要建立和维护媒体关系，通过与公关公司的合作，一定在媒体关系层面获得一定的提升。如果企业不能做到媒体在刊出负面报道之前就得到相关消息，说明媒体的关系还不够到位。这可以量化为一共建立了多少家核心媒体的关系，也可以从单家媒体的关系提升上进行评估。至于项目游说的话，工作的进展就是很好的评估。而对于危机管理，目前通常以"拿"掉了多少篇负面报道来作衡量，这是不完整的。应用公关指数的理解来看，在处理完危机之前，企业与消费者的关系、企业与媒体的关系、企业与渠道的关系，这些有没有产生变化，如果这些关系恶化了，说明危机并没有处理好。同理，如果关系得到提升了，说明危机处理得非常好。必须重点说明的是，看一篇报道是否为危机公关，也要看企业的公关指数有没有变化，如果一篇文章只有几十人看，影响面、影响力都十分窄，就不叫危机。很多危机本不是危机，只是小噪音，结果被公关公司一搞反而真成了危机，这样的例子屡见不鲜。原因就在于，一开始的时候危机的初期并没有导致企业的公关指数下降，而处理危机的过程中导致了这个指数的下降，也就是失败的公关。因此，在公关效果的评估时也要考虑这一点，公众关系是否有所恶化，这也是回归到公关的本质，不能因为要见个头版，结果把记者关系搞得一团糟，这可能对于企业得不偿失。企业取得的各种关系是不能轻易动的，一件小事就想上头版，大事来了更想上，长此以往，再好的媒体关系也要被搞砸。

（8）销售提升

这个指标是最为重要，也是最为一些企业关注的。有些企业完全将销售的增长寄希望于公关，这是不可取的。公关在某些时候可以对销售有刺激性的帮助，比如某生产涂料的企业老板亲口喝完涂料后，消费者指名要买能喝的那种涂料；比如我们在网络上发布某个特殊电话号码后，会明显感受到电话的增长……但是，我们不可能指望所有的公关都能产生这样的效果，毕竟广告有公关永远取代不了的作用。通常我们不能直接统计公关对销售增长的帮助，但可以通过间接的方法获得销售增长的数据。用总增长减去广告、促销等对销售增长的刺激作用，就可以大致得出公关对销售的增长作用了。

总之，在实施效果的评估过程中，公关工作人员要结合工作的特点和作用，通过自我评估，注重社会评估，注重公众反应，注重社会舆论的态度和意见，科学运用指标数据，相对客观、准确、科学地对公关工作、活动的效果进行测评。

二、公关效果评估的方法

相对于公共关系活动的其他阶段的评估方法来讲，对公共关系计划的实施、结束阶段的效果评估及有关方法的运用就显得更为重要，下面我们列举出几种有关公共关系活动效果的评估方法。

（一）公众意见法

这种方法包括公众意见征询法和公众问卷调查法。所谓公众意见征询法，是在公共关系活动过程中和活动结束后，通过对公众的访问和举行公众代表座谈会以电话或口头交谈的方式来征求公众的意见。而公众问卷调查法则是在公共关系活动的准备阶段、结束阶段与结束后3～6个月向目标公众发放问卷，通过对问卷的整理、统计、分析来评估本次公共关系活动的效果。

（二）专家意见法

所谓专家意见法，是指聘请那些公共关系知识丰富并有公共关系实践经验的专家，就事先拟订的公共关系计划、计划实施时采取的措施及实施的范围等，请专家以匿名的方式独自就各项内容发表意见和建议，然后由公共关系人员将第一轮的全体专家意见汇集整理，反馈给每一位专家，请他们再次发表意见，直至意见趋于一致。经过整理和分析得出代表大多数专家意见的评判。

（三）民意测验法

民意测验法在公共关系评估中运用较为普遍。这种方法的基本做法是：按抽查法的要求，在选定的公众群体中，选择一定数量的测验对象，用问卷、表格等方式，征求他们对指定问题的意见、态度、倾向，再做出统计、说明，分析公共关系活动的效果。

（四）实验法

实验法的实质是，利用事物、现象间客观存在的相互关系，通过调节某个变量（如公共关系活动前后某个企业的声誉）测定另一些量（如产品销售量、订货量）的增减。实验法可以在经历和未经历公共关系活动的两组公众之间展开。例如，一家家用日用化妆品公司，在报上连载宣传夏季正确使用化妆品的方法，旨在向公众传授在不同季节正确选用适宜化妆品的知识。我们采用实验法对该项活动的效果进行评估：先测验一组报纸订户（实验组）的有关知识，再对另一组未接触过该报的公众（控制组）进行有关知识测验，将两次测验结果作比较，就很容易得出评估结论。实验法的关键在于，在确保实验对象代表性的同时，尽可能缩小实验范围。

（五）自我评判法

采用这种方法的前提是公共关系人员在公共关系活动的全过程中，或者在组织的日常活动中坚持记录有关指标和数据的变化。例如，通过公共关系活动前后企业的销售额数据、企业的知名度和美誉度的量化指标的记录，对比就可比较准确地评估出本次公共关系活动的成果。不仅如此，全面、准确的活动记录还可以帮助公共关系人员以时间为周期，如按年度评估公共关系活动的整体效应。此外，值得一提的是，公共关系活动总是处于一定的社会环境和自然环境中，组织形象及产品销售量的变化可能是公共关系活动本身引起的，也可能是同时期其他社会因素或自然因素引起的，所以理想的公共关系评估应排除各种干扰因素，准确地显示出公共关系的真正魅力。

案例材料5-1

公共关系效果评估方法的12原则

公共关系效果评估方法可以说是公共关系研究中最薄弱的环节之一。这方面的研究，以美国北加州大学新闻系助理教授Alan R. Freitag（1988）的观点最具有代表性。他在整理了过去研究测量及评估公共关系文献后，提出了公共关系效果评估方法的12点原则。

1. 在公关活动规划（campaign）时，加入"测量"这个步骤。

2. 规划时必须明确定义活动的要素，比如要向谁传达什么讯息，以及期望结果为何，这有助于选择适当的测量工具。

3. 这些效果必须和组织的目标紧密结合，这样才能串联公关和组织背景。

4. 事前准备，在进行规划前即搜集相关信息，预测某要素或整个计划的成功机会。

5. 以焦点团体访谈或实地实验（field experiment）的方式，对计划中的个别要素进行预测。

6. 计划执行前后及执行同时都应测量，可用观察法（了解认知、态度及意见等）、深度访谈、内容分析、反馈、印象回忆等方法，时时监控计划。

7. 确定你不仅测量产出物（output），而且也要测量结果（outcome）。

8. 可混合使用各种测量方式，设法找出单一因素与效果的关系。

9. 可进行有底线的测量，如销售量或法令的通告与否，但不要只局限在短期效果。

10. 每天可用简单的程序来追踪和证实进行中的测量，如剪报。

11. 糅合质和量的评估，使计划有效性的评估有完整的组织和背景，这种方式也称为"三角测量"（triangulation）。

12. 不要只以结果来看公关的有效性，应从结果中学习，适度调整计划内容，试着以最高的回报让客户知道公关人员的努力。

✅ 做一做

活动2：公关效果评估的标准和方法

2013年的第四季度，谁也没有预料到，《爸爸去哪儿》会毫无征兆地突然火爆，收视率一路破3，但在播出之前，其实它并不被看好。在所有当时不看好的人里，今天最后悔的可能就是美的家电的营销团队。他们曾经如此靠近这场成功，但却在最后一刻因为内部对这个项目判断存在争议而放弃了冠名赞助的机会，因此错过了这个当年最火爆的营销平台。这个带着风险但也同样带着无限机遇的主冠名赞助商的位置，因为美的家电的临阵退出，就这么砸给了999小儿感冒灵。每周五晚10点，几乎每5个家庭就有一个在看《爸爸去哪儿》。资料显示,《爸爸去哪儿》自从在湖南卫视、爱奇艺首播后,收视率不断攀升。首期节目全国中心城市网收视率便达到 1.1,到第九期《爸爸去哪儿》,全国中心城市网收视率达 4.98,而市场份额也从开始的 6.74% 上升到 22.12%。《爸爸去哪儿》的网络播出情况同样火爆,前八期节目在爱奇艺、PPS 的相关播放量超过 2 亿,稳居爱奇艺综艺风云榜榜首。新华社新媒体中心联合数托邦创意分析工作室抓取了微博上提及《爸爸去哪儿》的 45.5 万条原创微博,并对 36.7 万独立原发作者用户、1 300 万余条用户微博进行数据分析,《爸爸去哪儿》创造了高达 89% 的美誉度,超越《中国好声音》《非诚勿扰》《快乐男声》等节目。《爸爸去哪儿》给 999 小儿感冒灵带来的品牌认知上的成功有目共睹,起码改变了本人对其的认知。随着《爸爸去哪儿》的热播,冠名商 999 感冒灵迎来了一波新的热销狂潮,之后,《爸爸去哪儿》又吸引了英菲尼迪、思念食品、青蛙王子等广告商的加盟。

问题：

1. 请对案例中所提到的企业的公共关系活动效果进行标准和方法的评估。

2. 为什么这些企业要把《爸爸去哪儿》这档亲子类节目作为其公关活动的切入点？

分析要求：

1. 学生仔细阅读材料,针对案例提出的问题进行思考；

2. 小组讨论,形成小组方案；

3. 班级交流,教师对各小组方案进行点评。

● 拓展空间

2014 年 3 月 8 日凌晨,马来西亚航空公司一架航班号为 MH370 的波音 777-200 客机从吉隆坡飞往北京,计划 6：30 抵达北京首都国际机场,却在凌晨 1：20 失去联系。原本应该按时抵达北京首都机场的飞机,在失去联系 8 小时后却不翼而飞。消息一经报道,瞬间在国内引发了全民的关注,更是形成了全球范围的热议。一时间,MH370 成为所有人的等待,而马来西亚航空公司也成为媒体关注的焦点。关于飞机失踪的消息在 3 月 8 日早晨已经被媒体广泛报道,马航方面却未第一时间做出迅速反应,而是在下午才召开了新闻发布会。召开的发布会,好似马航拖不过去、硬着头皮应付似的,5 分钟草草了事,且这么大的危机,发布会却未见高级领导（甚至是中国区最高领导）现身。晚上的招待会更加离谱,原定 23：30 召开的发布会,在无通知的情况下突然更换场地不说,更是整整推迟了两个小时。在移动互联网时代,这个反应速度实在太慢。随后马航的两次发布会都以混乱结束,其信息发布策略引发了质疑。缺乏准确、透明的信息背后,可能隐藏着更为严重的危机。尽管马航后来聘请著名公关公司凯旋公关进行此次 MH370 失联事件的后续工作,全力挽回民众失去的信任,但已经"旧伤未愈,新病又至"。

依据以上案例,并查阅相关资料,试对马航在 MH370 失联中备受批评的事件进行公共关系评估。

效果评价

本任务的效果评价表见表5-2。

表5-2 　　　　　　　　　　　　　　任务的效果评价表

内容	评分标准	分值（分）
准备环节	1.人员分工合理 2.归纳整理材料有序	10
标准评估	1.确定不同阶段的评估标准 2.把握各阶段的评估标准的要点	30
方法评估	1.能区分不同的评估分析方法 2.正确使用评估方法来分析	30
方案发表	1.逻辑严谨 2.口齿清晰	10
合作能力	成员配合默契	20

任务三　公共关系评估报告的撰写

【任务目标】

知识目标

1.认知公共关系活动效果评估报告的分类；

2.熟悉规范的报告格式；

3.掌握撰写报告的注意事项。

能力目标

能熟练写出规范的公共关系活动效果评估报告。

素养目标

耐心细致，发扬团队合作精神。

【任务导入】

由于受5·12汶川大地震影响，西安市各主要景点自地震至今接待人数大幅下降。为了消除地震对西安市旅游业的负面影响，迅速恢复旅游市场，西安市旅游局采取各种手段和措施弥补震情对旅游业造成的损失，力争实现今年预定的目标。华清池旅游公司通过抗震救灾系列慰问演出、《长恨歌》高端论坛、王蒙专论《长恨歌》及正在进行的10场千人评说《长恨歌》活动，已率先走出灾害阴影，迈上了和谐发展的快车道。

《长恨歌》是根据白居易的叙事长诗改编的大型山水实景历史舞剧，该舞剧自2006

年在故事的原发生地华清池公开上演以来一直受到广泛好评，同时也使华清池的游客量呈现出稳步增长的态势，但自汶川地震发生以来，华清池游客接待数量持续下降，其中5月份共接待游客16万人次，比去年同期减少90 823人次，降幅达36.2%；6月份共接待游客75 416人次，比上年同期减少74 220人次，下降49.6%；上半年接待人数63万人次，同比减少16.7万人次，下降21%，总收入3 762万元，减少617万元，下降17.5%；7月1日至15日共接待游客75 616人次，比去年同期减少14 834人次，下降16.4%。

基于这一情况，华清池旅游公司展开危机公关，在抗震救灾取得阶段性胜利的时候，立即筹划举办抗震救灾新闻媒体英雄、四川籍在陕工友、抗震救灾医护人员暨灾区伤员、抗震救灾部队官兵、全省民政系统抗震救灾突出贡献者等5场"我们在一起"——《长恨歌》抗震救灾慰问演出。在此基础上，6月底，中共陕西省委宣传部、光明日报社总编室又联合主办"大型实景历史舞剧《长恨歌》的探索与创新高端论坛"。来自国内文学界、音乐界、舞蹈界、美术界及评论界的17位知名专家学者观赏了舞剧《长恨歌》，并围绕舞剧《长恨歌》在文化产业的创新与探索方面所取得的成果进行研讨。这两大活动对华清池产生了积极的社会影响和宣传效应，使《长恨歌》再现一票难求的景象，平常容纳1 000人的观众席，几乎每场都要加座到1 500个，为了观赏这台精彩的演出，人们已不再考虑观看位置是否最佳。7月19日，华清池接待游客8 597人次，较6月3日增加7 287人次，增长556%，门票收入458 995元，较6月3日增收386 085元，增长530%，达到了震前的较高水平；同日，《长恨歌》演出票销售1 381张，较6月10日增加1 289张，增长逾14倍，收入213 806元，较6月10日增收201 350元，增长16倍以上，创下了《长恨歌》演出以来的最高纪录。

这一系列活动不仅使舞剧《长恨歌》再次受到国内文化艺术界和旅游界的高度关注，同时也使舞剧《长恨歌》在历史文化展示方式上的变革与创新、在舞剧艺术大众化方面的探索与实践得到了业内专家的充分肯定和赞誉。另外，舞剧《长恨歌》在旅游、文化、经济等方面起到的积极作用也得到了进一步总结、概括和升华，进一步确立了舞剧《长恨歌》在国内旅游文化创意产业的领军地位，也使舞剧《长恨歌》的提升和完善的方向更加明确。

本次活动受到了众多新闻媒体的热切关注。《人民日报》、《光明日报》、中央电视台、《中国青年报》、凤凰卫视等34家国家级和省级新闻媒体，共计70余名记者参与论坛活动采访报道，同时还首次通过新华网、华商网等网络媒体进行现场直播。参与本次论坛活动的媒体等级之高、辐射范围之广前所未有，对《长恨歌》进一步立足市场、带动旅游市场恢复起到了非常积极的宣传作用。使《长恨歌》品牌朝着"政治上树得牢、艺术上立得起、市场上站得稳"这一奋斗目标迈进了一大步。

通过《长恨歌》的强势推广，华清池的知名度和游客的认可度明显增强，参观人数大幅增长。从4月6日改版公演到现在共演出93场次，接待各界观众12万人次（含免费接待），创造直接经济收入760多万元。2011年1—7月，华清池接待中外游客112万人次，同比增加19万人次，增长21%；旅游收入6 500万元，同比增长46%。7月17日，华清池被授予全国首批AAAAA级旅游景区，前不久，华清池还被欧洲旅游组织评为欧洲人最喜爱的中国十大旅游景区之一。

资料来源：刘骊平，张丽娜.《长恨歌》营销：从一天卖4张票到"西安的自豪"［EB/OL］.（2011-06-09）.http：//www.toptour.cn/tabid/66/InfoID/17798/frtid/770/Default.aspx.

讨论并回答：

1.如果你是华清池公关部门的工作人员，需要你对于华清池公关活动的效果进行评估，你该怎么去撰写这份公关活动效果评估报告？

2.如何才能把组织者对活动目标的实现情况、活动预算的使用情况、活动流程的把控情况、目标公众的参与情况都纳入报告之中，为将来开展新的大型活动提供有价值的参考呢？

学一学

一、公共关系评估报告的分类

公共关系评估报告是公关人员根据市场情况将公关目标及公关预测效果等上报主管部门的书面资料。公关评估报告的作用是系统科学地评估，向社会组织提供准确、全面的信息，为其进行公关决策、修正或制订公关计划、改进公关工作、提高公关工作效率，提供科学依据。要写好公共关系评估报告，首先要了解评估报告的特点。

（一）公共关系评估报告的特点

1.评估目的的明确性

首先，公关评估是公关管理的一个重要环节，其根本目的就是通过对公关工作的检查和评估，发现问题，判断优劣，找出差距，为修订或制订新的公关计划提供依据，从而实现公关管理的目标。其次，每一次具体的公关评估都有明确的目的，或评估组织形象，或评估活动成效，或评估公众对组织的政策、产品的态度，等等。

2.评估内容的专业性

如评估一项公关专题活动，必须围绕活动主题、参与范围、时间、地点、服务、宣传、成本、社会效果和经济效益等方面展开，涉及公关管理的各项业务，因此，评估内容和手段都具有很强的专业性。

3.评估指标的系统性

公关评估指标是反映公关管理和公关活动基本要素和本质特征的数量体系。任何一种评估主体在进行某项公关评估前，都要根据评估的目标制定切实可行的评估指标体系，包括完整的指标系统、权重系统和评估标准系统，以使评估的结果能够全面真实地反映公关管理和公关活动的实际，体现公关评估的目的。

4.评估方法的科学性

公关评估不同于一般的公关工作总结，它必须运用一系列科学的方法对各项指标进行分析和评价，比如，运用历史的方法、统计分析的方法、定量分析和定性分析相结合的方法，等等。实践证明，只有采用科学的方法，才能保证公关评估结果的科学性。

5.评估材料的客观性

公关评估的正确性是建立在材料全面、客观的基础上的。片面、失实的材料，导致片面、错误的评估结论。因此，公关评估必须以公关调查为前提，以客观真实、全面系统的材料为依据。

（二）公共关系评估报告的种类

1.按评估的层次划分，可以分为宏观评估和微观评估

宏观评估是对一个国家、一个城市一段时期内公共关系的环境、政策、对外形象等方面进行的全面评估。微观评估是对某个具体组织的公关环境、形象、公关工作计划的制订以及实施效果进行的分析和评价。

2.按评估的主体划分，可以分为自我评估和第三方评估

自我评估是指由社会组织自身进行的公关评估，一般由组织的公关部门和公关人员实施。第三方评估是指委托中介评估机构进行评估。为了获得公关评估的客观性数据和评价意见，避免自我评估的先入为主倾向，授权中介机构进行评估不失为有效方法。

3.按评估的内容划分，可以分为形象评估、环境评估、关系评估、活动评估和计划评估

形象评估是对组织在社会公众中的知名度、美誉度等做出客观评估；环境评估是评估一个组织在一定时期所处的政策、市场、文化等环境及其对组织的影响程度；关系评估是对一个组织的客户关系、媒介关系、政府关系、员工关系、投资者关系、社区关系、专业机构关系等做出客观的评估；活动评估则包括日常公共关系活动成效评估、专题公共关系效果评估、年度公共关系活动效果评估和长期公共关系活动效果评估；计划评估是对公共关系计划的目标是否科学、总体计划是否合理可行、战略构想是否周密科学、目标公众选择有无遗漏、媒介选择及媒介策略是否得当、经费预算是否合理等方面进行评估。

二、公共关系评估报告的撰写格式

（一）公共关系评估报告的构成要素

公共关系评估报告因评估的目的不同，评估的项目和对象的不同，其具体构成内容也有所不同。但是，作为一个完整的评估报告，一些内容是必不可少的，公关评估报告通常应具备以下内容：

1.评估的目的和依据，及为什么要进行公共关系评估，组织通过评估要解决什么样的问题，评估的依据是什么。

2.评估的标准和方法。在评估报告中，应说明评估所依据的标准和所采用的具体方法。

3.评估的范围。公共关系活动所涉及的范围非常广，为了突出重点，必须说明本次评估的具体范围。

4.评估的过程。简要说明评估是如何进行的，分为哪些阶段，每个阶段具体做了哪方面的工作。这样一来，组织可以从了解评估过程和评估所采用的方法大致判断评估是否科学、系统、规范和完整。

5.评估对象的基本情况。在评估报告中，必须要说明评估公关活动的情况，包括活

动的名称、开展的时间、实施的基本情况等。

6.内容评估、分析与结论。在评估报告中要写明评估项目的内容，对实施过程以及实施效果和效益进行分析，并得出相应的结论。

7.存在的问题及建议。评估者根据所掌握的实际材料，有针对性地提出存在的问题，并就此提出建设性的意见。

8.附件。这主要包括附表、附图、附文等。

9.评估人员名单。这包括评估项目的负责人、参加评估的人员，为了便于咨询，还需要留下必要的联系方式，如电话或电子邮箱等。

10.评估时间。由于公关活动处于动态的转换之下，不同时间得出的结论会有所不同，因此，评估报告必须注明时间和评估开展的阶段。

（二）公共关系评估报告的格式

公关评估报告没有固定的结构格式，正所谓"文无定法"。按照评估的目的和要求，评估报告的结构可以采用不同的格式，灵活安排内容，结构服从于内容表达的需要。常见的公共关系评估报告的格式如下：

1.封面

封面的主要内容包括评估书或项目的题目、评估时间、评估单位及保密程度、报告书的编号、完成日期。题目应反映出评估的范围与对象，排版要规范、美观。

2.评估成员

主评估成员要反映哪些人参加了评估工作以及负责人的情况。

3.目录

目录应是列出报告中各项主要内容的完整的一览表，但不必过于详细。

4.摘要

摘要可以说是评估报告中极其重要的一部分，它也许是读者唯一阅读的部分，应当用简洁清楚的语言，扼要地说明评估的主要结果。摘要也应写出关键词。

5.前言

前言主要介绍评估的目的、背景、过程与方法及其他需要特别说明的问题，比如是委托专业评估机构撰写评估报告，撰写人需要对评估的由来或受委托进行该项评估的具体原因加以说明。

6.正文

这是公共关系评估报告中最主要的部分，也是评估报告的主体。主体部分具体表述评估报告的各项指标和结果。表述方法既可对应各项评估标准列出评估结果的各项数据，也可以采用各种形式的图表，辅以文字说明，将预期数、实际数和以往的数据加以对比，要求做到数据准确、材料与观点统一、语言简练。此外，还要用简洁明晰的语言得出结论，提出建议。比如，要阐明评估结果说明了什么问题，有何实际意义，提出的建议必须针对评估结论，提出可以采取哪些措施以获得更好的效果。

7.附件

附件是对正文内容的详细说明和内容补充，有的评估报告将说明性图表或资料作为附件，这样的话，必须在正文下方依次标注附件的名称。

8.后记

后记主要说明一些相关问题，比如评估报告传播的范围、致谢参加人员等。

三、撰写公共关系评估报告应注意的问题

公共关系评估报告的写作是有相当难度的。在写作过程中，既要求执笔人员客观、公正、全面，又要求报告书可读、简洁、明了。为此，除格式方面的要求外，在写作过程中，还应注意如下问题：

（一）定量与定性相结合

通常，评估结论是定性的，但必须用定量的指标作说明。注意定量与定性的密切结合。

（二）建议与策略具有可操作性

只有切合实际情况的建议才具有可操作性。

（三）语言准确、精练

尽量用最少的文字、篇幅来说明问题，提出建议。切忌使用太多的学术词汇，让评估报告的阅读者难以理解。

（四）结论客观具体

评估结论要客观，既要看到成绩、效益，又要看到缺点和不足。在结论中，要避免"可能""大概""也许"等模糊语言。所有的结论都应该找到相应的材料作证明。

案例材料 5-2

××牌巧克力促销活动评估报告

前言

为进一步提升××牌巧克力的知名度，巩固并扩大在××地区的市场份额，××分公司经集团公司批准，于2014年9月26日在××市××商厦举办了"凭《××日报》××牌巧克力广告可兑换一盒××牌巧克力"的活动。为全面掌握本次促销活动的情况，及时总结经验、发现问题，为今后开展同类活动提供借鉴，我部派出2名工作人员在活动现场进行了实地考察，活动结束后，又查阅了相关的资料，与有关人员进行了座谈，在此基础上对本次活动的准备工作、执行情况、经费使用和活动效果进行了评估。

评估内容

一、活动准备工作评估

（一）活动的准备情况

1.人员落实情况

（1）活动责任人：××市分公司总经理×××；

（2）活动执行人：××市分公司销售总监××任总执行人，销售部6名工作人员分成3组具体负责每个兑换点的活动，另临时聘用12名在校大学生协助现场接待、分发调查问卷、兑换、搬运和维持秩序工作。

2.事项落实情况

（1）与××商厦协商，在商厦内人流较多的地方分别安排3个兑换点。

（2）制作6×1米宣传横幅3条，××牌巧克力广告展板3张，分别布置在3

个兑换点。另制作宣传绶带18条，供现场工作人员佩戴。每处兑换点配备长桌1个，椅子3把，台布1块。

（3）安排送货车1辆，驾驶员和装卸工各1名。

（4）兑换用××牌巧克力（80克10粒装）10 000盒。

（5）大学生招聘和培训由××分公司人力资源部负责。

（6）活动广告设计与发布与《××日报》广告部联系，于9月18日和9月25日在《××日报》刊出。

（7）现场调查问卷由××分公司公关部负责设计，印制10 000张。

（二）准备工作评估

整个活动的前期准备工作基本上按照事先的策划方案实施。提前一个月与××商厦沟通协商，确定了3处兑换活动用地，且能满足活动的要求。

人员落实，分工明确。大学生招聘工作顺利，培训期为1天，培训效果良好，基本达到要求。

活动宣传广告按时发布，社会反响较热烈，活动开始前一周，共接到咨询电话518次。

各项物品及时准备到位，未发生任何问题。

二、活动执行过程评估

（一）活动基本情况评估

活动从上午9时30分开始，至下午8时结束。在整个活动过程中，全体工作人员精神饱满、态度热情、不厌其烦、分工合作，表现出良好的团队意识，体现了公司的整体形象。尽管有时兑换的人数较为集中，但整个活动基本上比较顺利，秩序良好。

每个兑换点由2名大学生负责向前来兑换的消费者发放调查问卷，然后由销售部1名工作人员负责收取调查问卷和《××日报》广告并登记人数，再由另一名工作人员负责兑换，流程安排比较合理。

分公司销售总监××负责现场3处兑换点的巡视、检查、协调、调度，及时处理临时发生的问题。有的消费者拿来复印的《××日报》要求兑换，经××总监的耐心解释、劝说，得到了对方的理解。××总经理中午专程前来慰问全体工作人员，极大地鼓舞了大家的工作热情。

（二）活动执行中存在的问题

由于××商厦较大，入口处较多，事先没有对3处兑换点的人流情况进行分析、预测，现场的人力和兑换品都平均分配，结果导致其中设在正门入口处的兑换点因兑换人数多而集中，造成忙乱和拥挤，还发生几次临时缺货，不得不到其他2处临时调运，让消费者等待。对此，部分消费者有一些怨言。

工作人员对一些较挑剔的消费者缺乏沟通技巧，对一些拿了较多的报纸前来兑换的消费者语气上不太尊重，造成了些许语言冲突。

三、活动费用评估

本次活动以节约为原则，原预算为×万元，实际支出×万元，共节省费用×万元。具体情况见下表。（略）

四、活动效果评估

（一）成效方面

1.影响人数

（1）直接影响人数。根据现场调查登记表的统计，此次活动持《××日报》广告前来兑换的消费者共计7 834人，其中男性3 649人，占46.6%；女性4 185人，占53.4%。以每位消费者影响3个家人计，此次活动直接影响人数为23 502人。

（2）间接影响人数。《××日报》的发行量为10.5万份，另据现场观察，驻足观看和询问活动情况的消费者约3 500人次，一个消费者至少能影响3个家人。上述两项因素综合起来，预计本次活动的间接影响人数超过10万人。

2.促进销售

我公司××牌巧克力在××地区原来就有较好的市场声誉，但近年来其他品牌的同类产品纷纷打入××地区，对××牌巧克力构成较大的竞争压力。通过此次活动，进一步提高了××牌巧克力的声誉，扩大了消费群体，能起到巩固和进一步扩大市场份额的作用。

3.提升形象

本次活动组织有序，工作人员态度热情、服务到位，显示了公司良好的整体形象。持广告的消费者怀着期待而来，高兴满意而归，许多在场的其他消费者都对他们表示羡慕，纷纷向工作人员打听今后是否还会推出这类活动。这说明公司和××品牌的形象已经为广大消费者所接受。

此外，由于活动影响面广，前来兑换的消费者人数较多，也提升了当日××商厦的人气，该商厦表示非常高兴，愿意与××分公司进一步加强合作。

（二）不足之处

1.宣传展板的图案未能体现公司的形象，面积太小，色彩比较沉闷，与周边摊位的广告相比，缺乏吸引力。

2.现场工作人员的服饰未经统一设计，尽管佩戴绶带，但还是显得较为凌乱。

3.××商厦未配合本次活动做现场宣传，现场没有任何有关这次活动的海报，也没有作广播宣传。经我们在商场内了解，在活动的当天有很多消费者说他们不知道有这样的活动，这在很大程度上限制了此次活动影响力的扩大。

4.调查登记表的信息过于简单，只有性别、年龄等简单的项目，因此，无法获得关于消费者更多的信息，也无法对公司品牌的形象以及本次活动的效果展开更深入的分析。

五、建议

今后如举办同类活动，可从以下几方面加以改进：

第一，活动之前对举办活动的场地要进行实地考察，了解不同区域的人流信息，并据此确定活动的重点区域，并配强人力，配足货源。

第二，举办活动前对参与活动的对象要作具体分析，特别是对一些比较挑剔别甚至比较蛮横的消费者要有应对办法，学会与之沟通，化解矛盾，避免在现场发生不愉快，影响活动的气氛。

第三，要对活动的宣传进行整体策划和设计，比如，媒体广告的版面大小、发布的频率和时机、现场布置的效果、工作人员的服饰、活动地点的指示牌等，应当通盘考虑，努力突出公司和××品牌的形象。

第四，与场馆方加强沟通，做好场馆内外的宣传，如张贴海报、广播宣传等。

第五，调查登记表的设计要更加人性化，项目设计要有助于对消费者以及本次活动效果的分析研究，建议增加对××牌巧克力的了解程度、购买次数、口味、口感、价格等方面的调查数据。

评估单位：××公司公关部

评估日期：××××年××月××日

【评析】上述文案是一篇关于公关促销活动的评估报告。活动的主办方是××分公司，而评估报告的作者是上级公司的公关部门，两者具有平行关系。

从这一关系来看，这份报告也可看作第三方评估报告。报告的前言部分简要交代本次评估的背景、目的和方法；主体部分围绕活动的准备、执行、经费使用和活动效果四个方面展开评估，评估指标较为全面、系统。对这四方面的评估，既有案例，又有数据，分析中肯，褒贬有据；最后部分针对本次促销活动中暴露的问题提出了五项具体而又切实可行的改进建议。全篇结构完整，语言通俗易懂，是一篇较好的范文。

案例材料5-3

表5-3　　　　"3·15宝岛眼镜与您共维权"公关活动评估报告

活动主题		活动时间	
活动宣传品		活动宣传对象	
活动现场描述			
活动效果分析			
费用明细			
活动总结			
目标达成情况			

根据统计，通过本次"3·15宝岛眼镜与您共维权"活动，有超过4 500名师大学生了解了本次活动的内容、加深了对宝岛眼镜的品牌和logo的印象并且

认识了宝岛的动漫形象"辫子熊"。其中更有3 000多名学生参与到了本次活动中，更加深刻地了解宝岛的企业文化，还亲身体验了宝岛的优质与专业的服务。根据对已发出的优惠券及打折卡的回访，已经基本使用。虽然师大单店的销售量没有明显的提升，但此次活动的侧重点是放在品牌推广上，为的是长期的利益。对比本次活动3 200元的活动经费，收益大于成本。

本次活动的宣传方式包括：大横幅、签名横幅、活动宣传海报8张（含辫子熊形象）、辫子熊宣传大海报、活动宣传DM单（含问卷调查表）、纪念品（宝岛公司扑克牌600副、杀毒软件200套）、大奖（宝岛公司运动背包20个、优惠券及打折卡等）。

以下是具体的统计数据：

了解本次活动学生人数的统计数据：

1. 了解本次活动的学生人数 = （现场人流量 + 在宿舍收到宣传单的人数 + 在外场收到宣传单的人数）×40%（乘以40%是因为考虑到可能存在的重复统计）

= （4 680+5 000+500）×40%

= 4 072（人）（由于通过海报了解活动的人数无法统计，因此未列入4 072人中）

2. 现场人流量=高峰期人流量+平稳期人流量=2 700+1 980=4 680（人）

3. 高峰期人流量=高峰期分钟数×高峰期每分钟人流量=150×18=2 700（人）

4. 平稳期人流量=平稳期分钟数×平稳期每分钟人流量=330×6=19 80（人）

5. 在宿舍收到宣传单的人数=收到宣传单的宿舍间数×每间宿舍的平均人数

=1 000×5=5 000（人）

6. 收到宣传单的宿舍间数=发向宿舍的宣传单总数/每间宿舍的张数=2 000÷2=1 000（间）

7. 每间宿舍的平均人数=平均宿舍总人数－可能不在宿舍的人数=7－2=5（人）

8. 在外场收到宣传单的人数=发向外场的宣传单总数=500（人）

参与当日活动学生人数的统计数据：

1. 参与当日活动学生人数=参加签名人数=2 903（人）

2. 参加签名人数=问卷回收总数＋只签名没有填写问卷的人数=2 823＋80=2 903（人）（由于活动当日接受服务（清洗眼镜以及验光）的人数无法统计，且重复统计率较高，因此未列入2 903人中）

3. 填写问卷人数=问卷回收总数=2 823（人）

本次活动的遗憾：

1. 没有展示出大幅真假宝岛的对比照片。

2. 在活动准备阶段没有考虑到活动的效果评估，特别是活动对单店的销售业绩影响的精确统计。

对公司的建议：

由于活动当日的物料很多都无法使用（帐篷损坏、展板损坏、展台损坏等），影响了活动的效果。希望宝岛公司校园活动的物料供应能够改善。

案例材料 5—4

××咨询网站优秀硬件评比活动效果评估报告

评估对象：××网2004年度优秀硬件评选活动

评估时间：2004年12月18日—2005年1月18日

本次活动是我站第四次举办年度性硬件评比活动，共涉及16大类近千个电脑配件品牌，历经1个月时间，跨度2004、2005两个年份，终于圆满结束。无论从本次活动的参与人数还是影响力上看，都创造了历届活动之最，取得了比较理想的预期效果。现对活动计划执行情况、活动数据、结果评估分析等方面做一个总结。

策划执行监测：

1.提供网站首页上部BANNER位置作为活动主要入口。（完成）

2.提供网站首页漂浮BUTTON配合宣传。（完成）

3.12月18日—1月18日在活动页面开设投票数据库接受投票。（完成）

4.在活动页面刊登活动详细规则。（完成）

5.在活动专区为大赛赞助商提供相应大小宣传广告位。（完成）

6.1月18日公布本次评选活动厂商获奖榜单。（完成）

7.1月18日公布本次活动投票网友获奖名单。（完成）

8.1月20日将所有获奖者奖品发出。（正在核实身份）

9.本次活动结果在网站保留1个月。（正在进行）

10.1月19日发出获奖单位奖牌、电子标识。（完成）

11.1月19日发出本次活动效果评估报告。（完成）

活动数据监测：

1.活动期间××网浏览总人数：406万

2.平均每天12.7万人次，浏览量比活动前一个月平均值增加137.6%

3.活动页面总浏览人数：85.2万

4.活动页面点击率：21%

5.参加投票评选人数：287 296人

有效参加人数：213 350（所谓有效参加人数是留有真实姓名、有效证件号码、地址的投票人）

6.活动参与率：5.25%

媒介宣传监测：

1.在新浪网发布本次活动信息。

2.在PCPOP发布本次活动信息。

3.在硬件沙龙网发布本次活动信息。

4.在《中国电脑教育报》发布半版本次活动信息。（2004年12月27日D8版）

5.在《中国电脑教育报》发布半版本次活动获奖名单。（2005年1月18日B17版）

以上相关图标、页面及数据见本报告附件。

数据评估分析：

1.主板芯片组方面，首选品牌中INTEL和VIA的选择率分别达到57%和32%，可见两强的地位并没有改变，VIA在今年借助K8的强劲势头在形象上有所提升。NVIDIA作为后起之秀正在茁壮成长，相信在2005年会继续提升，SIS作为没落贵族在今年的表现也还算不错，性价比评比中两者的选择率分别达到了23%和15%。

2.显卡芯片组方面，这里的情况和主板芯片组方面非常相似，NVIDIA、ATI两家占据了90%以上的份额，而往日的老大NVIDIA在首选品牌下滑得比较厉害，这和ATI今年的大力推广和产品不断出新有很大的关系。

3.CPU方面，今年AMD、INTEL的地位无法撼动，在首选品牌中被选率达到76%，AMD依靠性价比优势在市场中占一席之地，不过借助K8这个产品相信AMD会在2005年会有一些提升。

4.内存方面，KINGMAX、KINGSTON两大品牌内存地位依旧改变不大，而HY以其低价优势在性价比奖中获选率高达68%，相信内存市场的格局在未来一年不会有很大变化。

5.硬盘方面，西捷在2004年以其比较稳定的质量和不错的价格赢得了消费者的青睐，在用户首选品牌方面取得了50%的选择率，而传统强者的迈拓因为市场策略和渠道的问题近2年来已经明显退步，如果其他品牌不做调整，2005年相信是西捷独大的一年。

6.主板方面，首选品牌ASUS、MSI、GIGA三家的地位稳固，但是洗牌已经悄然开始，当然目前市场上有几十个主板品牌，但是被网友选择的不超过10个，大者恒大、小者灭亡已经非常临近。

7.显卡方面，与主板情况接近，品牌众多，除去几个传统强势品牌外很难拉开差距，相信未来一年中会有一些显卡厂商淡出市场。

8.CRT显示器方面，900多块钱就能买三星这些国际品牌，国内品牌已经失去价格优势。

9.LCD显示器方面，首选品牌方面三星、优派、BENQ三家胜出，国际品牌与国内品牌对峙的格局已经形成。而性价比奖方面全部是国内品牌获奖，这是价格大战的结果。由于价格的比拼，相信在2005年会出现一些低质低价的产品，市场会出现一个比较混乱的时期。

10.光存储方面，受到宽带技术普及、大容量硬盘的双重冲击，光存储向两级化发展，普通的CDROM和高端的DVDRW会有一定的市场，中间的过渡产品的市场会逐渐萎缩。

11.移动存储（数码存储）方面，消费者对于品牌的意识开始增强，进入市场较早的品牌以及比较有实力的品牌优势明显。

12.电视卡（视频采集卡）方面，品尼高家族系列完胜，台湾品牌逐渐不受消费者欢迎。

13.键盘方面，罗技、明基为传统强势品牌，微软的势头很强。

14.鼠标方面，微软已经取代罗技第一的位置，其他品牌情况变化不大。

15.音箱方面，虽然新的品牌很多，但结果与以往格局变化不是很大，创新值得关注一下。

16.机箱方面，虽然是一个门槛不高的产品，但竞争非常的激烈，格局变化不是很大。

虽然通过一个网站的用户评选出品牌影响力的结果会受到网站导向、发布文章、广告曝光等因素的影响，具有一定的局限性，但通过大范围票选方式产生的结果至少在局部范围保证了结果的公正性。我们希望本次活动的获奖厂商能够再接再厉，在2005年能为广大消费者带来更多更好的硬件产品。

案例材料5-5

"华夏银行"老年登山健身活动效果评估报告书

一、引言

1.2000年10月6日（农历九月初九），由华天形象中心策划的"'华夏银行'老年登山健身活动"在英雄山成功举办，本活动得到了老人们和社会各界的一致好评，取得了良好的社会效应和宣传效果。

2.达到了活动的预期目标：即借"九九老人节"开展老年活动之际，拉近华夏银行与老年人的关系，初步建立华夏银行关爱老年人生活、关注老年事业的企业公益形象。锁定老龄群体，为华夏银行在老人群体当中发展个人金融业务奠定良好的基础。

二、效果评估

1.从组织策划方面看：定位准确、专业，活动安排周密、有层次

农历九月初九，是我国传统的重阳节，人们把重阳登高的风俗看作免灾避祸的活动，而且在人们心目中，双九又是生命长久、健康长寿的意思，因此人们又把重阳节称作"老人节"。我们选择在重阳节举办老年登山活动，可谓顺应民意，准确地把握了时机，体现了华夏银行尊老、爱老、敬老的初衷。整个活动的策划安排专业、周密，而且有层次。第一，从树立华夏银行的公益形象出发，专为老年人举办活动，扮演"欢乐使者"的角色，丰富老年人的晚年生活。第二，造声势引发社会大众和新闻媒体对此次活动的关注，制造了新闻兴奋点，老人们也非常踊跃。活动当天定好8:00集合，而

老人们积极性很高，有的早早来到现场等候，有的还是从济钢倒车赶来，令我们感动。第三，活动准备充分。我们早在国庆放假之前就把活动所需的物品准备齐全；活动当天，全体工作人员在早上6：00天刚亮时，就开始布置现场了，做了充分的准备。第四，整个活动以调查问卷为凭证，使活动有秩序，一切尽在把握之中。第五，邀请了山东省人大常委会、山东省企业管理协会等部门的领导作为嘉宾，邀请了山东卫视《开心假日》节目主持人晓君作为主持人，为整个活动增光添彩。第六，组织了老年筷子舞、扇子舞、新疆舞、秧歌、老年迪斯科等优美欢快、丰富多彩的文艺节目，充分展现了老人们的朝气和活力。节目结束后，老人们意犹未尽，觉得还没跳够，希望以后再有这样的机会。

2.从实施方面看：整个活动安全有秩序

活动过程中没有出现任何意外，我们准备的药箱和医务人员都没有派上用场。整个活动从收问卷、发纪念品、登山、领奖，直到活动结束，秩序井然。老人们老当益壮、兴高采烈，他们的朝气和活力，深深地感染了在场的所有人，禁不住为老人们的精彩表演一次又一次地鼓掌。老人们高兴而来，满意而去。英雄山风景区经营科李科长说："以前在我们广场举办的活动都乱糟糟的，你们这次活动组织得很好！秩序井然，热闹隆重……"

3.从宣传方面看：取得了良好的宣传效果，得到社会各界的一致好评

（1）老人们一致夸奖华夏银行想得周到，感谢华夏银行为老人们提供了这么一个好机会，既增进了朋友间的友谊，又认识了许多新朋友，而且通过登山活动锻炼了身体，也更多地了解了华夏银行。

（2）活动地点——英雄山管理处的领导认为这次活动是他们这里有史以来搞的最成功的一次，而且希望我们经常来举办活动，使他们也得到提高。

（3）社会效应——引起了各新闻媒体的关注。《齐鲁晚报》头版头条报道了这次活动，"我们还年轻！"正是"华夏银行登山健身活动"的完美写照。《经济导报》《联合日报》也有相关的报道，济南电视台、山东卫视台也录制了专题。通过这次活动，通过各大媒体的宣传报道，拉近了华夏银行与老年人的关系，建立了华夏银行关爱老年人生活，关注老年事业的企业公益形象，为华夏银行在老人群体当中发展个人金融业务奠定良好的基础。

案例材料5-6

奥迪A8新产品上市项目实施结果评估报告

1.媒体覆盖率（定量和定性分析）

在北京、上海和广州三地，总计来自93个媒体单位的126名记者参加了针

对A8轿车发布会的公关活动。截至今年8月20日，本项活动所产生的直接媒体报道文章共有144篇。其中作了重点报道的媒体包括：中央电视一台的"清风车影"栏目在6月1日对A8轿车的上市进行了为时9分钟的专题报道，该栏目乃是国内最重要的影响最广泛的汽车电视节目。广东有线电视台在8月17日的"车世界"栏目上作了为时5分钟的报道。中国最大汽车爱好者杂志《冠军赛车手》在7月1日出版的一期杂志中对A8轿车进行了详细介绍。8月8日出版的《南方城市新闻》刊登了一篇专题文章，题目为《奥迪在中国推出A8型轿车后，再度与奔驰和宝马展开激烈竞争》，文章高度评价了A8轿车的优秀性能。我们对所有的报刊、电视台和在线媒体的报道都进行了全面跟踪，见所附的简报。

在有关A8轿车的报道中，97.78%的文章从正面角度报道了这次活动。至少92.24%的文章在标题中提到A8轿车的名称，并有82.76%的文章至少同时刊登一张参加这次活动的A8轿车的照片。在媒体报道中，绝大多数都介绍了A8轿车的主要特征，例如quattro全时四轮驱动系统、ESP程序和全铝质车身结构等。

2.媒体反馈

"在所有国内外轿车试驾活动中，在北京举行的奥迪A8试驾活动是我所经历的最富创造性最新颖的一次活动。"——《车王杂志》

"从来没有参加过像奥迪A8媒体投放这样独特的试车活动。高雅的艺术表现方式，虚实结合地传达出奥迪A8的特性，而且给我们留下如此深刻的印象。我认为，奥迪A8媒体投放活动是我所参加的汽车媒体活动中最具特色的。"——《经济日报·汽车周刊》

"从空间、宁静、时间和安全等角度来展示轿车的优越性能给人深刻印象，是一个极富想象力的主意。这次试驾活动的安排非常独特，所选择的地点十分理想。"——《车王杂志》

这项活动所获得的投资回报率按照广告价值计算超过400万元人民币。在5、6、7三个月期间，由于对A8轿车的大量报道，奥迪在国内媒体报道中所占的份额比奔驰或宝马高出134%。

3.对销售工作产生的直接影响

自从奥迪中国于6月开展营销活动以来，各地经销商已经售出50辆A8轿车，相当于奥迪一年指标的10%。奥迪经销商们反映，前去询问销售信息的顾客人数出现稳定增加。

4.客户评价

奥迪中国区总监麦凯文对该次公关活动评价说："我们对A8轿车媒体公关活动对我们的销售业务所产生的效果感到惊喜，这种积极作用不仅表现在A8轿车，而且也表现在奥迪的所有产品线上。"

奥迪中国区公关经理于丹评价说："我自豪地看到，所有参加完我们奥迪A8公关活动的记者，无不认为这是他们所参加过的最别开生面的产品投放公关活动。特别是，奥迪A8在国际市场上并不是一款刚推出的新车型，罗德公关公司通过巧妙的策划将它重新包装、重新定位。而且在如此短的时间里，能完成如此一流水平的公关活动，再次证明罗德公司是业界公认的汽车行业内实力最强、影响最大的公关公司。这也是奥迪中国与罗德公关公司保持长期合作的原因。"

◉ 做一做

活动3：撰写庆典活动效果评估报告

学院6年校庆结束后，学院要求团委、学生会就校庆整体策划、准备过程、实施过程以及实施效果进行评估，提交一篇评估报告。

角色扮演：分组进行，每组6~8人。

制作流程：（1）选择评估人员；（2）收集师生对活动的反映情况；（3）归纳整理相关资料；（4）提出评估标准；（5）比较实施效果；（6）得出评估结论。

活动要求：提交一篇评估报告。请引导学生了解规范评估报告通常撰写的主要内容和重要标准。

◉ 拓展空间

壳牌公司环保公关评估案例

壳牌（中国）有限公司以环保为主题，开展全方位的企业形象公关，其举措包括"壳牌美境行动"、在北京密云县认领"壳牌林"、赞助出版全国第一本《儿童环保行为规范》、支持中国探险学会等。"壳牌美境行动"是其中的旗舰，实施两年来获得了各方面的好评。

项目背景

环保——21世纪的主题

如果评选当今最热门的十个话题，环保无疑将跻身其间。跨进21世纪以来，人们正越来越多地关注环保、投身环保。在中国，环保问题显得尤为突出。这一方面是由于政府的着力关注；另一方面也是由于环境污染已经到了"是可忍孰不可忍"的地步。以水污染为例，根据国家环保总局公布的1998年《中国环境状况公报》，在受监测的176条城市河段中，竟有52%的河段污染程度属较重，即Ⅴ级或劣Ⅴ级。而在全球大气污染最严重的10个城市中，中国就占了8个之多。由于这两方面的原因，环保就成为一个大众更多关注的问题，也成为一个企业公关的良好主题。

壳牌——负责任的企业公民

荷兰皇家／壳牌集团是全球最大的企业之一，也是全世界最大的能源公司之一，在130多个国家从事经营。公司的核心业务包括石油和天然气的勘探和开采、油品、天然气和发电、化工以及可再生能源。

壳牌以负责任的企业公民（responsible corporate citizen）为目标，在其有业务活动的各个国家广泛发起并参与各种类型的社会公益活动，称为社会投资（social investment）。1998年壳牌集团的社会投资总额达9 200万美元，主题也涉及多个方面，其中环保在总支出中占9%。

壳牌中国也秉承集团宗旨，积极从事社会投资，并选择了环保、道路安全与教育作为其三大主题。自1995年起，随着壳牌在中国业务的迅速发展，社会投资也逐渐增加——1998—1999年度投资总额达200万元人民币。

项目调查

在确定了环保主题后，壳牌以寻找潜在合作伙伴和目标受众为主线，进行了广泛的调查分析，从中发现了一些十分有价值的线索。

以1994年成立的"自然之友"和1996年成立的"地球村"为代表的民间环保团体十分活跃，并已有了相当的影响。这两个协会已拥有数千会员，参与了从保护藏羚羊到出版环保丛书的各种活动，并与国外环保团体有着良好的合作。其会长梁从诫先生和廖晓义女士还曾作为民间组织的代表与克林顿总统会谈。

以媒体为代表的公众对环保的关心程度与日俱增，环保专栏越来越多地出现在报纸、杂志和电视电台中。根据"自然之友"的统计，1997年，全国76种有代表性的报纸，如《人民日报》《光明日报》《中国青年报》等共发表22 066条与环境相关的报道，平均每日为290.34条，亦即几乎是每天一条，比1996年的250.8条和1995年的135.8条有明显增加。

环保更多地与教育结合在一起，呈现"从娃娃抓起"的势头。环保内容不但出现在中小学生的自然、生物等课程中，而且教委、团委、青少年科技馆等组成的立体的教育网，提供了一个良好的企业接入口。针对中小学生的各种书报读物中也有很多环保话题和知识。

环保虽然已是一个炙手可热的话题，各种环保活动也是此起彼伏，但是绝大多数仍处在宣传层面上，实际动手搞环保的还是凤毛麟角。尤其是在中小学生当中，环保工作停留于知识的传播，广大学生思想活跃，但实践机会少，动手能力显得不足。

项目策划

公关目标

在中小学生中宣传环保的迫切性，普及环保知识，提高环保意识，树立"人人有责"的责任感；

更重要的是，通过亲身参与，增强中小学生的动手能力，建立"我能够做到"的信心，变环保意识为环保行动；

以孩子影响家长、教师以至更广泛的大众，倡导"人人动手搞环保"；

树立壳牌作为一个负责任的企业公民的形象，增强社区亲和力。

公关策略

结合环保与教育（教育也是壳牌集团社会投资的一大主题，占总投入的31%），动脑与动手。由学生自己设计环保方案，经评选获奖的方案可以获得壳牌3 000元的资金支持，由设计方案的学生自己动手实施。

选择最佳合作伙伴，最大限度地调动各方面的资源。壳牌在北京、上海和广州分别与当地教委合作，一方面保证了活动的广泛性，另一方面也使"美境行动"的开展有了充足的人力资源保障。在北京，"自然之友"也参加了该活动的组织。

强调动手，在评奖中就考虑方案的可实施性，而所有获奖方案都必须提交实施情况报告。

将活动的启动时间设定在六·一儿童节至六·五世界环境日前后，这样能够获得更高的媒介覆盖率，吸引大众关注，同时参与活动的中小学生可以利用暑假时间设计环保方案，经评选后获奖方案又可以较快地在秋季和寒假期间得到实施，保持了与学年起始时间的吻合，避免了组织上不必要的麻烦。

充分利用媒介扩大活动的影响，传达"你也能做到"的信息。

最大限度地利用活动成果。活动组织者与参加者共同想方设法，更好地利用孩子们的创造成果。

项目实施

实施过程

1998年初与京沪穗三地教委和"自然之友"就组织"美境行动"达成一致，确定行动目标、方案、费用、各方权利与责任等。

准备海报等物资，拟定评奖方案，通过教委将活动通知下发至各个中小学。

1998年6月初在三地同时举行启动仪式，参加者包括教委和环保局官员、民间环保团体的代表、媒体和壳牌公司代表。启动仪式都采取了与环保活动相结合的方式，如北京是以清理日坛公园垃圾的实际行动宣布开始。

在各个中小学张贴海报，鼓励广大学生参与。

对参加"美境行动"的各个中小学进行不定期的访问，了解活动进程，解决实际问题。

1998年9月开始收集环保方案，组织各方专家进行评奖。

1998年11月为获奖方案发奖，获奖师生开始实施其方案。

1999年初收集实施报告，汇编成册。

项目成果

京沪穗三地共有20 000余名中小学生参与"壳牌美境行动"，提交环保方案1 000余个；共有234个方案获奖，其中北京101中学、清华附中、上海市市东中学、复旦中学、广州第四中学和第十三中学等学校学生提出的41个方案获一等奖，他们都获得了壳牌公司的资金支持得以实施。

获奖方案内容多样，既有制作环保袋这样的实践活动，也有生物桥养殖这样的研究活动；既有校外的环保宣传，也有校内环境净化；既有传统的校园绿化、树林领养，也有反映高科技时代特征的"壳牌美境网络世界"。

上海市的获奖方案在教委的支持下参加了上海市青少年科技节的展览会，有约30万人，包括正在出席99财富论坛的壳牌集团董事会副主席布宏达先生，参观了这个展览。

上海市杨浦区市东中学高二学生建立了"壳牌美境网络世界"（www.envir.online.sh.cn），这个活动旨在通过因特网宣传环保和"壳牌美境行动"及其成果。这个活动获得了壳牌公司额外的22 000元人民币赞助。

壳牌把上海市彭浦新村一小的孩子们创作的环保漫画制成2000年小台历。一万本这样的小台历被免费赠送给参与美境行动的孩子们、新闻记者和壳牌公司员工。

项目评估

环保效应——41个获奖方案虽然不多，但是都变成了实实在在的现实。通过治理污染、绿化校园、节约用水、提倡使用布袋等活动，孩子们用自己的双手为环保事业贡献了自己的力量。

宣传教育效应——在直接层面上，三地共有近400所学校参加了"美境行动"，其中，广州市还提出将实施该项目的成果纳入对学校和教师工作业绩的评定之中。另外，20 000个孩子的参与还意味着20 000个家庭的参与。在间接层面上，"美境行动"得到了众多媒体的关注，《人民日报》《中国青年报》《新民晚报》《文汇报》《北京青年报》等都进行了专题报道。再加上成果展览、网上宣传和小台历，可以说"美境行动"影响了几十万甚至更多的人。

企业形象效应——作为环保主打项目的"壳牌美境行动"在其他项目的配合下对企业形象建设起到了显著的推动作用。教育、环保等相关部门对壳牌都有了更多的了解，打开了更多合作的大门。而在实施该活动后，壳牌公司更是经常收到各种环保方案的策划书，显示了环保公关的强大作用。

项目策划和实施单位：壳牌（中国）有限公司公共事务部。

问题：壳牌（中国）有限公司是从哪些方面进行公共关系评估的？

⊙ 效果评价

本任务的效果评价表见表5-4。

表5-4 　　　　　　　　　　　**任务的效果评价表**

内容	评分标准	分值（分）
活动目的与内容	明确目的，重点突出，简洁明了，有利于评估结果的运用	10
活动组织与安排	有效配置各种资源	10
活动中的协作	分工合理，沟通顺畅	10

内容	评分标准	分值（分）
活动时机的选择	正确决策，要具有一定的科学依据，避免主观臆断	20
时间进度	设定时间范围及起始和终止时间段	10
工作流程	程序严谨，顺序性强	10
工作预算	经费、人员、资源运算清晰准确	10
合作能力	成员相互信任，配合默契	20

关键概念

公共关系评估的意义：导向、激励、决策参考、衡量效益。

公共关系评估内容：调查过程的评估、计划制订过程的评估、实施过程的评估。

公共关系活动类型评估：日常公共关系活动、专项公共关系活动、年度公共关系活动、长期公共关系活动。

公共关系实施过程的评估标准：信息发送的数量、接受信息的公众数量、关心信息的公众数量、政府和媒介公众关注的程度。

实施效果的评估标准：检查了解信息内容的公众数量、发生期望行为和重复期望行为的公众数量、达到的目标与解决的问题、对社区治理和人们生活产生的影响、基层公关活动的社会评估、公共关系效果评估的关键指标衡量。

公共关系效果评估的关键指标：覆盖率、有效率、千人成本、准确性、传播力度、传阅率、公关指数提升、销售提升等。

公关效果评估的方法：公众意见法、专家意见法、民意测验法、实验法、自我评判法。

公共关系评估报告的格式如下：封面、评估成员、目录、摘要、前言、正文、附件、后记。

挑战自我

选择某个电视广告，以你身边的同学为调查对象，写一份公共关系活动评估报告。

主要参考文献

［1］王晨. 1号店微博营销的公共关系策略研究［D］. 重庆：西南大学政治与公共管理学院，2013.

［2］郑春晔. 领导者公共形象与大众媒介互动关系研究［D］. 杭州：浙江大学公共管理学院，2013.

［3］杨国兰，黄爱华. 公共关系实务［M］. 北京：北京师范大学出版社，2011.

［4］鄢龙珠. 现代公共关系学［M］. 北京：清华大学出版社，北京交通大学出版社，2011.

［5］胡百精. 中国公共关系30年的理论建设与思想遗产［J］. 国际新闻界，2014（2）.

［6］何玲玲. 企业公共关系状况的研究——以伊利公司为例［J］. 技术经济与管理研究，2011（4）.

［7］吴建勋，丁华. 公共关系案例与分析教程［M］. 2版. 北京：清华大学出版社，2013.

［8］西泰尔. 公共关系实务［M］. 潘艳丽，吴秀云，等，译. 12版. 北京：清华大学出版社，2014.

［9］华钢. 调研之道：企业决胜市场的密码［M］北京：机械工业出版社，2015.

［10］张灿鹏，郭砚常. 市场调查与分析预测［M］. 2版. 北京：清华大学出版社，北京交通大学出版社，2013.

［11］郑聪玲. 市场调查与分析：项目、任务与案例［M］. 北京：中国人民大学出版社，2014.

［12］阳光宁，张军占. 文化市场调查与分析［M］. 合肥：中国科学技术大学出版社，2014.

［13］布拉德伯恩，萨德曼，万辛克. 问卷设计手册：市场研究、民意调查、社会调查、健康调查指南［M］. 赵锋，译. 重庆：重庆大学出版社，2010.

［14］简明，金勇进，蒋妍. 市场调查方法与技术［M］. 3版. 北京：中国人民大学出版社，2012.

[15] 斯坦顿. 沟通圣经：听说读写全方位沟通技巧 [M]. 罗慕谦，译. 5版. 北京：北京联合出版公司，2015.

[16] 惠亚爱. 沟通技巧 [M]. 2版. 北京：人民邮电出版社，2013.

[17] 张建宏. 社交礼仪与沟通技巧 [M]. 北京：国防工业出版社，2015.

[18] 谢红霞. 消费心理与沟通技巧 [M]. 北京：中国人民大学出版社，2016.

[19] 杨连顺，谢义华. 职场人际关系与沟通技巧 [M]. 天津：天津大学出版社，2012.

[20] 弗兰奇，莫尔，帕米歇尔. 决策分析 [M]. 李华旸，译. 北京：清华大学出版社，2012.

[21] 蒋楠. 公关策划学 [M]. 北京：科学出版社，2015.

[22] 吴元兵. 从100篇新闻学公关——大型活动的策划与传播策略 [M]. 成都：四川大学出版社，2011.

[23] 易圣华. 新闻公关营销实战 [M]. 北京：机械工业出版社，2013.

[24] 孟繁荣. 公关策划 [M]. 北京：经济管理出版社，2011.

[25] 欧阳国忠. 活动策划实战全攻略 [M]. 北京：清华大学出版社，2013.

[26] 金岩. 实用文案与活动策划撰写技巧及实例全书 [M]. 北京：中华工商联合出版社，2014.

[27] 宋卫云. 企业实用策划文案范本大全 [M]. 北京：中华工商联合出版社，2014.

[28] 金力，石洁. 广告营销策划经典案例分析 [M]. 2版. 北京：北京大学出版社，2014.

[29] 陈一收. 大型活动公关 [M]. 北京：北京大学出版社，2010.

[30] 刘义才. 做一个专业的公关人员 [M]. 北京：北京工业大学出版社，2014.

[31] 周严，杨小松. 三点式公关 [M]. 厦门：厦门大学出版社，2011.

[32] 艾伦. 活动策划完全制胜攻略 [M]. 卢涤非，译. 北京：旅游教育出版社，2013.

[33] 牛海鹏. 公共关系 [M]. 北京：中国人民大学出版社，2011.

[34] 居延安. 公共关系学 [M]. 5版. 上海：复旦大学出版社，2013.

[35] 陶应虎. 公共关系学原理与实务 [M]. 3版. 北京：清华大学出版社，2015.

[36] 李红梅. 市场调研理论与实务 [M] 北京：人民邮电出版社，2015.

[37] 格鲁尼格. 卓越公共关系与传播管理 [M]. 卫五名，等，译. 北京：北京大学出版社，2008.

[38] 张克非. 公共关系学 [M]. 3版. 北京：高等教育出版社，2014.